장로,
걸림돌인가? 디딤돌인가?

장로, 걸림돌인가? 디딤돌인가?

초판 1쇄 2009년 9월 21일
개정 1판 1쇄 2015년 9월 25일
개정 1판 2쇄 2023년 1월 5일
지은이 최홍준
펴낸곳 국제목양사역원
등록번호 제 2015-1호
주소 부산광역시 서구 암남공원로39 풍림아이원 102동 1102호
전화 051-292-0190 / 홈페이지 www.ipem.kr

편 집 e뉴스한국
주 소 부산광역시 동구 중앙대로 298 (초량동) 부산YWCA304호
전 화 051)462-5495
홈페이지 www.enkorea.kr

값 15,000원
ISBN 979-11-956216-0-6 · 저자와 맺은 협약에 따라 인지는 생략합니다.

장로,
걸림돌인가? 디딤돌인가?

| 최홍준 |

국제목양사역원

| 목 차 |

추천사 내가 아는 최홍준 목사 | 옥한흠 • 10
서문 • 13
프롤로그 참다운 교회, 참다운 제자, 참다운 장로 • 19

1부 목양장로 사역으로의 부르심

1장 기르심 소년, 예수를 만나다 • 30
　청소년기의 방황 • 30
　새롭게 찾아온 시련 • 33
　35세 늦깎이 신학생이 되다 • 35

2장 부르심 그분의 이끄심 속으로 들어가다 • 40
　진실함과 겸허함을 가르쳐 준 큰 스승 • 40
　두 갈래 길 • 43
　목회의 스승, 옥한흠 목사님 • 49
　한국 최초의 원로 부목사를 꿈꾸다 • 52
　부산으로 GO! GO! • 54

3장 연단하심 광야의 현장에서 참 목자상을 실천하다 • 59
　눈물로 단행한 개혁 • 60
　　주보 개혁 | 헌금 개혁
　믿음은 들음에서 난다 • 66
　호산나교회로 명칭을 변경하다 • 68

4장 사용하심 호산나교회, 제자훈련을 뿌리내리다 • 74

　제자훈련의 시작 • 74
　교회의 기둥, 장로부터 깨우다 • 79
　기성교회에 제자훈련을 접목하다 • 83
　제자훈련 목회를 통한 변화들 • 91
　성도의 본질과 정체성 확립 | 교회의 체질 변화 | 교회의 지속적인 성장

5장 명지비전시대의 개막 '미래·꿈·소망' 비전으로 세대 아우르다 • 99

　다음 세대를 준비하는 미래, 꿈, 소망의 비전 • 99
　모든 사람이 함께하는 명지비전센터 • 109

6장 제자훈련의 정점, 목양장로 사역 장로의 본질 목양사역으로서의 길 제시 • 113

　행복한 목양장로 • 113
　목양장로 사역을 시작한 이유 • 115
　목양장로 사역의 행복 • 119
　가까이하기에 너무 좋은 당신 | 목사와 장로의 행복한 동행
　기도하는 장로, 말씀 보는 장로 | 눈에 띄게 달라진 새신자 정착률

　목양장로, 어떻게 동참시킬 것인가 • 136
　제자훈련의 기초가 안 된 장로가 목양 장로 가능한가? • 140
　목양장로를 위한 담임목사의 자세 • 141
　목양장로의 연령에 다시금 생각하게 되었다 • 147

7장 결론 장로 본질 회복이 곧 목양장로 사역이다 • 150

2부 목양장로 사역으로 가는 길

8장 장로의 본질은 목양이다 · 156
성경이 말하는 장로의 본질 · 156
구약 | 신약

신학이 말하는 장로의 본질 · 161
바울신학_교회는 유기체이다 | 칼빈신학_교회의 본질과 기능
칼빈의 제네바의 목양장로 사역
토마스 카트라이트의 장로에 관한 진술 | 사무엘 밀러의 견해
은준관의 실천적 교회론 _ 목회적, 치유적 섬김
루이스 벌코프 _ 목사와 장로의 직무 | 변종길 교수 _ 장로의 직무

정통적 제자훈련을 통해서 본 목양장로 · 184

장로교 헌법을 근거로 말하는 목양장로 · 191

장로의 직무에 대한 바른 이해 · 196

9장 목양장로 사역을 위한 패러다임 시프팅 · 199
담임목사의 인식 바꾸기 · 199

장로의 인식 바꾸기 · 202

10장 목양장로 사역 시작하기 · 204
목양장로 사역을 위한 전제조건 · 204

목양장로 사역 준비하기 · 207
장로 임직_시무목양장로와 시무행정장로 | 목양장로 배치하기
목양사역 전담 교역자 배치하기

목양장로 사역 시작하기 · 213
목양 내용 발생 | 목양 조치 | 사역 결과 보고
담임목사의 신속한 목양 조치 | 사역 통계 및 점검

11장 목양장로 사역을 위한 역할들 · 219

담임목사의 역할 · 219
목양사역 전담교역자의 역할 · 220
교구교역자의 역할 · 221
목양장로의 역할 · 223
성도의 역할 · 224

12장 목양장로 사역을 위한 지침 · 226

목양장로의 조건 · 226
시무목양장로와 시무행정장로의 역할 조정하기 · 229
리더십 조정하기 · 230

13장 목양장로 적용을 위한 세 가지 질문 · 232

첫 번째 질문 _ 제자훈련이 정착되어 있는가? · 232
두 번째 질문 _ 성도를 돌보기에 충분한 장로의 수는 얼마인가? · 235
세 번째 질문 _ 목양 사역의 전담 교역자가 있는가? · 235

14장 행복한 교회 꿈꾸는 목양장로 · 236

성도를 행복하게 하다 · 236
담임목사를 행복하게 하다 · 239
장로를 행복하게 하다 · 240
부교역자를 행복하게 하다 · 247

에필로그 성도가 누리는 행복의 다른 이름, 목양장로 · 262

부록 목양장로 사역을 풍성하게 만드는 재료들

1) 이메일과 스마트폰 사용하기 • 270

2) 목양사역 점검표 • 271

3) 목양을 위한 상담 • 274
   용어설명 | 효과적인 상담을 위한 지침들 | 효과적인 대화를 위한 지침들

4) 목양을 위한 예배 인도법 • 283
   가정을 방문해서 예배드릴 때 · 283
   개인 사업장을 방문해서 예배드릴 때 · 287
   분주한 사업장을 방문해서 예배드릴 때 · 289
   환자를 병문안해서 예배드릴 때 · 292

5) 목양을 위한 상황별 심방 메시지 • 298
   개업 · 298 | 결혼 · 300 | 사업확장 · 301 | 졸업 · 303 | 진학 · 304 | 출산 · 305
   교회출석을 등한시 하는 성도 · 307 | 교회에 불평하는 성도 · 308
   근심하고 염려하는 성도 · 310 | 믿음이 연약한 성도 · 312 | 새로 믿기 시작한 성도 · 313
   세상을 사랑하는 성도 · 315 | 시험당하는 성도 · 317 | 병문안 · 319 | 임종 · 320
   장례 · 323 | 직장을 잃거나 사업에 실패한 성도 · 327 | 취직 · 328

서평 김성봉 • 330

| 추천사 |

내가 아는 최홍준 목사

한 생을 살면서 어떤 사람과의 만남은 서로에게 끊임없이 영향을 주고받는 경우가 있다. 내가 교회를 개척하고 2년이 채 되기도 전에 최홍준 목사를 소개받았다. 사업을 하다가 부도를 만나 그것이 계기가 되어 늦깎이 학생으로 신학교를 다니고 있다는 것과 당시 한 교회 대학부를 맡아 제자훈련으로 성장시키고 있다는 것이 그에 대한 정보의 전부였다. 그러나 이상하게 마음이 끌렸다. 매우 초라한 개척교회라 몇 번을 간청하다시피 해서 결국 나와 함께 일하겠다는 동의를 받아내었다. 그리고 우리는 7-8년의 세월을 함께 보내며 사랑의교회를 세우는 데 혼신의 힘을 다해 뛰었다.

솔직히 말해서 당시에는 최 목사가 그렇게 대단한 인물이란 것을 잘 알지 못했다. 그가 가진 영력과 인격, 그리고 달란트가 남다르다는 것은 조금 알았지만 나의 주목을 강렬하게 끌 만한 기회가 별로 없었기 때문에 무엇이나 맡길 수 있는 믿음직한 동역자 정도로 알고 있었다.

한참 그의 역할이 필요할 때 그를 떠나보내지 않으면 안 되었던 나의 심정은 퍽 괴로웠다. 그러나 그는 바다에 집어 던져 혼자 헤엄치게 해야지 내가 풀장에서 감싸고 있어선 안 될 인물이라는 것을 느끼고 있었기 때문에 어쩔 수 없는 선택이었다. 그러나 하나님께서 부산에서 그에게 열어주신 목회 현장은 속된 말로 이판사판으로 대들지 않으면 소망이 없는 척박한 곳이었다.

놀라운 사실은 그런 척박한 목회 환경에서 그가 지닌 목회자로서의 강점들이 살아나기 시작했다는 것이다. 20년이 지난 지금은 그의 탁월한 리더십을 누구나 인정할 정도가 되었다. 제자훈련에 대한 그의 확신과 열정은 내가 따라가지 못할 정도이다. 그의 설교를 들으면 어느 누구의 설교보다 세상을 살고 있는 많은 사람들이 은혜 받을 수 있는 천상의 단비와 같다는 느낌을 받는다.

그가 지닌 특별한 은사 중 하나는 사람을 사랑하고 그들을 가슴에 품고 편안하게 소통할 줄 아는 능력이라고 할 수 있다. 그를 만나는 사람은 누구나 마음의 평안을 느낀다. 그리고 힘을 얻는다. 복잡한 문제도 쉽게 풀린다. 이것은 내가 참 부러워하는 은사다. 오늘 호산나교회가 대형교회임에도 불구하고 교회 문화가 전반적으로 행복하고 밝고 웃음이 넘치는 건강한 분위기를 자랑할 수 있는 것은 아마 담임목사의 이런 개성 있는 리더십에서 풍기는 이미지 때문이 아닌가 생각한다.

그의 존재는 지역교회 부흥에만 영향을 준 게 아니다. 그는 자신의 사역을 통해 오늘날 고목처럼 말라 가고 있는 많은 전통적인 교회들도 건강한 체질로 바뀔 수 있고, 부산과 같이 전도가 잘 안 되기로 유명한 대도시도 영적으로 획기적인 전기를 맞이할 수 있다는 소망의 메시지를 던지고 있다.

  나는 그를 한국 교회에 주신 하나님께 감사드린다. 그가 이번에 출판한 책은 목회자로서 그동안 마음에 담고 하고 싶었던 이야기들을 풀어놓은 것이다. 제자훈련으로 기초가 바로 닦인 교회에서 장로들이 목양 사역자로서 얼마나 자랑스럽게 쓰임 받을 수 있는가를 생생하게 증명하고 있다. 앞으로 제2, 제3의 호산나교회들이 이 땅에 많이 일어나기를 바란다. 조기 은퇴를 앞둔 그의 마음속에 있는 모든 기도를 하나님이 백배로 들어 주시기를 소원한다. 가장 가까운 동역자로서 내가 함께 쓰임 받게 된 것을 하나님께 다시 한 번 감사드린다.

故 옥 한 흠 (전 국제제자훈련원 원장)

| 서 문 |

옥한흠 목사님은 사랑의교회를 중심으로 제자훈련을 정착시키고 나아가 한국 교회와 세계 교회에 평신도운동을 자리 잡게 하는 데 큰 업적을 이루었다. 사랑의교회는 제자훈련을 신학적으로나 실천적으로 어떤 신학자도 이의를 제기하지 못할 만큼 한국 교회 토양 안에 깊이 뿌리내리게 했다.

그렇다면, 제자훈련의 핵심이 무엇인가? 그것은 종교개혁의 정신인 만인제사장직을 회복시킨 것이다. 80년대 초 사랑의교회가 제자훈련을 할 당시 우리나라에서는 교회의 목사는 성직자이고 평신도는 그 아래계급이라는 개념이 강했다. 그래서 많은 교회들이 중세 가톨릭과 같이 조직화되어 가고 있었다. 강단에는 성직자만 올라갈 수 있었고 평신도는 신발을 신고 올라가지 못했다. 그곳은 거룩한 곳이어서 철옹성 같이 커다란 강대상이 있었다. 구약시대에 아무나 지성소에 들어가지 못했던 것처럼 교회의 강단은 지성소로서 자리 잡고 있었다. 그런 개념들이 상식이었던 시대에 제자훈련이 자리 잡아간 것은 당시로서는 획기적인 일이었다.

제자훈련에서는 평신도라는 말에 계급적 의미를 담는 것은 성경적이지 않다고 단호히 말한다. 모든 그리스도인은 하나님 앞에서 동일한 성도이기 때문이다. 성도는 하나님 앞에서 제사장으로서의 특권을 받은 사람들이다. 모든 성도는 말씀을 통해 하나님과 개인적으로 직접 교제할 수 있다. 그래서 제자훈련은 모든 성도에게 경건의 시간과 말씀공부를 통해 성도됨의 본질을 회복하라고 외친다.

한국 교회의 장로라는 개념도 '제자훈련에서의 평신도'와 같은 개념으로 그 패러다임을 바꿔야 한다. 많은 사람들이 아직도 장로와 목사의 관계를 성직자와 양으로 나누어 생각한다. 그래서 목사는 장로 위에 군림하고 장로는 성도 위에 군림하는 권위로 생각한다. 그 권위를 유지하기 위해 목사와 장로는 항상 긴장관계에 머문다.

목양장로는 목사와 장로를 계급이라고 생각하지 않는다. 오히려 목사도 장로라고 말한다. 동일한 하나님의 성도로 교회 안에서 직분만이 다를 뿐이라고 이야기한다. 나의 이런 철학에 여러 가지 다른 의견이 있겠지만 내가 확신하며 제시하는 근거는 성경이다. 성경이 이 사실을 지지해 준다. 목사와 장로가 동일하다는 것을 오해하지 말아야 한다. 이것은 목사와 장로가 당회에서 서로의 의견을 관철시키기 위해 동등한 입장이 되라는 의미가 아니다. 이것은 오히려 장로들이 목사가 하고 있는 목양에 목숨을 걸어야 한다는 것을 이야기한다. 이것이 목양장로의 개념이다. 장로들이 목사가 하는 일도 한다고? 그렇다! 그렇기 때문에 이것은 획기적이다.

이것이 단순히 이론뿐이라면 아무 의미도 없다. 그러나 이것은 기성교회에 제자훈련을 접목시켜 지난 20여 년을 한결같이 성장해온 호산나교회 현장에서 증명되었다. 옥한흠 목사님과 함께 "제자훈련을 통해 평신도를 깨우자!"고 외쳤을 때 주위 교역자들이 종종 이렇게 항변했었다.

"안 그래도 문제 많은 평신도들에게 제자훈련이니 뭐니 해서 교회 안에 리더십을 나눠주면 앞으로 문제가 심각해질 텐데요? 그렇게 되면 교회 내의 질서가 어찌 될까요?"

이런 질문들은 이제 '뭘 모르는 소리'가 되어버렸다. 실제로 제자훈련 받은 평신도들이 그 기우를 불식시켜버렸기 때문이다. 성도를 잘 훈련시키고, 성경을 분명히 알게 하고, 소그룹 리더로 키워 놓으면 문제가 더 많이 생길 줄 알았는데 오히려 교회 안에서 발생하던 상식 이하의 문제들이 사라지고 행복한 성도가 점점 더 늘어났다. 성도가 성숙해지니까 목사를 우습게 여기는 것이 아니라 더 귀하게 여기고 더 잘 섬겼다. 무엇이 그것을 가능하게 했을까? 그것은 제자훈련을 통해 성도의 본질이 회복되었기 때문이다. 이런 증거들 때문에 제자훈련은 전국적으로, 전 세계적으로 기성교회에 확산되었다.

호산나교회가 목양장로 사역을 시작할 때도 똑같은 질문이 있었다.

"안 그래도 장로들 문제 많은데 목사와 장로가 동급이라고 하시다니 말이 됩니까? 장로가 목양에 관여하여 리더십을 행사하면 그걸 어떻게 감당하시려고 그러십니까?"

이런 질문도 곧 '뭘 모르는 소리'가 될 것이다. 제자훈련으로 영적 기반을 닦은 장로가 목양에 시간을 쏟고, 열매를 체험하고, 성숙을 향해 자기계발을 하니까 목사의 목양사역을 더 잘 이해한다. 때론 목사보다 더 목양을 중요하게 생각하면서 교회를 사랑한다. 목사를 진정으로 이해하는 동역자가 되었다. 목사와 장로가 진정으로 동역하니 성도가 행복해 한다. 목양사역을 하기 전에는 교회 행정을 담당하는 것이 장로의 최고 직무인 줄 알고 당회에만 주력하더니 이제는 한 영혼, 한 영혼에 관심을 쏟는다. 비록 행정만 할 때보다 더 많은 시간을 장로의 직무에 쏟게 되었지만 대부분의 목양장로들은 행복하다. 무엇이 그것을 가능하게 했을까? 그것은 바로 장로의 본질 회복이었다.

목양장로 사역은 제자훈련의 연장선상에 존재한다. 대부분의 정신과 방법과 신학이 제자훈련의 그것을 계승하고 있다. 많은 경우 한국 교회의 성도가 장로나 목사로부터 상처 받고 교회를 떠난다. 성숙하지 못한 리더십을 경험한 때문이다. 그래서 제자훈련을 통한 장로의 성숙은 목양장로 사역의 가장 중요한 기초가 된다. 하지만 성숙한 장로가 되었다고 해도 장로가 장로로서의 본질을 회복하고 그 기능을 성경적으로 잘 발휘하는 데는 제자훈련 그 이상이 필요하다. 만약 제자훈련을 통해 장로들이 성숙했다 할지라도 기존의 장로 시스템에서 벗어나지 못하면 여전히 장로들은 당회 중심으로 행정에 전념하게 되며 그것이 제자훈련 받은 장로가 최후에 할 일이라고 오해하게 될 뿐이다. 아무리 제자훈련을 잘 받아 성숙하게 된 장로라도 기존의 당회 중심의 '행정에 목숨 거는 시스템'에 머물러서는 여타 다른 장로들과 다를 것이 없는 것이다. 한국 교회에 제자훈련이 정착되고 기성교회에 접목되기 시작한 지 30년이 넘었다. 벌써 그런 현상들이 제자훈련 받은 교회들에서 나타나고 있다.

그러므로 "어떻게 하면 제자훈련을 통해 성숙한 장로들을 사역으로 동력화 시키고, 이들이 행복하게 교회를 섬기게 할 것인가?"

하는 질문은 제자훈련으로 부흥한 교회들에게 필수적이다.

이 책의 목적은 행복한 교회로 부흥하기 위해 제자훈련이 반드시 필수라는 것을 깨닫게 하는 데 있다. 뿐만 아니라 그와 동시에 제자훈련의 정점이 장로의 본질을 회복시키는 것, 곧 목양장로 사역이라는 것을 바라보게 하는 데 있다.

제자훈련은 국제제자훈련원을 통해 이미 체계적인 세미나가 진행되고 있고 많은 교회들에게 유익을 끼치고 있다. 그런데 제자훈련을 적용하여 실행하는 교회들 중에 '제자훈련 다음에 무엇을?'이라는 생각에 다다른 교회가 있다면 목양장로 사역을 전적으로 추천한다.

이 책의 1부에서는 오늘날 목양장로 사역을 감당하게 되기까지 나 자신의 목회여정을 간략하게 돌아보면서 제자훈련을 통한 목양장로 사역이 하나님께서 내게 주신 사명이라는 것을 확인 하려 한다. 기성교회인 새중앙교회를 호산나교회로 개명하면서 오늘날과 같이 부흥하게 된 것은 전적인 하나님의 은혜이다. 그리고 주님의 지상명령인 제자훈련을 접목하여 밑거름이 된 제자훈련과 제자훈련의 정점인 목양장로 사역으로 호산나교회가 어떻게 행복한 교회가 되어가고 있는지를 함께 나누고 싶다.

2부에서는 목양장로 사역을 적용하기 위해 어떤 구체적인 사항들이 필요한지를 나눈다. 성경과 신학과 제자훈련과 장로교 헌법이 뒷받침해 주고 있는 장로의 본질을 구체적으로 살펴보고 목양장로 사역의 정당성을 이야기한다. 그리고 이런 목양장로 사역을 교회에 적용하기 원하는 사역자들을 위해 호산나교회의 목양장로 시스템을 중심으로 자세한 설명을 더했다.

부록에서는 이 책이 목양장로 사역을 감당하는 장로들에게 실제적인 도움을 줄 수 있도록 심방에 필요한 사항, 카운슬링에 필요한 사항들을 담았다. 언제든지 책을 들고 다니면서 목양에 활용할 수 있도록 편리성을 주려했다.

   부족한 종을 일생동안 이끌어주신 하나님께 감사드린다. 무엇보다도 옥한흠 목사님을 통해 한국 교회 안에서 제자훈련지도자로서의 1세대가 될 수 있었던 것은 큰 영광이라고 생각한다.

   마지막으로 이 책이 나오기까지 전 과정을 기획하고 진행해 준 팻머스문화선교회 선량욱 대표, 최종 교정을 위해 원고를 검토하고 자료를 제공해 준 신반포중앙교회 담임 김성봉 목사, 풀러신학교 이광길 교수에게 감사드린다. 또한 기초 자료와 교정에 힘써준 전 호산나교회의 목양장로 사역 담당교역자인 장안제일교회 담임 송일영 목사에게 감사드리며 아울러 이 책을 존재하게 한 호산나교회의 모든 목양장로들에게 뜨거운 마음으로 깊은 감사를 드린다. 수정 증보판을 내면서 수정에 수고한 국제목양사역원 스탭들에게 감사를 드린다.

2015년 9월
최홍준 목사

| 프롤로그 |

참다운 교회, 참다운 제자, 참다운 장로

고운 모래판 위, 저쪽 한편에 우람한 황소 한 마리가 거친 숨을 몰아쉬며 반대편을 쳐다보고 있다. 그리고 그 소의 맞은편에도 튼실하게 생긴 황소 한 마리가 역시나 거친 숨을 내쉬며 금방이라도 달려들 것처럼 사나운 눈빛을 발하고 있다. 그러더니 징 소리와 함께 관중들의 함성이 울려 퍼지자 날카로운 각을 세운 두 마리의 소는 누가 먼저랄 것도 없이 서로를 향해 돌진했다. 자신의 머리에 곧게 솟은 뿔을 앞세우고 모래판 중앙에서 마주친 두 소는 머리와 뿔을 연신 부딪치며 서로를 이기려고 있는 힘을 다하고 있다.

이것은 우리나라 민속 소싸움의 한 장면이다. 그런데 나는 그저 소싸움 이야기를 하려고 서두를 이렇게 꺼낸 것은 아니다. 이 풍경은 현재 우리 한국 교회에서 적지 않게 볼 수 있는 모습이다. 힘의 상징으로 곧게 뻗은 뿔을 앞세우고 서로를 향해 돌진하는 소와 같이, 한 교회 안에서 가장 긴밀하게 협력해야 할 목사와 장로가 각을 세우고 대결구도를 보이고 있는 것. 너무나 안타깝게도 이것이 우리 한국 교회나 교포 교회 내에서 종종 일어나는 현실임을 고백하지 않을 수 없다.

한 교회가 있다. 성도 수가 천 명 가량 되고 지역에서도 나름대로 이름난 교회였다. 그 교회를 개척해 이제까지 시무하던 목사가 은퇴하고 새로 젊은 담임목사가 부임했다. 부임하고 몇 개월이 지나지 않아 당회가 열린 어느 날 담임목사가 장로들에게 말했다.

"우리 교회가 이 지역에 세워진 지도 벌써 20년이 넘었습니다. 그동안 하나님의 은혜로 이렇게까지 성장하게 된 것을 감사드립니다. 그런데 장로님들, 요새 본당에서 예배드릴 때마다 느끼시는 게 없습니까? 제가 예배드릴 때마다 강단에서 보면 자리가 모자라 성도들이 늘 비좁아 하는 것 같습니다. 예배드리러 온 성도를 한꺼번에 다 수용하지 못해 일부는 지하에 있는 식당 텔레비전으로 중계방송 보듯 예배를 시청하고 있지요. 그리고 한번 보십시오. 건물 곳곳에 금이 가고 낡아 을씨년스러운 분위기가 나기도 합니다. 이제 다시 새 예배당을 건축할 때가 온 것 같지 않습니까?"

목사의 말이 끝나기가 무섭게 여기저기서 웅성거리는 소리가 들렸다. 얼마 뒤 제일 나이 많은 장로가 말을 꺼냈다.

"목사님, 목사님께서 오신 지 얼마 되지 않아 잘 모르시나 본데, 그것도 은혜입니다. 편하게 널찍이 앉아 예배드리면 졸기밖에 더 하겠습니까? 그리고 낡은 건물도 나름대로 운치 있고 좋지 않습니까? 저는 우리 교회의 이 오래된 건물의 곳곳에 제 손때가 묻어 있어 정말 좋습니다. 게다가 건축을 하려면 건축헌금을 모아야 할 텐데, 오시자마자 교인들에게 너무 부담 주시는 거 아닙니까? 그냥 이전 목사님이 하시던 대로 목사님께서는 말씀 선포에만 힘써 주십시오. 다른 건 다 저희가 알아서 하겠습니다."

그 얘기를 들은 담임목사는 이렇게 생각했다.

'음, 나는 그저 시키는 대로 다른 건 신경 쓰지 말고 설교만 하라는 건데 지금 있는 장로들은 모두 이전 목사님을 더 그리워하는 것 같아. 계속 이런 식이면 사역하기 정말 힘들겠군.'

결국 그날의 새 예배당 건축 이야기는 유야무야되는 듯 보였다. 그런데, 정말 그랬을까? 그날로부터 담임목사는 남몰래 열심히 뛰어다녔다. 자신과 뜻이 맞는 젊은 장로들을 설득하며 다녔다. 그리고 몇 개월 후 당회가 열렸고, 담임목사가 다시 입을 열었다.

"예전에도 말씀드렸었는데, 이제는 정말 우리가 새 예배당 건축을 미루면 안 될 것 같습니다. 마침 좋은 부지가 하나 있으니 이번에는 함께 협력하여 건축에 힘쓰도록 합시다."

목사의 말이 끝나자 젊은 장로들을 중심으로 호응하는 분위기가 나왔고 달라진 분위기에 나이 많은 장로들이 당황해했다.

"목사님, 그건 지난번에 이야기가 끝난 것 아닙니까? 왜 또 말씀하십니까? 우리 교회에서 건축은 아직 무리수입니다."

"장로님께서는 늘 그렇게 계산적으로 일을 진행하십니까? 결국 돈이 없으니 하지 말자는 것인데, 믿음으로 해야 하지 않겠습니까? 제가 비록 우리 교회에 온 지는 장로님보다 한참 뒤쳐졌지만 그래도 제가 담임입니다. 이제 이 담임목사의 말에 순종 좀 해 주십시오."

그날을 기점으로 하여 담임목사와 젊은 장로들을 중심으로 교회 건축이 시작되었다. 물론 이에 반발한 몇몇 장로들은 결국 이전

목사를 그리워하며 교회를 떠났다. 그 과정에서 건축을 부담스러워하는 성도 중 일부도 그 장로들을 따라 교회를 떠나갔다. 그래도 담임목사와 장로들은 새 예배당을 건축하면 성도가 다시 돌아올 것이라 여기며 건축 일에 매진했다.

시간이 흐르고 드디어 새 예배당이 완공되었다. 그러나 웬일인지 성도는 쉽사리 늘어나지 않았다. 건축 전에 떠나간 성도를 제하고 간신히 800명 정도가 유지되던 것이 변화가 없다. 도리어 "젊은 목사가 와서 오랫동안 교회를 섬긴 장로들을 쫓아냈다", "건물 크기에만 신경 쓰는 목사다" 등등 좋지 않은 소문까지 돌았다. 분위기를 쇄신할 무언가가 필요하다고 생각한 담임목사는 전도 축제를 열어야겠다고 생각했다. 그리고 축제를 진행하는데, 하루는 장로들이 담임목사에게 항의 섞인 질문을 해왔다.

"목사님은 전도 축제를 맞아 저희와 만날 때나 설교하실 때나 늘 전도하라고 하시면서 왜 정작 목사님은 전도하지 않으십니까?"

그러자 목사는 이렇게 대답했다.

"양이 새끼를 낳지 목자가 어떻게 새끼를 낳습니까? 전도를 통해서 새끼를 낳는 것은 평신도가 하는 것이고, 목자인 저는 양들이 낳은 새끼를 잘 돌보는 것이 사명입니다."

목사의 말을 들은 몇몇 장로들과 교인들은 실망감을 감추지 못한 채 다른 교회로 떠나갔다. 결국 전도 축제는 제대로 마무리되지도 못했고 도리어 기존 성도만 교회를 빠져나간 형국이 되고 말았다.

이제 교회에는 듬성듬성 빈자리가 꽤 많이 보였다. 교회 일에 발 벗고 나섰던 이전 장로들 중 절반이 다른 교회로 가버린 상황이 되자 슬슬 남아 있던 교인들 사이에 안 좋은 소문이 돌기 시작했다.

"우리 목사님이 교회 안에서 독재를 하시려고 힘 있는 장로님들을 모두 쫓아내고 있는 거라지? 목사님 하자는 일에 조금이라도 반대했던 사람들은 이제 남아 있지 않잖아. 우리도 그냥 교회나 왔다 갔다 해야지, 괜히 목사님 눈 밖에 났다간 신앙생활도 못 하겠어."

교인들의 이런 움직임을 눈치 챈 목사는 교회를 떠나간 장로들의 빈자리를 채워서 그런 소문을 조금이라도 누그러뜨려 보고자 했다. 그런데 성도 사이에 신망이 있는 집사를 장로로 세우자니 왠지 이전 장로들과 분쟁했던 일들이 떠올라 고민이 되었다. 그러다가 결국 새로 두 명의 장로를 세웠는데, 알고 보니 한 사람은 담임목사의 친형이었고 나머지 한 사람은 담임목사가 교회에 부임한 후 모든 일을 앞장서서 해결해 주던 안수집사였다. 이를 본 성도 일부가 소문이 사실로 드러난 것 아니냐며 목사를 원망하면서 교회를 또 떠났다.

예배당은 새로 건축하여 넓기만 한데 성도는 계속 줄어만 가니, 교회 내의 분위기가 날이 갈수록 뒤숭숭해졌다. 교인들 사이에도 뭔가 쇄신이 필요하다는 생각이 주를 이루게 되었다. 그러던 중 담임목사의 건강에 적신호가 켜졌다. 그러자 기회는 이때라고 여긴 장로들이 목사에게 괜한 트집을 잡기 시작했다.

"목사님, 교회에 빈자리가 너무나 많습니다. 새 예배당 건축이 정말 하나님의 뜻이었습니까?" "목사님, 요즘 건강이 안 좋으시다더니, 목회에 좀 소홀하신 것 아닙니까?" "목사님, 설교 내용이 좀 이상한데요?"

상황이 이렇게 되자 참고 참았던 목사의 마음이 상하기 시작했다. 특히 장로들이 앞장서서 자신의 설교에 이의를 제기하기 시작하자 화가 나 이렇게 말했다.

"이거 담임목사 못 하겠네!"

그러자 그 말을 들은 장로들이 옳다구나 여기며 스스로 한 말에 책임을 지라면서 결국 담임목사를 교회에서 쫓아내고 말았다.

지금까지 한 이야기를 듣고 어떤 생각이 드는가? "에이, 저런 교회가 어디 있어?" 혹은 "너무 과장이 심한 거 아냐?"라고 할 수도 있을 것이다. 나 역시도 이와 같은 교회가 없었으면 하는 바람이다. 하지만 불행히도 지금 한국 교회 내에는 이런 교회들이 있다. 담임목사와 장로가 교회 내에서 서로 반목하는 사이에 그 모습을 보고 실망한 교인들이 하나둘씩 교회를 떠나가고 있다. 이것은 저 멀리 먼 나라 교회들의 이야기가 아니다. 진정 우리 주변의 교회에서 일어나고 있는 일이다.

또 이런 일도 있다.

일곱 분의 장로가 세워진 교회가 있었다. 흔히 장로가 되면 교회의 재정을 맡아 교회 살림을 보게 마련이다. 그래서 장로들 사이에서는 재정 지출 서류에 도장을 찍는 장로가 가장 권위 있는 장로라는 인식이 생겨나기도 했다. 그 인식 때문에 이 교회의 장로들 사이에서도 서로 재정 장로가 되겠다고 분쟁이 일어났다. 싸움이 그치지 않고 해결 기미가 보이지 않자 결국 고육지책으로 내놓은 해결방법이, 그 일곱 명의 장로가 모두 재정 결재에 참여할 수 있도록 하는 것이었다. 그래서 이 교회의 재정 지출 서류에는 장로 결재란이 일곱 개가 되는 해프닝이 벌어지고 말았다. 그 후 이 교회에는 주일마다 결재를 받기 위해 한바탕 전쟁이 벌어지곤 한다.

왜일까? 하나의 서류를 통과시키기 위해서는 장로 일곱 명의 결재를 모두 받아야 했기 때문이다.

사례를 하나 더 들어 보자.

평상시 교인을 돌아보는 일에는 통 관심이 없던 장로가 있었다. 그 장로가 하루는 목사와 함께 교회 안수집사의 부친상 장례예배에 참석했다. 장로가 참석했으니 목사는 자연스레 그 장로에게 장례예배 대표기도를 부탁했다. 안수집사라고는 하나 평소 워낙 왕래가 없어 그 집사에 대해 잘 알지 못했던 장로는 약간 당황했다. 그러나 금세 마음을 가라앉히고 이렇게 기도했다.
"하나님 아버지, 우리로 하여금 사랑하는 형제의 장례예배에 참석하게 하시니 참으로 감사와 영광을 돌립니다. 이 세상에서 사는 동안 하나님의 사랑 안에 거하신 성도님께서 이제 이 세상을 떠나 세상 근심과 염려 없는 하나님 품으로, 평안과 안식만이 있는 천국으로 가실 것을 믿습니다.…"
기도를 마친 후 나름대로 본인의 기도에 만족한 장로가 주위를 둘러보니, 웬일인지 사람들이 수군거리고 목사와 안수집사가 어쩔 줄 몰라 하며 얼굴에 땀을 비 오듯 흘리고 있었다. 그래서 장로가 안수집사에게 조용히 가서 그 이유를 물었다. 안수집사는 이렇게 대답했다.
"장로님, 저희 아버지는 독실한 불교 신자셨습니다."
그리 크지도 않은 교회에서 교인을 돌아보는 일에 소홀하고 관심 없던 장로가 안수집사의 아버지이니 당연히 성도였을 거라고 추측하여 기도했던 것이다.

우스갯소리로 그저 지나칠 수 없는 이런 일들이 왜 일어나고 있는 것일까? 왜 교회가 갈라지고, 싸움이 일어나며, 교인들이 교회를 떠나는 것일까? 목회자의 한 사람으로서 부끄러운 고백이지만 이런 모든 문제의 중심에 목사와 장로가 있음을 부인할 수 없다.

하나님께서는 우리에게 자신의 양떼를 맡겨 주셨다. 우리 목사와 장로들은 언젠가 하나님 앞에서 "내 양떼를 어떻게 돌보았느냐?"는 하나님의 물음에 분명히 답해야 할 때가 올 것이다. 그러기에 완전하지 못한 목사와 장로는 자신의 부족함을 알고 늘 노력해야 한다. 하나님과 성도가 바라는 모습으로 바로 서기 위해 기도하면서 주님을 닮는 성숙의 길로 나아가야 할 것이다. 목사와 장로는 배우는 자세로 성도를 향한 관심과 사랑을 쏟는 일에 협력하며 늘 최선을 다해야 한다.

서두에서 나는 두 마리의 소싸움 이야기를 했다. 그 두 소가 뿔을 맞대고 맹렬히 싸우는 것처럼 목사와 장로가 각을 세우고 서로를 경계하는 것이 우리 한국 교회의 현실임을 다시 한 번 절감한다. 두 마리의 소는 상대 소를 이김으로써 자신의 힘을 과시하려 한다. 그렇다면 목사와 장로의 싸움은 무엇을 위함일까? 싸우는 저 두 소처럼 서로 더 강하다는 것을 과시하기 위함인가? 그 목적이 과연 우리를 일꾼으로 불러주신 하나님의 목적에 합당한 것인가?

하나님께서 목사와 장로라는 직분을 주신 것은 서로 목사파, 장로파로 갈라져 힘을 과시하며 분쟁하라는 것이 아니다. 그 직분의 역할과 사명을 잘 감당함으로써 맡겨 주신 양떼를 힘써 돌보라는 것이다. 그런데 왜 우리는 실제로 그렇게 하지 못하고 있는 것일까? 목사와 장로가 자신의 본분을 찾고 협력함으로써 성도를 목양하는 것이 과연 이다지도 어려운 일인가?

나는 그것이 불가능하거나 우리가 도달할 수 없을 만큼 아주 높은 곳에 있는 정점이라고 생각하지 않는다. 어떻게 이렇게 확신하는지 궁금한가? 이 책은 목양장로 사역을 실시하여 시스템화 하게 된 호산나교회와 지난 6년 가까이 전국의 교회에서 이루어지고 있는 목양사역을 하고 있는 교회를 조명하면서 전개해 나갈 것이다.

교회가 찢어져 갈리는 것을 애타게 체험했던 청소년기의 방황에서 신학을 공부하고, 사랑의교회에서 부목사로 섬기며 옥한흠 목사님과 제자훈련 사역에 매진했던 일들, 그리고 부산 호산나교회로 부임하기까지 인생역정의 드라마가 스치듯 지나간다. 이후 전통 기성교회였던 호산나교회를 제자훈련을 통해 깨우며 겪었던 진통과 열매 그리고 현재 교회 전반에 걸쳐 '행복' 스토리가 넘쳐나게 하는 목양장로 사역이 자리매김 하게 된 과정을 들려주려고 한다.

내 개인적인 이야기는 비단 한 사람의 인생스토리만은 아닐 것이다. 내가 어려서부터 겪은 한국 교회의 현실과 그로 말미암은 신앙적 고민과 방황은 이후 참다운 교회, 참다운 제자, 참다운 장로를 하나님 앞에 세우기 위한 내 목회 방향에 밑거름이 되었기 때문이다.

목양장로, 그것은 하나님의 명령이자, 제자도의 정점이자, 내 목회적 꿈의 완성이다!

| 1부 |

목양장로 사역으로의 부르심

"우리가 그를 전파하여 각 사람을 권하고 모든 지혜로 각 사람을 가르침은 각 사람을 그리스도 안에서 완전한 자로 세우려 함이니 이를 위하여 나도 내 속에서 능력으로 역사하시는 이의 역사를 따라 힘을 다하여 수고하노라"

1장 기르심 _소년, 예수를 만나다

"네가 지금까지 살아온 것은 목회를 위한 수업이었다.
너는 평신도 입장에서 목회를 할 수 있을 것이다. 내 양을 치라. 내 양을 먹여다오."

청소년기의 방황

나의 청소년기는 외로움이 컸던 것 같다. 그래서 더욱 열심히 교회에 다녔고 교회에서 시키는 것이면 성경공부든 말씀암송이든 뭐든지 최선을 다해 온 정신을 쏟곤 했다. 나는 유난히 말씀암송을 잘 했는데, 교회에서 치러지는 성경암송 대회는 늘 내가 일등을 도맡아 했다.

그렇게 교회에 나가기 시작하면서 나는 차츰 자신감을 회복했고 교회에서나 학교에서 사람들 앞에 나서는 일이 잦아지면서 비교적 활발한 아이로 변해갔다. 그렇게 잘 적응해 가던 4학년 무렵에 우리 집은 청도읍으로 이사 갔다. 그리고 그곳에서 지금도 잊지 못할 분을 만났다. 이사 간 동네에서 다니게 된 신읍교회의 유정순 담임목사님이다.

나는 유정순 목사님 하면 '경건'과 '강직함'을 기억한다. 유 목사님은 목회 평생을 신읍교회에서 보내셨던 만큼 그 성읍에서 영향력이 대단하셨다. 목사님은 교회를 참으로 사랑하셨고 행동거지 하나하나에도 거룩함과 구별됨을 중요하게 여기셨다. 그랬기 때문에 어린아이들에게는 도리어 무서운 목사님처럼 보이기도 했다.

그러나 안타깝게도 나는 그런 목사님을 통해 신앙의 핵심이 무엇인지 제대로 배우지 못했다. 복음의 진리를 제대로 알지 못한 채 지극히 율법적이고 윤리, 도덕적인 신앙생활을 익히게 된 것이다. 때문에 그때까지 나는 공의의 하나님은 알고 있었지만 은혜와 사랑의 하나님은 경험하지 못했고, 그저 열심인 신앙생활을 반복했다.

그런 내가 한참 예민하던 청소년 시절에 교회가 분열되는 현장을 목격했다. 그 사건은 신읍교회만의 일이 아닌 통합 측과 합동 측이 갈라지는 전국적인 규모의 대분열이었다. 이것은 에큐메니컬과 관련되었던, 소위 말해 보수 진영과 진보 진영의 갈라짐이었다.

나는 그런 혼란스런 역사의 한가운데에서 가장 예민한 청소년기를 보냈다. 그때 개 교회마다 양상은 달랐지만 "통합 측으로 가자", "아니다, 합동 측에 남겠다"라고 해서 교회가 다 쪼개졌다. 어떤 교회는 서로 교회를 차지하기 위해 몸싸움을 벌이거나 심지어 어떤 교회에서는 오물 바가지가 강단에 뿌려지기도 했다. 그렇게 전국의 장로교회마다 분열이 일어났다.

그때 내 마음 속에선 이런 생각이 일었다.

'하나님이 살아 계시다면 어떻게 이런 일이 일어날 수가 있을까! 저런 사람들이 목사고 장로란 말인가?'

그런 회의가 들기 시작하면서 겉으로는 교회에 다녔지만 이미 내 마음은 교회를 떠나 있었다. 살아 계신 하나님을 믿는 믿음은 온데간데없고 교회가 그저 친구나 만나는 장소로밖에 생각되지 않았다. 어린 시절 주일학교 선생님으로부터 요셉이나 다니엘의 이야기를 들으며 '나도 그들처럼 되어야지' 했던 꿈들이 부서지는 아픔을 그 시절 겪어야 했다.

지금 우리가 기억해야 할 것은 그 당시 내가 청소년 시절에 겪었던 방황을 지금 우리의 청소년들도 겪을 수 있다는 것이다. 이런 교회의 분열과 다툼은 그냥 그때의 사건으로 끝나지 않는다. 어떤 이유로든 교회 내의 중직자들 혹은, 목사와 장로들 사이에 벌어진 분열과 싸움은 수많은 청소년들과 교인들의 꿈을 잃게 할 뿐 아니라 실족시키는 데까지 이르게 한다. 그리고 그런 일들이 실제로 비일비재하게 일어나고 있다.

내가 교회의 분열을 겪을 당시에도 교회의 분열은 단순한 교회의 문제만으로 끝나지 않았다. 실제로 교회를 떠나는 청소년들이 많았고, 심지어 내가 신뢰하던 한 선배는 버트런드 러셀의 『나는 왜 기독교인이 아닌가』라는 책에 빠지기도 했다. 그 선배는 젊은 시절 교회를 떠나 세상에서 이리 치이고 저리 치이다 환갑이 넘어서 하나님 품으로 돌아 왔다는 소식을 접했다. 그 나이가 되어서라도 돌아온 것이 다행이라면 다행이지만 그래도 생각해 보면 젊디젊은 그 좋은 시절에 하나님을 떠나 있었다는 것이 얼마나 안타까운 일인지 모른다. 하나님 편에서 생각할 때도 이것은 엄청난 하늘나라의 낭비다.

　사랑의 하나님, 인격적인 하나님을 만나지 못한 채 교회의 사분오열을 겪은 나는 날이 갈수록 자유주의 신앙을 추구하면서 복음의 본질과는 동떨어진 생활을 했다. '교회생활에 깊숙이 빠지지 않는 게 좋다. 되도록 교회를 겉도는 게 낫다'는 생각은 행동으로 옮겨져 나의 삶은 점점 믿음의 본질에서 멀어지고 있었다.

새롭게 찾아온 시련

나는 믿음에 대한 뜨거운 열정을 체험하지 못한 채 교회만 왔다 갔다 하던, 시쳇말로 무늬만 신자였다. 하지만 하나님은 이런 나를 포기하지 않으셨다. 그리고 드디어 서울 장위동에 있던 장성교회로 인도하셔서 신앙에 불을 붙여 주셨다. 어느 날, 하나님께서는 한 집회의 설교를 통해 내게 성경말씀의 중요성을 깨닫게 하셨다. 성경을 읽지 않으면 영적으로 굶주리게 되고, 그렇게 영적으로 연약해진 자를 사탄이 공격하면 공격받은 자는 신앙의 열기가 식는다는 내용이었다. 그 설교는 내게 성경말씀을 사모하게 하는 도전정신을 심어 주었다.

　그날 이후로 나는 규칙적인 성경통독에 들어갔고, 과거와 달리 말씀의 참맛을 느낄 수 있었다. 하나님께서는 내게 성경공부를 통해 믿음의 불씨를 지펴 주셨고, 차츰 나는 기도하는 사람, 전도하는 사람으로 변화되었다. 내가 알게 된 복음의 진리와 기쁨을 다른 사람들에게 전하지 않고서는 견딜 수 없는 그런 사람이 되었다.

1960년대, 내가 대학을 다닐 때 우리 집은 너무나 가난했다. 그래서 나는 이런 생각을 마음에 품고 있었다.

'세계적인 사업가가 되어서 가난한 사람을 도와야지.'

이 생각이 곧 나의 비전이 되었다. 그렇게 50대까지 살다가 늘그막에는 인생의 여유를 즐기며 편안하게 사는 것이 그 당시 내 인생의 청사진이었다. 그런 내가 대학을 졸업하고 직장생활을 하다가 인격적인 하나님을 만났다. 그동안 성경공부와 설교 듣는 것을 통해 조각조각 알던 것들이 깨달아지기 시작했다. 하나님께서는 나를 사랑하셔서 어렸을 때부터 붙잡아 주셨음을 그제야 알게 되었다. 그렇게 나는 세 아이의 아빠로 직장생활을 하다 인격적인 예수님을 만났던 것이다. 그리고 세계적인 사업가가 되어 가난한 사람을 도우며 살겠다던 나의 인생철학이 이렇게 바뀌었다.

"그리스도인으로서 예수님의 향기를 전하며 살겠다."

그때는 성경을 보기 위해 휴가 때마다 금식할 정도로 열정적이었다. 나는 그때 "말씀이 꿀송이 처럼 달다"는 말을 온 심령으로 경험하고 있었다.

그런 내게 직장생활이 걸림돌이 되었다. 회사에 매여 툭하면 주일날 회사에 나가야 했다. 주일이면 교회에 가서 예배드리고 찬양하고 봉사하는 일이 더없이 기쁘고 즐거웠는데 주일을 빠지고 회사에 나가는 것은 정말 하기 싫고 못할 일이었다. 회사에 나가 일한다는 것 자체보다 주일성수를 하지 못하는 것에 대한 신앙적 갈등이 점점 커져갔다.

결국 신앙생활도 바르게 하고, 교회 봉사도 마음껏 할 수 있는 그런 회사를 구하며 기도하던 중 기회가 닿아 직접 개인 사업에 뛰어들었다. 구로공단에서 철물 계통 사업을 했는데 한때는 회사도 번창하였고 물질적으로도 꽤 괜찮은 수익을 올리기도 했다. 그렇게 잘 나가고 있을 때 하나님께서는 또다시 자신의 뜻을 개입시키셨다. 하나님의 때와 사람의 때가 다름을 내게 경험하게 하셨다. 정말 그때는 회사가 가장 잘 나가고 있던 때였다. 바로 그때 사기를 당했다. 친구를 통해 소개받은 사람에게 사기를 당했다. 발을 동동거리면서 이리 뛰고 저리 뛰어 보았지만 결국 회사는 부도를 맞았다. 인간적인 눈으로 본다면 이런 일을 허락하신 하나님은 너무나 원망스러운 분이다. 하루아침에 생긴 빚 때문에 1년간 수고한 모든 것이 날아갔다. 그러나 나는 하나님께서는 우리에게 아무런 이유도 없이 이런 시련을 주시는 분이 아니라고 생각했다.

"하나님, 저는 세상과 구별 되게 술도 안 먹고 모범적으로 회사를 운영했습니다. 그런데 왜 이렇게 망한 겁니까? 도대체 하나님의 뜻이 무엇입니까?"

그 물음에 답을 구하려 금요일마다 교회에서 밤을 새우며 기도했다. 앞으로 남은 인생 내가 이루어야 할 비전이 무엇인지 알려달라고 기도했다. 오직 하나님의 뜻을 보여 달라고 매달렸다.

35세 늦깎이 신학생이 되다

"모세가…하나님의 산 호렙에 이르매 여호와의 사자가 떨기나무 불꽃 가운데서 그에게 나타나시니라…하나님이 떨기나무 가운데서 그를 불러 가라사대 모세야 모세야 하시매 그가 가로되 내가 여기 있나이다"(출 3:1-4).

애굽에서 종살이하던 이스라엘 민족을 약속의 땅 가나안으로 인도했던 민족의 지도자였던 모세를 하나님은 어렸을 때부터 들어 사용하셨는가? 아니다. 하나님은 모세에게 광야의 시간을 허락하신 후에야 그 앞에 나타나 할 일을 명하셨다.

의도하지 않게 애굽의 왕자로 가장 좋은 시절을 보냈던 모세가 애굽에서 쫓겨나 광야에서 살아야 했던 것과 같이 사업의 실패는 내게 광야의 시간이었다. 내 힘으로는 아무것도 할 수 없는 공황상태였다. 지금 생각해 보면 하나님께서는 나를 사람의 생각과 판단과 계획을 모조리 내려놓을 수밖에 없는 상황으로 내모셨다. 할 수 있는 것이라곤 오직 그분의 뜻을 구하는 것밖에 없었다. 하나님의 음성에 집중할 수밖에 없었다.

사업이 망하고 하나님의 뜻을 구하며 무릎 꿇던 그 시기에 나는 주위 사람들에게 이런 권유를 들었다.

"최 집사님은 목회를 하시는 게 어떨까요? 왠지 꼭 목사님이 되실 분인 것 같아요."

원래 사업을 하기 전부터도 주위에서 이런 말을 심심치 않게 들었다. 하지만 그때는 목회자가 될 생각 같은 것은 조금도 하지 않았다. 도리어 말도 안 되는 소리 하지 말라며 웃어 넘겨버렸다.

그런데 지금 나는 하나님의 뜻을 구하고 있다. 그리고 하나님께서는 때로 주위 사람의 말을 통해 자신의 뜻을 나타내기도 하신다. 이런 것을 알고 있는 내게 그 말들은 쉽게 넘겨지지 않았다. 예전부터 듣던 말이라 낯설지도 않았지만 인간의 생각으론 도저히 망할 것 같지 않던 사업이 망하고 보니 흘려듣던 사람들의 말이 허투루 들리지 않았다.

그 즈음이었다. 마음속에서부터 이런 음성이 들렸다.

"네가 지금까지 살아온 것은 목회를 위한 수업이었다. 너는 평신도 입장에서 목회를 할 수 있을 것이다. 내 양을 치라. 내 양을 먹여다오."

그 음성은 나를 무척 놀라게 했고 또 고민하게 했다. 하나님의 부름을 받고 기적을 체험했지만 "저는 본래 말에 능한 자가 아닙니다. 나는 입이 뻣뻣하고 혀가 둔해요. 그러니 하나님, 나 말고 보낼 만한 자를 보내세요"라고 말한 모세처럼 변명하고 미적대기만 했다. 내 마음에선 과연 이것이 하나님의 소명인지 아닌지 끊임없이 저울질하며 공방을 벌였다.

그렇게 미적거리며 수개월을 보냈다. 그리고 신정연휴를 맞아 금식하며 하나님의 뜻을 구하기 위해 청계산 기도원으로 올라갔다. 딱 한 사람이 들어갈 만한 기도원 토굴에 들어가 앉자마자 나를 구원하신 하나님의 사랑과 이날까지 인도하신 섭리에 감격의 눈물이 마구 쏟아졌다. 그리고 입술에선 찬양이 흘러나왔다.

"나 같은 죄인 살리신 그 은혜 놀라와…"

"예수 나를 오라 하네. 예수 나를 오라 하네. 어디든지 주를 따라 주와 같이 같이 가려네. 겟세마네 동산까지 주와 함께 가려 하네. 피땀 흘린 동산까지 주와 함께 함께 가려네."

찬송을 부르면서 이상하리만치 마음에 평안이 밀려왔다. 그러고서는 쏟아지는 졸음을 참지 못하고 잠에 빠져들었다. 그렇게 한숨을 자고 잠에서 깨자 마음속에서 이런 생각이 일어났다.

'에이, 아닐 거야. 내가 잘못 생각한 걸 거야. 내가 무슨 목사가 되겠다고….'

그렇게 3일째가 되었다. 사사기를 읽던 나는 기드온이 소명을 받고 갈등하며 하나님을 시험하는 장면을 보았다. 그 말씀을 보고 나도 기드온과 같은 기도를 드리기로 결심했다. 나는 하나님께 세 가지 조건을 걸어 기도했다.

"하나님, 만약 정말로 하나님께서 저를 쓰시고자 한다면 세 가지 기도를 들어주십시오."

첫 번째는 총회신학대학원에 합격시켜 달라는 것이었다. 당시 주위에서는 야간 신학교를 권하고 있었고, 실제로 한 신학교 야간 과정에 편입하여 들어오라는 통보를 받기도 한 상태였다. 낮에는 직장에 나가 돈을 벌고, 밤에는 공부를 하는 게 좋겠다는 유혹이 있기도 했다. 그러나 당시 내 나이가 무려 서른다섯이었다. 밤낮으로 공부해도 다른 신학생들을 따라잡기가 힘들겠다는 생각이 들었다. 그래서 나는 총회신학대학원에 정식으로 입학해서 공부할 수 있게 해달라는 것을 첫 번째 기도제목으로 삼았다.

두 번째는 신학공부를 하는 동안 장학금을 달라는 것이었다. 이것 역시 경제적인 걱정 없이 온전히 공부할 수 있게 해주기를 바라는 마음에서였다.

그리고 마지막 세 번째는 내가 신학공부를 할 동안 우리 가족의 생계를 책임져 달라는 것이었다. 그 당시 나는 아내와 아이 셋에 어머니까지 여섯 식구의 생계를 책임져야 하는 형편이었다. 때문에 야간 신학교를 가는 게 합리적이라는 생각도 들었다. 그러나 한편으로는 대담하게 이런 생각이 들었.

'하나님께서 정말로 나를 부르셨다면 설마 우리 식구의 호구지책 하나 해결해 주지 못하시겠어? 그런 준비도 없이 나를 부르

셨겠어?'

그렇게 기도하고 기도원을 내려왔다. 한편으론 하나님께서 내 기도를 들어주실 리 없다는 의심이 들기도 하고, 체념하는 마음을 먹기도 했다. 그런데 그렇게 확신과 체념 사이를 왔다 갔다 하고 있던 내게 하나님은 놀라운 일을 행하셨다. 바로 그 세 가지 기도 제목을 모두 들어주신 것이다. 무사히 총회신학대학원에 합격하여 늦깎이 신학생으로의 삶을 시작케 하셨다.

요즘도 종종 이런 질문을 받곤 한다.

"목사님께서는 언제 목회자가 되겠다는 결심을 하셨습니까?"

이런 질문을 받을 때면 뭔가 거창한 대답을 하고 싶기도 하지만 내가 목회자가 된 것은 내 계획으로 된 것이 아니었다. 앞에서 밝힌 것처럼 하나님께서는 나를 거절할 수 없는 상황 속으로 내모신 후에야 목회자로의 소명을 주시고 또 목회자가 되게 하셨다. 허락하신 고난을 겪는 중에 내게 왜 이런 일을 주셨는가를 생각했고 1년이라는 기간 동안 그것을 정리한 후 나는 이렇게 확신했다.

"아, 하나님이 날 부르시는구나. 이것이 소명이구나. 그동안의 모든 일은 날 훈련시켰던 과정이구나."

어떻게 보면 나는 억지로 부르심에 순종한 사람이다. 그러나 그 소명을 깨달은 후 나는 하나님의 것으로 내 삶을 완전히 내어드렸고, 그 부르심에 겸손히 응하며 나아갔다.

2장 부르심 _그분의 이끄심 속으로 들어가다

"최 목사, 부산으로 가도록 하게나. 최 목사라면 잘할 수 있을 걸세.
새중앙교회라면 제자훈련이 전통 기성교회에도 접목될 수 있는지 알아볼 수 있는
하나의 시험장소가 될 수도 있지 않겠는가? 아마도 하나님께서 이날을 위해
최홍준 목사를 훈련시키셨고 지금 또 다른 기회를 주시려는 것 같네."

진실함과 겸허함을 가르쳐 준 큰 스승

"최홍준 목사는 공부는 잘 못했는데 목회는 잘하는 사람입니다."
참 부끄러운 이 말은 나를 신학교에서 가르치셨던 선생님이자 선배 목회자인 김명혁 목사님이 어디를 가든 나를 소개할 때면 하는 말씀이다. 요즘은 총회신학대학원에서 나이 든 신학생들을 발견하는 게 그리 어려운 일이 아니지만 내가 다닐 당시만 해도 나처럼 나이 든 신학생들이 많지 않았다. 더군다나 서른다섯의 아저씨가 한창 공부 잘할 나이의 젊은 신학생들을 따라잡으려니 여간 고생이 아니었다. 그들보다 두 배, 세 배 노력해야만 비슷하게 맞춰 갈

수 있었으니 열등감도 많이 느꼈고, 어려운 과목에서는 재시험을 보는 낭패도 여러 번 겪었다. 그래도 하나님께 받은 확실한 소명감이 있었기에 즐거운 마음으로 포기하지 않고 학업을 잘 마칠 수 있었다.

그런 신학생 시절 내가 가장 존경하고 감사하게 여기던 한 분이 바로 내게 대놓고 "공부를 못했다"고 하시는 김명혁 목사님이다. 나는 그분께 지식적인 가르침 말고도 진실함과 꾸밈없는 태도, 하나님의 섭리를 인정하고 받아들이는 겸허한 자세 등을 배웠다.

내가 김 목사님이 '공부 못한 신학생'이라고 하는 말에 별 이의를 제기하지 못하는 것은 워낙 목사님 아래서 엄격하게 공부했기 때문이다. 오죽하면 나는 김 목사님 때문에 강도사 고시까지 재수를 해야 했다. 그 당시에도 김명혁 목사님이 보여 주는 여러 삶의 태도에 매료되어 가까이 모셨기 때문에 내심 친하다는 인식이 내 머릿속에 있었던 것 같다. 우리 한국 사회의 관행상 남들보다 친하면 왠지 떡 하나 더 주고, 뭔가 부탁하기도 더 쉽고 그렇지 않은가? 친하게 지낸다고 해서 남들보다 더 많은 혜택을 주지 않던 김 목사님은 자신의 시험과목에서 내게 낙제를 주셨다. 김 목사님은 시험지에서 내 이름을 확인하고 약간 인색하게 점수를 주셨다고 했다. 나중에 그것을 알고 합격시키지 않은 것에 서운하기도 했지만 지금 생각하면 그때의 일이 오히려 내 오랜 목회에 좋은 밑거름이 되었다고 여기게 된다. 몇 개월 일찍 강도사 고시를 통과한들 무슨 소용이 있었을까? 평생 목회자로 섬길 큰 그림을 놓고 볼 때 오히려 작은 것 하나부터 단단히 준비하게 해주신 것에 감사한다.

또한 나는 김 목사님이 아들 철원이를 뇌종양으로 먼저 하나님 품으로 떠나보내면서 보여 주신 모습에 엄청 큰 감동을 받은 적이 있다. 15년 전인가 김 목사님이 출간한 책에 이를 소개한 적도 있다. 어느 부모치고 자식의 죽음 앞에서 천지가 무너지는 경험을 뭐라 표현할 것인가. 자식을 먼저 떠나보내는 일은 '힘들다'는 말로는 다 표현할 수 없는 가슴 미어지는 일일 것이다.

아들 철원이의 투병 기간 동안 목사님은 아들에게 천국에 대한 소망을 심어주기 위해 무던히도 애쓰셨다. 그런 사연을 수필로 담은 김 목사님의 글은 오랫동안 내 가슴속에 먹먹한 감동으로 남아 있다. 자식의 죽음 앞에서도 하나님만을 소망으로 여기며, 그 죽음을 통해서도 하나님이 허락하신 인생의 섭리를 겸허하게 받아들이고 배우는 모습에 절로 고개가 숙여졌다. 그리고 그런 분을 스승으로 모신 내 가슴은 참 뿌듯하다.

사람이 자칫 교만해지면 자신이 뭔가 된 줄 알고 모든 일에 자기주장을 굽히지 않는 독불장군이 되게 마련이다. 사실 따지고 봐서 김명혁 목사님 정도 되면 조금 독불장군이 된들 뭐라 할 사람이 없을 것이다. 우리나라 최고의 대학이라는 서울대학교를 졸업하고 그 시절에 유학 가서 12년 동안이나 공부를 마치신 정도이니 지식으로라면 그 당시에 여간해서는 그분을 따라갈 사람이 없었을 것이다. 그럼에도 김 목사님에게서는 지적인 교만함이나 거만함은 찾아볼 수가 없다. 오히려 시시때때로 하나님의 뜻을 구하고 무릎 꿇고 기도하는 것을 강조하시는 모습에서 참 목회자의 자세를 배우게 된다.

이런 김 목사님의 겸손함과 깨끗함을 직접 눈으로 확인한 사건이 내가 전도사로서 목사님의 목회를 옆에서 경험할 때 일어났었다. 당시 김 목사님이 담임하셨던 그 교회는 한 집사님이 사재를 털어 세운 교회였다. 그랬기 때문에 교회가 그 집사님 중심으로 운영되곤 했다. 김명혁 목사님은 교회의 그런 구조를 보시면서 '하나님 중심, 말씀 중심'으로 가르치려고 많은 애를 쓰셨다. 그러나 관행은 쉽사리 바뀌지 않았고 김 목사님도 한계를 느끼게 되었다. 달리 생각해 보면 그냥 그 교회 내의 구조를 인정하고 말씀 잘 전하는 목회자로 남을 법도 한데, 김 목사님은 그러지 않았다. 가르침에 한계를 느끼자마자 깨끗이 사임했던 것이다. 그 모습이 내게는 그렇게 멋져 보일 수가 없었다. 하나님의 말씀을 가르치는 것보다 더 어려운 것이 그것을 몸소 실천하여 보여 주는 것임을 잘 알고 있었기 때문이다.

지금도 여전히 목회현장에서 김명혁 목사님을 뵐 때면 그분의 가르침을 받았다는 자체가 얼마나 자랑스러운지 모른다. 길다면 길고 짧다면 짧을 인생에서 이렇게 존경할 수 있고, 의지할 수 있는 분과 같은 길을 걸어갈 수 있다는 것이 내게는 얼마나 큰 감사인지 모른다.

두 갈래 길

신학대학원을 다닐 때 서울 장성교회의 전도사로 섬기며, 두 군데 회사에서 사목으로도 일했다. 나는 처음부터 목회를 비전으로 삼았던 사람이 아니었다. 그래서 마치 하나님과 큰 계약을 치르듯

"이것을 해결해 주시면 제가 한번 그 일을 해 보겠습니다"라는 식으로 목을 곧게 세웠었다. 나는 그때 하나님께 세 가지 기도제목을 걸었다.

하나님께서는 나의 다소 무례한 태도에도 불구하고 그 기도제목을 순차적으로 이뤄주셨다. 그래서 늦은 나이에 신학교를 다닐 수 있었고 더불어 한 가정의 가장으로서 경제적인 부분에 신경 쓰지 않아도 되게 해주셨다. 장성교회의 전도사로 또 회사의 사목으로 섬길 수 있었던 것은 그런 면에서 내게 베푸신 하나님의 큰 은혜였다.

당시 내가 신학생이던 시절은 따지고 보면 그렇게 학업에 전념할 수 있는 분위기는 아니었다. 학내 문제로 한창 데모가 일어나던 때였기 때문이다. 그때 나는 함께 공부하던 학우들과 좀 더 효과적인 대학부 사역을 하기 위해 여러 선교단체의 간사님들께 특강을 들으며 성경공부를 해나갔다. 특히 그때는 내가 맡고 있던 대학부 사역에 선교단체들의 장점을 접목시키면서 제자훈련에 한창 눈떠가고 있던 시기였다. 차츰 열매가 나타나고 섬기던 대학부에 부흥이 일어나기도 했다.

그러던 어느 날, 한 통의 전화를 받았다.

"최 전도사님, 안녕하십니까? 저는 옥한흠 목사입니다."

어떻게 나에 대해 알았는지 옥한흠 목사님께서 내게 함께 일해 보자며 친히 전화를 주셨다.

그 당시만 해도 옥 목사님은 한국 교계에서 지금처럼 크게 알려진 목회자는 아니었다. 하지만 당시 신학생이던 우리 전도사들 사이에서는 성도교회에서의 사역이나 미국에서 공부하신 일 등으로 꽤 알려진 목사였다. 그래서 우리는 목사님의 가르침을 받고 싶었고 대략 20여 명쯤 되는 전도사들이 모여 소위 '교회 탐방'이라는 명목으로 옥 목사님을 찾아갔었다. 당시는 아직 사랑의교회로 이름을 바꾸기 전으로, 상가 건물에 위치해 있던 강남은평교회로 갔다. 그 무리에 나도 물론 끼어 있었다.

처음 대면하게 된 옥 목사님의 모습은 그야말로 의외였다. 단정한 정장에 넥타이를 맨, 우리가 흔히 목회자의 모습이라고 규정짓던 그런 모습이 아니었다. 장발에 청바지에 노란 남방을 입고 우리를 맞이하시는 분은 도무지 목사 같아 보이지 않았다. 그런데 그분이 바로 옥한흠 목사님이었다. 우리는 "새로운 목회를 하신다는 말을 듣고 탐방차 왔다"고 찾아온 목적을 말했다. 그러자 목사님은 손사래를 치시며 말씀하셨다.

"내 목회에 대해선 말해 줄 게 없습니다. 그러니 더더욱 가르쳐 줄 것도 없고요. 괜한 수고 말고 돌아가서 하던 공부나 열심히들 하세요."

파격적인 외모만큼이나 의외의 답변이었으나 다른 한 편으로는 참 솔직하고 진실한 인격이 나타나 그의 겸손함을 알 수 있었다. 아무것도 듣지 못한 채 돌아설 수밖에 없었지만, 나는 그때 옥 목사님에 대한 좋은 인상을 가지고 돌아왔다.

그런 그분이 내게 목회 사역에 함께 동역하지 않겠느냐고 제안을 해온 것이다. 지금 내가 그 당시로 돌아간다면 두말할 것도 없이 바로 오케이를 외치며 옥 목사님을 따라나섰겠지만, 안타깝게도 그때는 개인적인 생각과 조건을 요리조리 재며 부르심에 응하지 않았다.

먼저는 내 자신이 옥 목사님을 섬길 재목이 못 된다는 이유를 내세웠다. 뒤늦게 신학을 시작한 나로서는 옥 목사님과 나이 차이가 별로 나지 않았기 때문에 처음에야 그럭저럭 넘기더라도 여러모로 불편한 일이 많이 생길 것 같았기 때문이다. 게다가 내게는 딸린 식구도 많아 옥 목사님 곁에는 나보다는 이제 막 사역을 시작하는 젊은 전도사가 더 합당하다고 생각하기도 했다. 그런저런 핑계를 대고 있는데 옥 목사님께서는 이렇게 말씀하셨다.

"전도사님, 비전만 같다면야 함께 일할 수 있지 않겠습니까?"

그렇게 나를 설득하시는 옥 목사님에게 나는 결국 동역 제안을 고사하고 말았다. 섬기고 있던 장성교회 대학부 사역에서 물러나는 것도 어려웠고, 당시에는 신학교를 졸업하면 개척할 생각도 가지고 있었기 때문이다. 나이도 많고 딸린 식구도 많은 나를 어느 교회에서 받아줄지 의문이 들었고, 늦게 목회자가 된 만큼 차라리 개척을 해서 고생을 하더라도 현장 목회에 부딪쳐 보리라 마음먹고 있었던 것이다.

옥한흠 목사님께 여러 이유를 들어 거절하고 난 뒤 교회 개척을 염두에 두고 열흘 금식을 작정하고 기도에 들어갔다. 그런데 작정한 날짜가 다 되어갈 때까지 하나님으로부터 이렇다 할 응답이 보이지 않았다. 답답하기도 하고 조급해진 나는 내 나름으로 하나의 결론을 내렸다. 만약 열흘 작정을 채울 때까지 아무런 징조가 나타나지 않는다면 개척하라는 뜻으로 알고 산에서 내려가겠다는 것이었다. 그런 결심을 세운 후 열흘 금식을 마칠 즈음이 되자 나는 개척지와 필요한 물질을 순조롭게 공급해 달라고 기도하기 시작했다.

그 기도제목으로 산속에서 한창 기도에 열을 올리고 있던 때였다. 분명히 산속에는 나 혼자 있었는데 어디선가 발자국 소리가 들려왔다. 금식 중인 때라 그랬는지 몰려오는 공복감과 피로감으로 그 소리가 더욱 두렵게 들렸다. 마음을 가다듬고 고개를 돌려 소리 나는 쪽을 바라본 순간 그곳에는 나무꾼 한 사람이 서 있었다. 그도 나와 마찬가지로 꽤나 놀란 눈치였다.

그런데 웬일인지 나무꾼임을 확인했음에도 불구하고 마음속 두려움은 멈추질 않았다. 나는 그 길로 짐을 꾸리고 허둥지둥 산에서 내려왔다. 그렇게 한참 내려오고 있는데 누군가 소리치는 목소리가 들렸다. 주위를 둘러보았지만 아무도 없었다. 다시 발걸음을 떼는데 마음속에서 하나님의 음성이 들려왔다. 좀 전에 들었던 소리는 분명 하나님의 음성이었다.

"네가 만약 평범한 성도라면, 최홍준 전도사가 개척한 교회에 가서 신앙생활 열심히 하겠느냐?"

나는 주저 없이 바로 대답했다.

"아니요? 이 세상에 얼마나 훌륭한 목회자들이 많은데 저 같은 전도사에게 와서 신앙생활 하겠어요?"

그런데 이렇게 대답하고 나니 충격이 밀려왔다. 그동안 나는 나조차도 가지 않겠다고 대답하는 교회를 개척하겠다고 고집을 피우고 있었던 것이다. 이 일로 인해 하나님께서 아직 내게 개척을 허락하지 않음을 깨달았다. 그로 인해 그동안 개척을 준비하던 나는 계획을 바꿔 이제부터 무엇을 해야 하는지 하나님께 물어야 했다. 하나님께서는 내게 훈련을 좀 더 받으라는 응답을 주셨고, 훈련 받을 대상으로 내 머릿속에서 옥한흠 목사님을 떠올렸다.

불과 얼마 전에 옥 목사님의 부름을 거절했던 내가, 이제는 그 아래서 훈련 받기를 원하게 되었다. 그 길로 당장 옥 목사님의 교회 사정에 대해 알아보기 시작했다. 그런데 결과가 좋지 못했다. 그때 나는 전도사 신분이었는데 교회에서는 부목사를 구한다고 했기 때문이다. 옥 목사님께서 손 내밀 때 붙잡을 것을 괜히 이리저리 재다가 놓쳐버린 것 같아 얼마나 후회되고 허탈했는지 모른다. 인생에서 엄청난 기회를 하나 놓친 것 같아 안타까웠다.

그런데 얼마 후 기적과 같은 일이 일어났다. 옥한흠 목사님께서 또다시 전화를 주신 것이다.

"혹시 생각이 바뀌었다면 함께 사역해 보지 않겠습니까?"

"부목사를 구하신다고 들었습니다. 하지만 저는 아직 전도사입니다."

"네, 부목사를 찾아 봤지만 제자훈련을 비전으로 한 사람이 없더군요. 그렇다고 비전이 없는 사람을 새로이 훈련시켜서 일할 여유가 없다고 생각했어요. 최 전도사님은 대학부에서 제자훈련 사역을 했다고 들었는데 같은 비전으로 나와 동역할 수 있지 않겠습니까?"

그렇게 설득하는 목사님의 부르심에 나는 굴복하듯 기쁨으로 달려가게 되었다.

목회의 스승, 옥한흠 목사님

옥한흠 목사님의 부름을 받고 교회 이적이 순리대로 착착 진행되었다. 드디어 사랑의교회로 부임하게 된 것이다. 그리고 지금까지도 내 마음속에 행복한 기억들로 남아 있는 시절이 시작되었다.

 옥한흠 목사님과 함께 사역하면서 그분께 받았던 가장 큰 인상은 주님 앞에서 철저하게 헌신하는 삶이었다. 목회자의 삶이라는 것이 어떤 면에서는 남들에게 어떻게 보일까에 신경이 쓰이기도 하는데, 옥 목사님은 그런 것에 개의치 않으셨다. 꾸밈없는 모습으로 생활하시는 것에서 오히려 참으로 큰 분임을 느낄 수 있었다. 심방을 다닐 때도 캐주얼 차림으로 손수 운전하시는 목사님을 뵐 때면 소탈하면서도 형식적인 면에 개의치 않고 성도를 섬기는 모습에서 절로 고개가 끄덕여졌다.

 무엇보다도 옥 목사님은 이전의 목회자들에게서 볼 수 없었던 다른 패턴의 삶이 있었다. 형식이나 의식, 권위를 다 내려놓고 순수한 그리스도인으로서 섬김의 삶을 살려 하는 것과 영혼에 대한 열정이었다. 일부 기성교회 목사들이 지니고 있던 모습과는 사뭇 다르게 겸손하고 정직한 모습이었다. 그리고 당시로는 파격적이던 제자훈련에는 완전히 미친(?) 목사님이셨다. 나 역시도 그런 옥 목사님 아래서 제자훈련의 기초를 닦을 수 있었다. 그것은 장성교회 대학부를 맡아 내 나름대로 해왔던 제자훈련의 틀을 더욱 발전시켜 견고하게 세울 수 있게 해주었다.

옥 목사님이 허례허식을 따지지 않는 자유롭고 소탈한 분이라고 해서 아무것에서나 그냥저냥 넘기지는 않으셨다. 아니라고 생각하는 것은 절대 타협하지 않는 강직함도 지니고 계셨다. 한번은 이런 일도 있었다.

어느 새벽기도회 때 옥 목사님께서 못 나오시게 된 날이 있었다. 그런데 한 성도가 그것을 꼬투리 삼아 야단법석을 떨었다. 그분은 오랫동안 신앙생활을 해온 집사였다. 새벽기도회가 끝나고 그 집사는 교회 입구에 서서 사모님과 교인들에게 이렇게 말하고 있었다.

"개척교회 목사가 새벽기도회에도 안 나오다니…."

그 일은 곧 사모님을 통해 목사님 귀에 들어갔고 옥 목사님께서는 학교에서 돌아온 나에게 새벽에 있었던 일을 자세히 물으셨다. 자초지종을 들은 목사님은 내게 그 성도에게 전화하라고 말씀하셨다. 나는 옥 목사님이 그 집사에게 새벽예배에 못 나오게 된 사정을 잘 설명하려나 보다 생각하고 얼른 전화를 걸어 바꿔드렸다. 그러나 목사님은 나의 그런 예측과 다르게 통화를 시작하자마자 이렇게 말씀하셨다.

"신앙생활도 오래 하신 분이 목사가 사정이 있어 새벽기도회에 빠질 수도 있는 것을 그렇게 야단을 피우면 어떻게 되겠습니까?"

옥 목사님이 그 성도에게 직접 전화를 거신 것도 아니고, 내가 걸어서 바꿔 드렸는데 이렇게 하는 것은 아니다 싶었다. 부교역자가 아침에 일어난 일을 담임목사에게 부정적으로 고해 바쳐서 화를 내시게 했다는 것으로 오해할 수 있을 것이기 때문이다. 그런 생각을 한 성도는 얼마나 섭섭하겠는가? 나는 전화가 끝나길 기다렸다가 곧장 항의했다.

"목사님, 어떻게 그렇게 하실 수 있습니까? 직접 전화하셔서 그렇게 말씀하셔도 되는 거 아닙니까? 저에게 전화하라고 하시고 그렇게 말씀하시다니요. 목사가 새벽기도 못나간 것이 뭐 잘한 일도 아니잖아요. 전화를 돌려드린 저는 어떻게 되는 겁니까?"

내가 이렇게 항의하자 옥 목사님이 말씀하셨다.

"그래, 미안하네. 하지만 나는 교회의 기초를 세우는 데 있어서 처음부터 이렇게 해야 한다는 것에는 단호하다네. 목사가 새벽기도회 한 번 불참했다고 교회에 분란을 일으키려 해서는 안 되지. 특히 우리 교회는 개척교회가 아닌가? 처음부터 쓴 뿌리가 박히게 돼서는 안 되네. 기초는 아주 순수하고 복음적인 뿌리에서부터 세워져야 하네."

그때까지 나는 개척교회에게 성도 한 사람이 얼마나 소중한데 그 집사에게 그리도 야단을 치느냐고 속 좁게 생각했던 마음에 명확한 해답을 얻었다. 그리고 나중에 알고 보니 그분은 두 주 전인가 잠실 어느 교회에서 온 타 교회 집사였다. 비록 그 사건 후 그 성도는 교회를 떠났지만 교회 안의 질서를 분명히 하려는 옥 목사님의 목회철학을 잘 이해할 수 있었다.

한국 최초의 원로 부목사를 꿈꾸다

교회의 분열을 체험하고 껍데기 신앙인이 되어 몸만 왔다 갔다 하던 청년으로, 그러다 하나님의 사역에 보탬이 되겠다고 사업에 뛰어들어 사업가가 되기도 했었고, 이제는 목회자의 길로 들어선 인생의 행로…. 하나님께서는 내게 그리 순탄치 않은 인생길을 걷게 하신 것 같다. 그럼에도 그 과정들이 내 목회 곳곳에서 피가 되고 살이 되는 경험을 했기에 이 모든 것이 하나님께서 허락하신 과정이었다고 확신한다.

인생의 여러 과정을 거치고 사랑의교회에서 시작한 부목사 사역은 정말로 만족스럽고 행복한 날들이었다. 특히 그동안 자라오면서 기성교회 체제하에서 많은 실망과 상처를 받았던 나로서는 옥한흠 목사님의 개혁적이면서도 하나님 말씀 중심의 사역이 여간 좋은 것이 아니었다. 그분 아래서 새롭게 정립하게 된 제자훈련이 현재 내 목회의 가장 큰 줄기요, 핵심이라 할 수 있으니 아마도 내 인생에서 옥한흠 목사님만큼 영향력을 발휘하신 분도 드물거라 생각된다.

사랑의교회 옥한흠 목사님 하면 어느 누구라도 바로 '제자훈련'을 떠올릴 것이다. 내가 부목사로 섬기면서 무엇보다 가슴 벅찼던 것은 바로 제대로 된 제자훈련의 현장에서 사역할 수 있었다는 사실이다. 어떤 이론이든지 그것이 현실화될 때에 나타나는 열매를 보면 그 이론의 가치를 알 수 있다고 한다. 내가 수석부목사로 섬기던 80년대 중반 즈음 사랑의교회에는 제자훈련의 열매들이 속속 나타나기 시작했다.

삶의 의미를 잃어버린 사람들, 가족 간의 불화로 회복될 수 없을 것 같던 부모와 자녀의 관계, 당장 이혼할 것 같던 부부들도 제자훈련을 받고 나서부터는 하나님의 말씀 앞에서 새로운 삶으로 변화되었다. 참 그리스도인의 삶을 사모하며 헌신했다. 그런 현장을 목도하면서 어찌 열광하지 않을 수 있을까? 사람 낚는 어부의 삶을 사는 목회자로서 하나님 앞에서 말씀으로 변화되는 성도를 볼 때마다 목회 사역이 너무나 재미있고 신명났다.

사랑의교회에서 제자훈련하면서 겪은 당시의 경험은 성경이 말하고 있는 '교회는 그리스도의 몸'이라는 말씀을 전적으로 체험하고 깨닫게 해주었다. 교회는 그리스도의 몸으로 조직체가 아니라 생명체라는 것, 그러므로 생명체인 교회는 건강해야 한다는 것, 그렇게 건강하면 잘 성장한다는 원리를 온몸으로 깨달을 수 있었다. 이런 원리를 몰랐던 것도 아니지만 바로 그 원리가 제자훈련을 통해 실천되고 있는 교회 현장에서 말씀이 피부로 깨달아지는 것을 체험하니 목회자로서 이보다 더 좋을 수가 없었다.

제자훈련을 통해 성도가 건강해지자 교회의 부흥도 자연스레 따라오기 시작했다. 어느 시점에는 매우 폭발적인 성장이 일어났다. 그 현장에 거하면서 나는 당초 신학교 졸업 때 마음먹었던 교회 개척에 대한 계획을 완전히 접어버렸다. 평생 사랑의교회 부목사로 섬기며 제자훈련 사역에 매진하고 싶어진 것이다.

그때를 즈음하여 서울의 모 교회에서 청빙 제의가 들어왔다. 그러나 나는 당시 사랑의교회가 나를 필요로 하는 한, 평생 이곳에서 제자훈련에 매진하겠다는 결연한 의지를 가지고 있었다. 그런 내게 청빙이 귀에 들어올 리 없었다. 정중하게 거절했다. 왜 꼭 어느 시점이 되면 부목사들이 섬기던 교회를 떠나 개척을 해야 하는지 동의도 되지 않았고, 옥 목사님처럼 목회를 잘할 자신도 없었기 때문에 단독목회나 혹은 타 교회의 청빙으로 마음이 흔들리지 않았다. 또한 부목사로 섬기면서도 충분히 목회의 기쁨과 보람을 느끼고 있었으므로 굳이 단독목회를 해야 한다는 어떤 필요도 느끼지 않았던 것이 사실이었다. 뿐만 아니라 제자훈련지도자 세미나를 통해 전국에 목회자들을 불러 제자훈련목회를 소개하여 목회자 한분이 제자훈련의 목회철학을 정립하게 되면 그 교회가 변화되는 역사가 나타날 것이기에 내가 혼자 나가서 한 교회를 새롭게 하는 것 보다 훨씬 하나님나라에 효과적이라고 생각되기도 했기에 나의 단독목회를 접는 동기도 되었다고 말하고 싶다.

그런데 하나님의 계획은 내 좁은 생각과는 많이 달랐다. 내가 계획하지 않고 있던 길로 다시 한 번 인생의 터닝 포인트를 제안해 오셨다.

부산으로 GO! GO!

1986년 중순, 당시 부산중앙교회, 혹은 부산 새중앙교회의 원로목사인 노진현 목사님이라고 하면 대부분의 목회자가 모를 리 없을 것이다. 특히 나의 경우에는 우리 교단의 가장 큰 어른이셨기에 그분의 전화를 받는다는 것은 매우 기쁜 일이면서 동시에 조심스럽고 부담스러운 일이기도 했다. 그런데 그런 큰 어른께서 내게 친히 전화를 걸어 당신이 원로목사로 있던 부산 새중앙교회로 나를 청빙한다고 하셨다.

당시 나는 한국 최초의 원로 부목사를 꿈꿀 만큼 보람을 느끼며 사역하고 있었기 때문에 사랑의교회를 벗어나 다른 곳에서 목회할 계획이 전혀 없었다.

그런데 교계의 어른이신 노 목사님께서 직접 전화를 주신 것은 내게도 함부로 거절할 수 없는 부분이었다. 그래서 우선 최대한 정중하게 거절하고 다시는 노 목사님이 전화하지 않기를 바랄 수밖에 없었다. 하지만 내가 바라는 것과는 다르게 노 목사님은 매주 월요일마다 전화를 거셨다. 거짓말하는 것을 절대 용납하지 않는 나는 집에 있으면서 전화를 받지 않을 수 없었다. 그리고 걸려 온 목사님의 전화에 일일이 응대하는 것은 여간 고역이 아니었다.

그러기를 4개월 정도 했다. 웬만하면 포기하실 만도 한데, 그날도 어김없이 전화를 걸어와 이렇게 말씀하셨다.

"최 목사가 부산으로 내려오는 것은 하나님의 뜻입니다!"

하나님의 뜻이라는 말씀에 더 어찌할 바를 몰랐던 나는 그 이유를 물었다. 목사님은 교회에서 있었던 일을 말씀해 주셨다.

"우리 교회의 당회에서는 후임 목사에 관련한 모든 사항을 내게 위임해 주었습니다. 그래서 몇 개월 전부터 나는 적임자로 최홍준 목사님을 생각하고 계속해서 전화를 걸어 청빙 부탁을 드렸던 것이고요. 그런데 내가 아직까지 한 번도 최홍준 목사를 후임으로 생각한다는 것을 말한 적이 없는데 우리 교회 장로님 한 분이 최홍준 목사님을 추천했어요. 내가 전혀 말한 적이 없는데도 말입니다. 이것이 어찌 하나님께서 주신 뜻이라고 하지 않겠어요? 그러니 그만 저희의 청빙을 받아 주세요."

그러나 역시 부산으로 갈 마음이 들지 않았다. 당시 새중앙교회는 노 목사님이 은퇴한 중앙교회로부터 분리되어 나온 교회로 그리 안정된 상태가 아니었다. 때문에 사랑의교회에서 만족스럽게 목회하던 내가 그 교회를 감당할 수 있을지 확신이 서지 않았고, 또한 그곳에 가서 교회를 안정시키고 부흥시킬 자신도 없었기 때문이다.

그렇게 차일피일 미루는 사이 새중앙교회에서는 공동의회에서까지 나를 담임목사로 청빙하는 것에 만장일치를 보았다는 소식을 전해왔다. 그 전에 나는 노 목사님께 이렇게 말씀드린 적이 있다.

"목사님, 저는 만장일치가 아니면 절대 가지 않겠습니다. 그것이 아니라면 하나님의 뜻이 아닌 줄 아십시오."

그런데 공동의회를 열어 의사를 확인해 보니 단 한 표의 반대도 없는 만장일치가 나왔다는 것이다. 정말 옴짝달싹할 수 없는 상황에 이르렀다. 그럼에도 부산으로 내려가는 것이 얼마나 부담 되었던지 나는 또 다른 핑계거리를 찾고 있었다.

모든 일을 접고 목회자의 소명을 받아 신학교에 들어갈 때는 참으로 절박한 신앙고백을 했었다. "아골 골짝 빈들에도 복음 들고 가오리다…." 그런데 사람이 어찌 그리 간사한지, 막상 내키지 않은 부산행을 결정지어야 하니 '아골 골짝 빈들'은 어림없고 대한민국, 같은 땅덩어리에 붙어 있는 부산에도 가기 싫었다.

그러고 있던 나를 노진현 목사님은 옴짝달싹 못하게 묶어 버리셨다. 목사님은 "자녀 교육문제도 걸리지요?" 하고 물었다. 그게 아니었다. 그런데 아니라고 대답해도 이제는 내가 자녀 때문에 발목이 잡혀 서울을 떠나지 않으려 한다는 오해를 받게 생겼다. 너무나 곤혹스러운 상황에 빠지고 말았다. 하는 수 없이 마지막으로 옥한흠 목사님께 이 문제를 맡기기로 했다. 어리석게도 자신의 문제를 하나님께 직접 매달려 뜻을 간구한 것이 아니라 인간적인 계산으로 이리 재고 저리 재다 결국 내게 유리한 방향으로 결정해 버린 것이다. 옥 목사님은 당연히 내가 부산으로 가는 것을 막아 주실 거라고 생각했다.

당시 나는 사랑의교회 수석부목사로서 교회에서 차지하는 사역의 비중도 꽤 컸고, 사랑의교회와 같이 차별화된 교회에서 같은 비전을 가진 부목사도 구하기 힘들 테니 당연히 옥 목사님이 청빙을 거절해 줄 거라 기대했던 것이다. 그런데 옥 목사님은 내가 기대했던 대답을 해주지 않았다. 내 귀를 의심하지 않을 수 없었다.

"최 목사, 부산으로 가도록 하게나. 최 목사라면 잘할 수 있을 걸세. 새중앙교회라면 제자훈련이 전통 기성교회에도 접목될 수 있는지 알아볼 수 있는 하나의 시험장소가 될 수도 있지 않겠는가? 아마도 하나님께서 이날을 위해 최홍준 목사를 훈련시키셨고 지금 또 다른 기회를 주시려는 것 같네."

부산으로의 청빙에 당연히 거절 의사를 밝혀 주시리라 철썩 같이 믿고 있던 나는 옥 목사님의 그 말씀이 얼마나 서운했는지 모른다. 혹 미리부터 내가 사랑의교회를 그만두기 원하셨던 것은 아닌지 의심마저 들었다. 그러나 그런 내 서운한 심정과 달리 옥 목사님은 나의 부산행을 두고 삼일 밤낮을 고심하며 기도하셨다고 한다. 옥 목사님은 내가 사랑의교회를 떠나는 것에 반대하고 싶었다고 한다. 하지만 목사님은 깊은 시름 후에 내 입장에서 내 앞길을 생각하시고 결단을 내려주셨다. 그때는 내 좁은 생각으로 그 마음을 이해하지 못했다.

시간이 지나고 옥한흠 목사님의 뜻을 헤아리고 나서야 내게 필요한 것이 무엇인지, 또한 부산으로 인도하시는 하나님의 뜻이 어떤 것인지 서서히 깨달아지고 감사가 솟아났다. 그리고 그 마음으로 청빙을 수락할 수 있었다.

그렇게 부산으로 가는 또 한 번의 인생 전환점을 받아들이게 되었고, 부산 새중앙교회에서 펼치실 하나님의 놀라운 뜻을 기대하며 새로운 사역지로 발걸음을 옮겼다.

3장 연단하심 _광야의 현장에서 참 목자상을 실천하다

일보다는 사람을 중요하게 여기자. 일이 좀 더디면 어떤가? 기다리면 된다.
이렇게 사람을 중요시하는 예수님의 원리를 붙잡고 분쟁이 없는 교회,
갈등이 없는 교회가 되기를 소원했다.

        1987년 부임할 당시 부산 새중앙교회는 부산 중앙교회에서 분리되어 나온 지 10년 된 교회였다. 부산 중앙교회의 노진현 목사님께서 은퇴를 앞두시고 여러 사정으로 노회의 합의를 거쳐 1977년에 합법적으로 새중앙교회가 세워졌다. 그러나 교회가 세워진 이후에도 새로 부임한 담임목사와 교회 내 마찰이 생겨 담임목사와 그를 추종하던 교인들이 떠나고 내가 부임할 당시에는 담임목사 없는 상태로 1년 넘게 지속돼 오던 때였다.

  새중앙교회의 설립이 10년 되었다고는 하나 대부분이 중앙교회에서부터 함께해온 성도들이라 엄밀히 따지면 새중앙교회는 40여 년 된 전통적인 기성교회였다. 당회원들은 환갑을 바라보는 연령대였고, 전임 목사가 당회와의 오랜 갈등으로 결국 사임하게 됨으

로써 교회의 중간층이라 할 수 있는 사오십대가 약한 실정이었다. 젊은이들 역시 지도자에 대한 불신으로 가득 차 있었다.

그러나 30여 년이 지난 지금은 어떻게 되었을까? 여전히 그 모습 그대로 답보 상태였다면 아마도 지금 내가 이 책의 내용을 기록하는 일은 생기지 않았을 것이다.

2000년 1월 1일부로 교회 명칭을 세계화와 새천년을 환영하는 의미로 호산나로 개명하였다. 그리고 하나님은 이 호산나교회를 부산을 대표하는 교회중 하나로 성장시켜 주시고 성령의 불씨가 타오르는, 힘이 넘치는 교회로 우뚝 세우셨다. 그리고 2006년 5월, 성도의 기도와 헌신으로 착공한 지 4년 만에 명지비전센터가 세워졌다.

30년 전에는 형제의 사랑과 협력이 부족했던 교회가 지금은 머리되신 주님의 지체로서 유기적이며 사랑의 관계를 잘 맺고 있는 교회로 변했다. 그러나 현재의 이런 교회로 변화되기까지 수많은 어려움으로 우리를 더욱 단단하게 연단하신 하나님의 시간을 겪어야 했다.

눈물로 단행한 개혁

부임을 하고 보니 교인은 약 400명 정도로 중형 교회 수준이었다. 재정적으로도 어려웠고 그동안 여러 사건을 겪으면서 교회 내에는 많은 상처가 남아 있었다. 교인들 상호간에도 감정적인 앙금이 남아 있었고 무엇보다 죽어 있는 예배가 피부로 느껴지는 것은 정말 안타까운 일이었다. 한마디로 이전까지 목회해 왔던 사랑의교회와는 완전 딴판이었다.

부임하던 날 김해공항에 장로로부터 청년부 학생에 이르기까지 모두 나와 우리 가족을 환영해 주었는데 그 모습에 기대가 생기는 한편 걱정이 되기도 했다.

'이거 큰일이구먼. 새로 부임한 담임목사를 이렇게까지 챙기는 걸 보니 이 교회 교인들은 담임목사 얼굴만 바라보는 스타일인가 봐. 내 목회 패턴은 한 사람 한 사람을 챙겨주기보다는 훈련목회인데….'

옥한흠 목사님이 내게 새중앙교회로의 부임을 권유하시며, "기성교회에서도 제자훈련 목회가 접목될 수 있는지 알아보라"던 말씀을 제대로 시도나 해볼 수 있을런지 걱정이 앞섰다. 내가 과연 이 성도의 목자로서 하나님께로 저들을 잘 인도할 만한 사람인지에 대한 자기점검도 자꾸 일어났다. 그러다 보니 위축된 마음속에서 '그래, 3년만 부딪혀 보자. 그리고 안 되면 보따리 싸서 다시 가자'라는 배짱이 일었다. 언제든 그만둘 각오로 최선을 다하기로 마음먹고 나는 심기일전하여 산적한 문제들에 맞서 서서히 개혁을 시작해 나갔다.

주보 개혁

부임 이전까지 내가 경험했던 교회를 놓고 보자면 청년 때까지는 전통적인 기성교회를 보았고 그 다음 목회자가 되어서는 사랑의교회를 경험했다. 그랬기에 사랑의교회와 기성교회의 간극을 굉장히 크게 느꼈다. 그래서 내가 새중앙교회에 부임할 때도 이 교회가 기성교회라는 것과 과연 이 교회의 체질을 개선할 수 있을 것인지에 대한 부담감을 안고 있었다. 기성교회의 체질을 개선시키는 것은 대단히 어렵고 그것을 해내야 한다는 중압감도 큰 게 사실이었다.

그런데 그 부딪침, 일명 '충격'이라고 표현할 수 있는 것이 주보라는 작은 제도에서부터 시작되었다. 바로 주보의 순서를 하나 바꾼 것이 사건의 발단이 되었다. 어떻게 당회를 거치지도 않고 순서를 마음대로 바꿀 수 있느냐고 따져왔다. 이렇게 주보 순서 하나 바꾸는 것조차 당회를 열어야 한다는 것에서 전통 기성교회의 제도적인 벽을 단적으로 느낄 수 있었다.

이전까지 나는 사랑의교회에서 이런 경우는 듣지도 보지도 못했다. 사랑의교회에서는 주보 순서 정도는 목회자가 얼마든지 바꿀 수 있었기 때문이다. 나는 하나에서부터 열까지 당회를 거쳐야 하는 것이나, 담임목사 혼자서 결정하는 것이 하나도 없는 것까지 '기성교회의 벽'에 부딪혔다. 주보 개혁의 발단이 된 사건이 있었다.

부임예배를 앞두고 열심히 설교 준비를 하고 있었다. 그런데 주보를 담당하는 부서에서 내게 이런 연락을 해왔다.

"목사님, 이번 부임예배 때 전하실 설교 원고를 미리 주십시오."

"아니, 설교 원고를요?"

"예, 이번 주 주보에 설교 내용을 실어야 합니다."

나는 깜짝 놀라며 안 된다고 했고, 결국 설교 원고 대신 새중앙교회에 불러주셔서 감사하며 앞으로 열심히 주의 사역을 감당하겠다는 인사말로 원고를 대신 건네주었다. 그러자 곧 소위 주보 검열을 한다는 장로에게서 전화가 왔다.

"목사님, 인사말 말고 이번 주일 설교 원고를 주십시오. 저희는 주보에 그 주 주일 설교를 싣고 있습니다."

말씀이 선포되기도 전에 설교 원고를 달라고 하는 것은 나로서는 도무지 이해할 수 없는 일이었다. 그래서 이렇게 말씀드렸다.

"장로님, 저는 설교할 때 철저하게 원고를 준비합니다. 그러나 그 원고를 주보에 먼저 싣는 것은 제가 용납할 수 없습니다. 그렇게 되면 제가 설교할 때 교인들이 그 원고를 들여다보지 않겠습니까? 그것은 강의를 듣는 것이지 설교를 듣는 것이 아닙니다. 설교는 강의와 다릅니다. 설교는 원고가 있더라도 성령의 기름 부으심이 있을 때 얼마든지 달라질 수 있습니다. 그렇기에 이번 주에 한 설교를 다음 주 주보에 싣는 것은 괜찮게 생각하지만, 앞으로 할 설교를 미리 실어 교인들이 보게 하는 것은 용납할 수 없습니다. 그러니 그냥 인사말을 실어 주십시오."

나의 강경한 태도에 당회에서 당장 이 문제가 불거졌다. 나는 주보에 설교를 싣는 문제가 왜 이렇게 민감한 사안이 되어야 하는지 궁금했다. 그래서 왜 이런 제도가 생겼는지 물었고 대답은 이랬다.

"목사님, 저희가 그냥 고집을 피우는 게 아닙니다. 전임 목사님께서 매주 같은 말씀만 반복해서 전하시고, 설교 준비를 도통 안 하셨습니다. 그래서 이런 제도를 만들었고 그런 일을 미연에 방지할 수 있었습니다."

그 말을 듣고 내 마음이 너무 아팠다. 그리고 장로들에게 간곡히 이야기했다.

"만약 제가 전에 했던 설교 말씀을 또 전하거나 같은 내용을 반복해서 전하는 경우가 생긴다면 장로님들 말씀대로 설교 원고를 주보에 미리 내도록 하겠습니다. 하지만 당분간은 저를 믿고 이 문제를 맡겨 주세요. 저는 이전 목사님과 같은 그런 일은 하지 않을 것입니다."

다행히 그날 이후로 주보에 미리 설교를 게재해야 하는 사태는 일어나지 않고 지금까지 잘 이어오고 있다.

헌금 개혁

당시 새중앙교회는 교인이 400명 정도의 중형 교회였으나 재정적으로는 적자를 면치 못하고 있었다. 아무래도 경제적으로 부유한 성도가 많지 않은 것도 그 원인으로 꼽을 수 있겠으나 헌금에 대한 동기 부여가 전혀 되지 않고 있었다. 그렇게 재정이 극도로 빈약하니 예배당에 비가 새도 손을 쓸 수 없었고, 심지어는 교회 주변의 가게에 외상으로 거래해 빚까지 지고 있었다. 선교사 지원은커녕 구제헌금조차 일절 없는 상태였다.

이런 상태에서 교인들에게 헌금에 대한 동기를 부여하기가 꽤나 힘든 상황이었다. 그러나 해야 할 일에 대해서는 반드시 하도록 유도하는 것도 목회자의 일이기에 헌금에 대해서도 개혁을 단행해야 했다.

당시 교회에서는 헌금을 드리면 담임목사가 헌금자 명단을 예배 때 일일이 호명하도록 되어 있었다. 그런데 그것이 내게는 또 용납되지 않는 일이었다. 그래서 당회를 소집했다.

"어차피 주보에 헌금자 명단이 나가는데도 왜 헌금자 명단을 예배시간에 일일이 호명해야 합니까? 예배 시간에는 기도만 하고 명단은 부르지 않으면 어떨까요?"

그러나 장로들은 명단을 부르지 않으면 그나마 나오는 헌금이 줄어들 게 뻔하다며 반대를 표하셨다. 나는 장로들에게 이 문제를 시험해 보자고 제안했다. 호명을 하지 않아서 헌금이 줄면 다시 호명하고, 헌금이 줄지 않으면 호명하는 것은 없애기로 합의를 보았다. 그러고는 다음 주일 광고 시간에 교인들에게 이렇게 말했다.

"다음 주일부터는 헌금자 명단을 부르지 않고 그냥 기도만 할 것입니다. 만약 명단이 불리지 않는다고 해서 헌금이 줄어든다면 다시 호명을 하겠습니다. 그러나 성도 여러분, 하나님께서는 우리가 헌금하는 것을 보시고 기뻐하십니다. 하나님께서는 헌금한 사람의 이름을 일일이 부르면 축복을 주시고, 안 부르면 축복을 안 해주시는 분이 아닙니다. 우리의 심령까지도 감찰하시는 하나님께서는 우리의 모든 마음과 행위를 알고 계십니다. 하나님은 이름이 불려지는 것이 아니고 헌금을 했다는 그 자체로 기뻐하실 것입니다. 하나님께서 아실 거라는 것만으로도 만족하는 성도가 되시면 어떻겠습니까? 혹 이름이 안 불린다고 해서 헌금을 안 하신다면 그것까지는 제가 어떻게 할 수 없는 일입니다. 그러나 이름이 드러나지 않더라도 하나님께 감사와 십일조를 드리고 싶으신 분들은 그렇게 하십시오. 하나님께서는 다 아시고 축복해 주실 것입니다."

결과가 어떻게 되었을까? 당연히 한 달도 되지 않아 헌금이 두 배 이상으로 늘어났다. 하나님은 역시 인간적인 방법보다는 말씀 중심의 성경적인 헌금의 원리를 제대로 알려주길 원하셨던 것이다.

이러한 어려움을 겪으며 나 역시도 내 의견을 교회 안에 주입시키려고 일방적이고 무조건적인 개혁을 시도하지는 않았다. 이전에 옥한흠 목사님께 배운 목회철학의 원리를 붙잡되 전통적인 기성교회의 완전한 변화를 위해서는 패러다임을 완전히 바꿔야 한다고 생각했다. 그래서 일보다는 사람을 중요시하는 예수님의 원리를 붙잡기 시작했다. 일을 추진하기 위해서 사람과 부딪히고 상처 주지 말자는 것이었다. 일보다는 사람을 중요하게 여기자. 일이 좀 더디면 어떤가? 기다리면 된다. 이렇게 사람을 중요시하는 예수님의 원리를 붙잡고 분쟁이 없는 교회, 갈등이 없는 교회가 되기를 소원했다. 당회와 담임목사 사이에 갈등의 소지를 없애려면 서로서로 이해하고 기다려 주어야 한다는 것을 깨달아가며 그렇게 하나둘씩 문제를 해결해 갈 수 있었다.

믿음은 들음에서 난다

헌금 개혁을 이룰 때 시초가 되었던 일이 있다. 그것은 교회 시설의 낙후에서 오는 문제들이었다. 부임 환영예배를 마치고 교회 시설을 점검했는데, 그 결과가 그야말로 참담한 수준이었다. 우선 교회 지붕에서 비가 새고 있었고, 무엇보다 음향 시설이 엉망이었다. 이렇게 낙후된 음향 시설로 400명의 청중에게 말씀을 전한다는 게 상식적으로 이해되지 않을 정도였다. 당연히 제일 먼저 마이크 및 음향 시설 교체를 건의했다. 당회에서는 돈이 없어 교체할 수 없다고 답변했다. 그때 나는 이렇게 말했다.

"믿음은 들음에서 납니다. 설교가 제대로 들려야 성도의 믿음이 자랄 것 아닙니까? 말씀 듣는 기능이 마비된 것은 교회의 기능이 마비된 것과 같습니다. 음향 시설 확보를 위한 헌금을 따로 해서라도 이 시설을 제대로 갖춰야 합니다."

나의 이 말에 아무도 반론을 제기하지 못했다. 외형적으로 보이기 위해 교회 시설을 바꾸자는 것이 아니고, 성경적인 원론 안에서 바르게 제시하니 비록 형편이 어렵더라도 수긍할 수밖에 없었던 것이다. 나는 성도에게도 장로들에게 말했던 원리를 그대로 적용했다.

"성도 여러분, 믿음은 들음에서 납니다. 그런데 지금 우리 교회는 어떻습니까? 제가 강단에 서서 설교하다 보면 여기저기서 잘 들리지 않는다며 수군거리는 소리가 들립니다. 그럴 때마다 제 마음이 참으로 힘듭니다. 교회에 듣는 기능이 마비되는 것은 매우 큰 문제입니다. 말씀을 들어야 믿음을 반석 위에 세울 것 아닙니까? 새로온 신자라면 더더욱 말할 필요도 없습니다. 만약 이 일을 잘 감당하지 못한다면 그 책임은 바로 우리에게 있습니다. 좀 힘들더라도 이 일을 위해 함께 힘을 모아 주십시오."

이렇게 말하고 난 뒤 헌금이 속속 들어오기 시작했고 그 후로 지금까지 매우 훌륭한 음향 시설을 갖춘 교회가 되었다. 역시 믿음은 들음에서 난다는 성경적인 원리를 성도들이 잘 받아들여 줬기에 일어난 놀랍고 감사한 일이었다.

호산나교회로 명칭을 변경하다

1999년 연말이 다가올 즈음 장로들이 내게 한 가지 제안을 해 왔다.

"목사님, 교회이름을 바꿔보는 게 어떨까요? 이제 내년이면 새천년이 되지 않습니까?"

사실 나도 바라는 바였다. 새중앙교회는 중앙교회에서 분리 개척 되었다고는 하지만 실은 원로목사의 은퇴와 후임 목회자가 들어오면서 갈등과 분쟁으로 갈라져 나온 교회였다. 그 후 20년이 지난 지금까지 과거의 상처를 떠올리게 만드는 그 이름이 좋을 리 없다. 또 부산의 위치로 봐서도 중앙과는 거리가 먼 하단에 위치해 있었으니 새중앙교회라는 이름은 아무리 합리화하려해도 거리가 멀었다. 물론 위치 때문에 바꾼 이름이 아니라고 변명할 수 있겠으나 이름이 결코 마음에 들지 않은 것이 사실이었다. 또 어떤 사람은 중앙교회와 혼동하기도 했다. 그래서 명지로 이전하면 자연스럽게 이름을 바꾸려고 했지 그때는 전혀 생각하고 있지 않았다.

그런데 장로들이 먼저 의견을 나누고 새천년에 새 이름으로 맞이했으면 좋겠다고 제안해 오니 얼마나 반가웠는지 모른다. 그래서 정식으로 당회를 열어 이름을 변경하기로 했다.

당회에서 결의를 하고 난 다음에 생각난 것이 새중앙교회를 분리 개척해 나온 원로장로들이었다. "원로장로님들이 순순히 받아들이실까요?"라는 의문을 제기하자 장로 중에 한 분이 문제없다고 하면서 "제가 가서 잘 말씀드리고 오겠습니다"라고 했다. 그래서 그렇게 하기로 하고 당회를 끝냈다.

그런데 다음날 원로장로들에게 갔던 장로가 호되게 야단만 맞고 돌아왔다는 말을 들었다. 그렇게까지 반응하실 줄은 몰랐다고 한다. 그제야 '아차, 내가 실수 했구나' 하는 생각이 들었다. 그 후 원로장로들 중 일부의 반응은 상당히 강경했다. 절대로 용납할 수 없다는 것이었다.

그래서 시무·원로장로 연석회의를 수요일 예배 후에 개최하기로 했다. 당시 하단 예배당 3층 새가족반실에서 회의가 시작되었는데 분위기는 아주 심각했다. 원로 쪽에서는 누구 마음대로 이름을 바꾸냐고 했고, 시무 쪽에서는 이제 바꿀 때가 되지 않았냐 라며 팽팽하게 맞섰다. 고성이 오가고 분위기는 점점 격양되어갔다. 거의 한 시간이 지나도록 토론이 끝날 것 같지 않았다. 결국 내가 일어설 수밖에 없었다.

"먼저 원로장로님들께 사과드립니다. 제가 행정에 미숙한 탓에 당회에서 결정하기 전에 원로장로님들께 상의하든지 이런 모임을 먼저 가졌어야 했는데, 그렇게 하지 못한 것을 사과드립니다. 제가 평소 교회 이름에 대한 아쉬움을 가지고 있어서 그랬는지 명지로 이사를 가게 되면 꼭 이름을 바꿔야겠다고 생각해 왔습니다. 그러던 중 새천년이 되는 새해에 이름을 바꾸자고 모아진 장로님들의 의견에 제가 앞뒤 생각을 깊이 하지 못했습니다.

그러나 지금에 와서 어떻게 하는 것이 가장 현명한 것인가를 놓고 장로님들 사이에서 벌어지는 열띤 공방을 보며 이런 생각이 듭니다. 제가 이 교회에 와서야 비로소 당회의 운영에 대해 장로님들께 배웠지 않습니까? 당회의 결정이 진리에 어긋난 것이 아니라면 지켜야 하고 교회는 당회의 결의에 순종해야 한다는 것을 장로님들께 배워 지금까지 목회해왔습니다. 그런데 당회의 결의가 진리에 어긋나지 않는다면 원로장로님들께서도 양해해 주셔야 하지 않겠습니까? 성경에도 이름을 바꾸는 역사가 얼마나 많습니까? 지명, 인명, 시대를 따라 이름을 바꾸면서 의미를 부여해 왔지 않습니까? 만약 이번 당회의 결의를 원로장로님들께서 반대하시고 무효화 한다면 앞으로 교회 운영을 어떻게 할 수 있겠습니까? 원로장로회가 생기게 되고 그것은 옥상 위의 옥상처럼 교회에 새로운 조직이 만들어지는 해프닝이 될 것입니다. 그러니 원로장로님들께서 당회의 결의를 인정해 주시기 바랍니다. 오늘은 이 정도로 하고 끝을 맺기 원합니다. 그리고 시무장로님 중에 선배장로님께 고성으로 말씀하신 모 장로님은 맞은편으로 가서 악수하시고 선배장로님께 사과하십시오. 다 교회를 사랑하시는 마음에서 나온 발언이지 않습니까? 누구 한 분 개인의 유익을 위해서 왈가왈부하신 것이 아니지 않습니까?"

그렇게 해서 시무장로는 건너편 테이블에 가서 선배장로에게 사과하고 악수했다. 이후 원로장로들과 시무장로들은 함께 "좋으신 하나님"을 찬송하고 기도한 후 마쳤다. 시무장로, 원로장로 모두 악수례를 하면서 헤어졌다.

이제 남은 일은 이름을 무엇으로 할 것인가 였다. 공모를 했더니 84개의 이름이 나왔다. 이들 이름을 가지고 경주 교육문화회관으로 가서 정책 당회를 열어 결정하기로 했는데 당회에서조차 하나로 통일되지 않았다. 그렇게 경주에서 결정하지 못하고 돌아왔는데 그 후 내가 내놓은 '호산나'라는 이름이 장로들의 만장일치로 결의되었다. 결의 한 후 왜 호산나라는 이름을 내놓았는지 설명했다.

경주에서 잠을 자고 있는데 꼭두새벽에 호산나 찬송이 들려왔다. 그 소리에 잠이 깼지만 그저 '이상하다. 교회도 아닌데 찬양 소리네'라고 생각하고는 다시 잠을 청했다. 그런데 곧이어 더 웅장하게 호산나 찬양이 들려왔다. 다시 잠에서 깬 나는 옆에서 자고 있던 아내를 깨워 찬양 소리가 들리는지 물었다. 그런데 아내는 찬양소리를 전혀 듣지 못했다고 했다. '그것 참 이상하다' 하고 또 잠이 들었는데 세 번째 찬양 소리를 듣고 잠에서 깨어나서는 이것이 심상치 않다는 것을 깨닫게 되었다. 가만히 생각해 보니 교회 이름이 떠올랐다. '아, 교회 이름. 한 번도 호산나라고 생각해 본 적이 없구나.' 그리고 부산에 와서 호산나에 대한 원문을 다시 보며 그 의미를 찾고 그 이름의 해석과 설명을 A4용지에 프린트해서 당회에 내놓았다. 물론 결정하기 전에는 새벽에 있었던 이야기는 하지 않았다. 놀라운 것은 아무도 그 이름에 이의를 달지 않았다는 것이다. "그 이름, 음악학원 이름 아닙니까?" 하는 소리 하나 없었다.

당시 음악학원이나 성가대 이름에 호산나라는 이름이 흔했는데 그런 이의를 제기하는 사람이 단 한 사람도 없었다는 것은 분명 성령께서 주신 이름이었기 때문이라고 여겨진다. 결의 후 이 이름을

내어놓게 된 '그날 새벽 이야기'를 들려 드렸더니 모두 더욱 확신을 가지고 이름에 대한 애착과 믿음을 갖게 되었다.

 그해 1999년 12월 31일 자정, 2000년 0시에 구덕체육관에는 새중앙교회 성도가 어린이로부터 장년에 이르기까지 송구영신예배를 드리고 교회의 새 이름을 보기 위해 꽉 들어 차 있었다. 행사를 준비한 극소수만 새 이름을 알고 있었고 거의 대부분의 성도는 모르고 있었다. 0시가 되어 경쾌한 찬양이 울려 퍼지고 감격스런 장면이 연출되었다. 어린 아기로부터 유치, 유년, 초등, 중등, 고등, 대학, 청년, 장년, 마리아, 갈렙반까지 각 부서를 대표하는 한 사람씩을 태운 큰 배 모양의 호산나호가 체육관으로 들어섰다. 천정에서는 '호산나교회'라는 이름을 적은 두루마리가 내려와 펼쳐졌다. 순간 팡파르가 울리고 환호성이 터졌다. 얼마나 감격스러웠던지 지금도 그때의 장면을 생각하면 가슴이 벅차오른다.

  2000년부터 부산 새중앙교회라는 이름은 역사의 뒤안길로 사라지고 호산나교회가 새롭게 태어났다. 선포된 새 이름은 모든 교인들이 만족해했다. 성경적이고 세계화에도 걸맞은 이름이라고 좋아하는 모습이 그토록 기쁘고 감사할 수가 없었다. 역시 하나님께서 사인해 주신 이름이라는 확신이 들었다. 원로장로 중에 몇몇 반대하던 분들도 지금은 '우리 호산나교회' 하면서 얼마나 사랑하는지 정말 감사하지 않을 수 없다. 그 후 우리나라 전국에 심지어 미주와 유럽, 세계 각처에 호산나교회라는 이름을 흔하게 보게 되었다.

4장 사용하심 _호산나교회, 제자훈련을 뿌리내리다

다시 한 번 강조하자면 제자훈련은 우리가 반드시 해야 하는 주님의 명령이며,
단지 또 하나의 목회 방법이 아니라 목회의 가장 본질적인 부분으로서
교회 지도자의 변화와 성도의 변화, 나아가 교회 전체의 변화를 일으키는 것이다.

제자훈련의 시작

제자훈련 사역은 기성교회든 개척교회든 절대적으로 필요한 사역이다. 왜냐하면 제자훈련은 전적인 주님의 명령이며 목회의 본질이기 때문이다 특히 28년 전 새중앙교회에 부임할 때와 지금을 비교해 보면 전통적인 기성교회에 반드시 필요한 것이 제자훈련이라고 주장하게 된다. 많은 목회자들에게 이 제자훈련을 기성교회에 어떻게 접목시킬 것인가가 큰 관심사일 것이다. 예를 들어 현재 교회 내에서 진행하고 있는 많은 프로그램들과 제자훈련을 어떻게 접목해야 큰 충돌 없이 제자훈련을 교회 내에 뿌리 내릴 수 있는지와 같은 것이다.

나는 흔히 제자훈련과 관련된 강의를 할 때 이런 이야기로 먼저 말문을 열곤 한다.

"어떤 사람이 한 교회에 방문했습니다. 처음으로 교회에 방문했는데도 사람들의 따뜻한 미소와 밝은 환대에 금방 어색한 분위기가 사라지고 큰 감동을 받았습니다. 성도의 친절한 안내와 사랑이 넘치는 분위기, 뜨겁게 부르는 찬양의 감동과 생명력 넘치는 예배로 절로 감동이 우러났습니다. 감격의 눈물을 흘리며 기뻐하는 성도의 모습을 여기저기서 볼 수 있었습니다. 성도는 하나같이 기쁨에 차 있었습니다. 그는 그런 성도를 보면서 '아, 참 정겹구나. 여기가 천국이구나'라고 생각했습니다. 목사와 장로들의 얼굴에서는 세상 사람들에게서는 볼 수 없었던 화평과 정다움이 넘쳤습니다. 성도 간에 서로서로 인사하며 대화하는 모습과 분위기가 가히 천국이 바로 이곳이라는 생각을 가지게 했습니다. 그리고 그 사람은 계속 그 교회에 출석하게 되었답니다."

바로 이런 모습이 많은 목회자들과 성도가 바라는 교회의 모습일 것이다. 그런데 정작 우리의 현실에서는 이런 교회를 찾아보기 힘들다. 내가 1987년 새중앙교회에 부임했을 당시, 우리 교회 역시 전통적인 기성교회의 모습에서 전혀 벗어나지 못하고 있었다.

대한민국 최대의 항만 도시이지만 불교와 무속신앙이 뿌리내린 영적 불모지와 같은 부산에서 1977년 극심한 산고 끝에 태어난 교회가 바로 새중앙교회다. 그러나 교회는 기성교회의 고질적인 보수성을 버리지 못한 채 그저 세월만 보냈다. 때문에 배타성과 무기력으로 둘러싸인 폐쇄성으로 인해 교회는 성도 수 400명 정도에서 성장을 멈춘 상태였다. 부임 당시를 되돌아보면 성도 대부분이 신앙의 기초훈련이 전혀 되어 있지 않은, 타성에 젖은 신앙관을 지니고 있었다. 부임하자마자 그러한 상황을 대면한 나는 참으로 난감했다. 이전까지 신나게 제자훈련 사역을 하던 서울의 사랑의교회 시절이 금세 그리워지기까지 했다.

새중앙교회로 부임한 초기에 부임심방을 다녔다. 인간관계에서 첫인상이 중요하듯 성도와의 관계를 형성할 때 중요한 것이 바로 이 부임심방이다. 왜냐하면 부임심방을 하면서 각 성도의 신앙관을 알 수 있고, 그것을 기초 삼아 앞으로 어떻게 목회 방향을 설정할지 가늠해 볼 수 있기 때문이다.

그런데 심방하기로 결정한 후 한 가지 생각이 떠올랐다. 심방을 받은 가정에서 음식을 준비하게 하면 안 되겠다는 것이었다. 과거 우리의 심방에는 음식을 준비해야 한다는 생각이 일종의 관례처럼 굳어져 있었다. 성도는 모처럼 방문한 목회자에게 한상 가득 음식을 차려 대접하곤 했다. 오죽하면 "목사님들은 편식을 하지 않는다"라는 우스갯소리가 있을까. 이집 저집에서 차려낸 음식을 무엇이든 가리지 않고 맛있게 먹어줘야 했기 때문이다. 그러나 나는 부임심방을 그렇게 하고 싶지는 않았다. 그래서 모든 가정에 심방 시 음식을 차려내지 말 것을 당부했다. 심방을 하면 보통 장로들부터 먼저 하게 마련이지만, 나는 양해를 구하고 어려움을 겪고 있는 성도나 아픈 성도가 있는 집부터 방문하기로 했다. 그런 다음 장로, 권사, 집사들의 가정을 차례로 방문했고, 이때에도 음식 차리지 말 것을 부탁 했고 모두 잘 따라주었다.

그렇게 식사하는 시간을 줄이니 심방 시간이 여유가 생기고 예배도 형식적인 틀에 얽매이지 않을 수 있었고, 이렇게 해서 남는 충분한 시간을 말씀을 보며 대화하는 데 사용했다. 이것이 내 심방예배의 특징이다. 당시 나에게는 의례적인 인사성 부임심방보다는 심방을 하면서 새중앙교회에 제자훈련의 토양을 다지는 것이 더 중요한 과제였다. 처음에 교인들은 너나할 것 없이 언제 자신의 차례가 올지 학수고대하는 눈치였다. 그도 그럴 것이 2년 동안이나 담임목사의 자리가 비어 있던 터라 그동안 한 번도 심방을 받지 못했기 때문이다. 모두들 담임목사의 심방에 목말라 있었다.

나는 음식 나누는 시간을 없애고 남는 시간을 말씀과 대화 나누는 것에 집중했다. 물론 말씀은 귀납법적인 방법을 사용하여 전했다. 예를 들면 이런 식이다.

"우리가 잘 알고 있는 요한복음 3장 16절에는 '하나님이 세상을 이처럼 사랑하사'라고 하셨는데 여기서 '세상'이 뜻하는 바가 무엇입니까? 또한 '이처럼'은 무엇을 말할까요?"

"자, 방금 읽은 말씀 요한복음 3장 17절의 '그 아들을 세상에 보내신 것은'이라는 구절에서 '그 아들'이 누구입니까?"

그런데 어찌 된 영문인지 교인들은 이렇게 쉬운 질문에도 쩔쩔매곤 했다. 제대로 된 성경공부를 받은 적이 없으니 신앙의 연수를 떠나 성경을 제대로 알고 있지 못했다. 그저 건성으로 성경을 읽어 온 것이다. 어느 권사 집에서 이런 대화를 나누기도 했다.

"권사님, 예수 믿으시죠?"

"그럼요. 당연히 믿지요."

"그럼, 오늘밤에 당장 예수님이 오신다면 권사님은 예수님 맞을 준비가 되셨나요?"

"목사님, 바로 그게 문제지요. 딴 게 아니라 전 그게 걱정이 된다니까요."

심방을 하면서 짐작했던 것 이상으로 성도의 심각한 영적 무지와 말씀의 기초가 없는 신앙 상태를 확인했다. 차츰 성도 사이에 내 심방 스타일이 알려졌다. 의례적인 인사치례가 아닌 많은 대화를 나누는데다가 귀납법적으로 말씀을 나누는 것에 모두들 당황한 듯했다. 급기야 내심 부임심방을 꺼리는 눈치까지 보였다. 그러나 나는 그럴수록 더욱 더 심방에 박차를 가했다. 목자는 양들을 돌보는 사람이고, 양들에게 양질의 꼴을 먹이기 위해선 그들을 정확하게 진단해야하기 때문이다. 나는 각 가정의 심방이 끝나면 그들의 신앙생활과 신앙의 정도, 복음에 대한 이해를 꼼꼼히 메모했다.

그렇게 부임심방을 하면서 생각보다 심각한 성도의 상태에 실망도 했지만 한편으론 역사의 깊이만큼 성도의 내면에 숨겨져 있는 신앙의 내공을 발견하는 기회도 되었다. 결국 열정은 있으나 영적 각성은 부족하고, 잠재력은 있으나 정체성이 흔들리는, 보수 기성교회의 모습을 고스란히 가지고 있던 교회가 바로 부산 새중앙교회였다. 그러므로 내게 직면한 문제는 성도 안에 잠자고 있던 그 가능성들을 어떻게 흔들어 깨우느냐는 것이었다. 이 교회는 분명 젖과 꿀이 흐르는 잠재력을 가진 땅이었지만 치열한 영적 전쟁이 필요한 가나안과 같은 곳이었고, 난 그런 성도를 일으키기 위해 곧장 제자훈련을 시작하기로 마음먹었다.

교회의 기둥, 장로부터 깨우다

어느 교회든 장로는 목사와 함께 교회를 세워 가는 사람이다. 그런데 당시 새중앙교회에서는 성도 안에 장로들의 힘이나 영향력이 뿌리내리지 못하고 있었다. 인격적으로나 신앙연륜 면으로 저력이 있었지만 교회의 어른으로서 젊은이들과 성도에게 전폭적인 신뢰를 받지 못했다.

왜 그런 결과가 나타났던 것일까? 먼저는 과거의 상처 때문이었다. 교인들은 목사를 쫓아낸 장로들이라는 과거의 상처 때문에 장로들을 신뢰하지 못하고 있었다. 또 장로들은 새벽기도회에 거의 나오지 않았다. 새벽기도의 출석과 기도생활을 같은 선상에 놓고 볼 수는 없지만 결국 장로들의 새벽기도회 불참은 성도가 지척에서 기도하는 장로의 모습을 볼 수 없게 만들었다. 그렇게 나는 이런저런 이유로 성도 사이에서 장로들이 권위가 전혀 없다는 것을 알게 되었다.

그렇다고 새벽기도 출석을 처음부터 강요하고 싶지는 않았다. 새벽기도는 그 자신과 하나님과의 긴밀한 관계 속에서 나오는 것이지 다른 사람이 판단할 문제가 아니라고 보기 때문이다. 또한 사람마다 체력적인 리듬이나 혹은 거리가 너무 멀어 나오지 못할 수도 있기 때문에 새벽기도에 나오고 안 나오고를 가지고 판단하는 것은 옳지 못하다고 생각했다.

나는 당회를 소집했고 장로들에게 새벽기도에 대한 나의 의견을 이야기했다. 장로들의 얼굴이 환해졌다. 나는 계속 말을 이었다.

"목회는 목사 혼자 할 수 있는 것이 아닙니다. 동역은 바로 성경의 원리입니다. 저는 장로님들과 동역 목회를 하고 싶지 단독 목회를 하고 싶은 마음이 없습니다. 그래서 말씀드립니다. 장로님들, 저를 도와 동역해 주십시오. 여섯 분의 장로님이 계시니 우리 교회 교구를 여섯 교구로 나누어서 장로님들이 한 교구씩 맡아 주십시오. 그리고 그 교구의 어려움이나 문제점들에 대해 담당 장로님께서 기도함으로 문제를 풀어가셨으면 좋겠습니다."

그렇게 이야기하고 부임심방 시에 메모했던 것을 기초로 각 교구별 성도의 전화번호와 그동안 나름대로 파악한 상황, 형편, 기도제목들을 뽑아 나누어주었다. 그리고 나는 전체 교구를 위해 기도하겠으니 장로들은 맡은 교구를 위해 힘써 달라고 당부하며 한 마디 덧붙였다.

"장로의 직분은 양떼를 위해 죽어야 하는 직분입니다. 이제 죽을 각오로 저나 장로님이나 양떼를 위해 달려가기를 힘써야 합니다. 자, 이제 앞으로 어떻게 하시겠습니까?"

순간 분위기가 숙연해졌다. 나는 목회에서 기도의 중요성을 강조하기 시작했다.

"기도 외에는 다른 방법이 없습니다. 맡으신 양들을 위해 기도해야 합니다. 아시는 바와 같이 몇몇 성도 중에는 장로님들이 새벽기도회에 안 나온다고 불만을 토로하기도 합니다. 저는 그런 성도에게 새벽기도로 신앙의 정도를 판단해서는 안 된다고 가르쳐왔습니다. 그러나 목사와 장로는 성도의 존경 없이는 안 됩니다. 그러니 일주일에 한 번이라도 다 함께 모여 기도회를 갖는 것이 어떨까요? 수요예배에는 다들 참석하시니 예배 후 15분 정도 함께 기도회를 하는 게 좋겠습니다."

장로들은 모두 순순히 응했고 손쉽게 당회의 결의를 거쳤다. 그리고 주일 예배 때 당회에서 결의한 사항을 선포하면서, 성도를 위해 기도하기로 마음을 모은 장로들을 위해 성도도 함께 기도해 주기를 독려했다.

장로들과의 기도회가 시작이 되었다. 나는 장로들이 대표기도를 하도록 인도했는데 놀라운 일이 일어났다. 장로들이 기도를 시작하자 15분이던 기도회가 30분으로, 급기야 1시간을 넘기기도 했다. 그렇게 기도회를 하며 말씀을 나누자 교회 분위기가 달라지기 시작했다. 그리스도의 이름으로 모여 기도하는 곳에 하나님께서 역사하신다는 말씀처럼 교회 분위기가 뜨거워지고, 교인들 사이에 서로 사랑하고 교제하는 영적인 코이노니아가 이뤄지기 시작했다.

그렇게 기도모임이 활성화되면서 나는 또다시 당회를 소집했고 새가족이 등록하면 공부시키는 교재를 가지고 1차적으로 기존 성도 전체를 교육시키려 하는데 그 성경공부를 먼저 장로들이 해주기를 권유했다

장로들은 서로 눈치를 보았지만 결국 그 안건도 통과되었고 5주 동안 장로들과의 성경공부가 시작되었다.

장로들과의 성경공부였지만 새가족을 위한 성경공부를 미리 테스트하는 면도 있어서 매우 원론적인 부분부터 접근했다. '유일하신 구원자 예수 그리스도'로부터 '믿음이란 무엇인가?', '신앙생활을 어떻게 할 것인가?', '성경은 하나님의 말씀이다', '교회와 그 중요성' 등의 주제로 성경을 찾아가며 가르쳤다. 장로들은 차츰 흥미를 느끼기 시작하면서 감격스러워했다. 이

렇게 새가족을 위한 성경공부가 본격적인 제자훈련의 시초가 되었다.

그 후 장로들이 직접 제자훈련을 요청해 왔고, 후에 교회 전체로 제자훈련을 시작하게 되면서 특별히 장로를 위한 반을 편성해 직접 인도했다. 무엇보다 목사와 장로 사이가 좋아야 원활한 목회를 할 수 있는데, 여기에는 인간적인 지혜나 방법보다 하나님의 역사가 반드시 필요하다. 그런 면에서 제자훈련은 하나님의 말씀으로 서로에게 다가설 수 있고, 함께 하나님의 말씀을 나누고 고민하는 가운데 하나 되는 기회가 된다. 또한 장로들을 진정한 리더로 성장시켜서 목회의 동역자가 되게 하는 데는 제자훈련만큼 좋은 것이 없다고 생각한다.

이렇게 장로들과 함께했던 제자훈련은 후에 내가 목양장로 사역을 본격적으로 해나가는 데 있어 가장 중요한 기폭제 역할을 했다. 부임한 직후부터 이루어진 제자훈련, 그리고 기성교회 장로들과의 관계를 재정립하며 이끌었던 사역 방향이 바로 현재 호산나교회의 목양장로 사역을 있게 한 것이다.

나는 목회 초반부터 장로의 본질이 '목양'에 있다는 원리를 실행에 옮겼다. 따라서 호산나교회의 목양장로 사역은 단순히 몇 년이 됐다는 햇수로 따질 수 없는, 나의 목회 전반에 걸친 고민과 실제적인 실천 속에서 탄생된 사역이라 할 것이다.

기성교회에 제자훈련을 접목하다

전통 기성교회를 한마디로 표현하자면 '석화되어 있다'는 말이 적절할 것이다. 석화되었다는 것은 굳어 있다는 것으로 굳어 있는 곳에서는 새 생명이 자라고 열매 맺는 것을 기대할 수 없다. 옥토가 아닌 곳에서 씨앗이 뿌리내릴 수 없는 것과 같은 이치다. 때문에 기성교회의 목회자라면 어떻게 하면 석화된 교회를 씨앗이 싹 틀 수 있는 부드러운 토양으로 만들 것인가에 총력을 기울여야 한다. 나는 오직 제자훈련만이 그것을 가능하게 할 수 있다고 생각한다.

  기성교회든 개척교회든 지상에는 이상적인 교회가 없고, 이상적인 목회자나 이상적인 성도도 없다. 하지만 성경에서 말하는 교회 상을 끊임없이 추구해 가는 교회들은 많이 있다고 생각한다. 기성교회는 체질개선을 하지 않으면 살아남을 수 없다. 그리고 나는 그 체질개선 방법이 제자훈련이라고 답할 수밖에 없다.

  나는 멘토인 옥한흠 목사님을 통해 "제자훈련은 미쳐야 한다"는 것을 배웠다. 뭐든지 다 그럴 것이다. 그것이 예술이든, 스포츠든, 무엇을 하든지 간에 그것에 완전히 미쳐야 원하는 결과물을 얻을 수 있다. 나는 박세리를 기억하고 있다. 1998년 그녀는 한국 여자로는 최초로 US 오픈 우승을 거머쥐었다. 그때 그가 보여주었던 맨발의 투혼은 IMF 외환위기에 빠져 시름하던 온 국민에게 감동과 희망을 선사했다. 보통 사람이었다면 포기해 버렸을 상황에서 양말을 벗고 물속에까지 들어가서 이뤄낸 우승은 미치지 않으면 이룰 수 없는 것이었다. 사역을 함에 있어서도 그것에 집중하고 완전히 미쳐야 하는데 제자훈련은 특히 더 그러하다. 제자훈련은 적어도 두세 시간을 함께 앉아 있어야 하고, 신경전을 벌여야 하고, 또한 그 속에 성령의 기름 부으심이 없으면 마음을 열기가 쉽지 않다. 그러다 보니 제자훈련을 한 번 하고 나면 완전히 파김치가 되기 일쑤다. 그럼에도 자라나고 변화되는 성도를 보면 그것이 위로가 되고 감사가 되어 고단한 줄 모르고 계속할 수 있게 된다. 그렇게 미쳐 매진해야 하는 게 제자훈련이다.

제자훈련을 준비하는 시간은 설교 준비 못지않다. 한 문제 한 문제 검토하면서 훈련생 중 누구에게 어떤 질문을 던져야 할지 준비해야 하기 때문이다. 우리의 동역자들은 제자훈련 전날은 제자훈련을 위한 준비에 몰입한다. 우리는 제자훈련이 그저 한 과정을 끝내는 것이 아님을 알고 있다. 제자훈련은 사람을 키우고 변화시키는 성장을 위한 사역이기 때문이다.

제자훈련을 하면 할수록 이 사역을 주님께서 기뻐하시고 우리에게 명령하신 것임을 깨닫게 된다. 또한 제자훈련에 끈질기게 매진할 때에 반드시 열매가 있음을 직접 체험했고, 주위의 다른 교회들도 열매 맺는 것을 목도한다.

제자훈련을 할 때 지도자가 직접 삶으로 보여 주지 않으면 제자훈련은 절대 성공하지 못한다. 나는 이런 모범적인 삶을 보여 주는 것이 제자훈련의 생명이라고 생각한다. 내게 제자훈련을 정립하게 해주신 옥한흠 목사님은 굉장히 진솔하게 그분의 삶을 보여 주셨다. 한번은 이런 일이 있었다.

내가 사랑의교회에 부임한 지 얼마 되지 않아 아직 신학교에 다니고 있던 때였다. 당시 나는 주일저녁예배 설교를 맡고 있었는데, 다음 주일 주보를 만들 때쯤 되면 옥 목사님께 직접 전화를 드려서 설교 제목을 알려드리곤 했다. 그런데 한 번은 목사님께서 설교 제목을 하나 더 달라고 하셨다. 나는 이유를 물었다.

"이번 주 주일 낮 예배 설교를 해줘야겠네."

"예? 제가 어떻게 주일 낮 설교를 합니까? 그럼, 목사님은요?"

"아, 난 이번 주에 좀 쉴래."

"예? 그럼, 어디 가서 쉬시려고요?"

"응. 그냥 어디든 가서 쉴래."

"그럼, 주보에는 뭐라고 낼까요? 기도원에 가셨다고 할까요?"

"아니, 나 기도원 안 갈 건데. 그냥 쉰다고 내야지."

어쩌면 교회 개척 후 쉼 없이 달려오신 옥 목사님에게 그때가 쉼이 절실한 때였는지 모른다. 그리고 정말로 옥 목사님은 그 주 주보에 "목사님, 이번 주 쉽니다" 이렇게 해놓고 주일을 비우셨다. 그래서 신학교 졸업도 하지 않은 풋내기 전도사인 내가 낮 예배 설교를 했다. 기도원에 가셨다든지 혹은 어느 곳으로 출타 중이라는 말로 충분히 대신 하실 수 있었을 텐데도 옥 목사님은 정직하게 말씀하셨다.

북한강인가 남한강인가에 가셔서 정말로 쉬고 오신 목사님은 다녀오신 주에 누가복음 15장으로 말씀을 전하셨는데, 그 말씀을 아직도 나는 잊을 수가 없다. 그때 온 성도와 나는 깊은 감동과 은혜 속에서 눈물을 흘리며 말씀을 들었다. 쉼을 얻은 목사님께서 능력 있는 말씀으로 감동을 주셨던 것이다.

빛의 자녀란 어떤 사람들인가? 바로 착함과 의로움과 진실함으로 무장된 사람들이다(엡 5:9). 이 진실함이 결여되면 제자훈련은 끝이다. 옥한흠 목사님은 삶 속에서도 진실함으로 성도들 위에 바로 서 계셨다.

제자훈련 목회는 단순하고, 진솔하고, 투명해야 한다. 복음 외에는 전하지 않겠다는 마음으로 그렇게 순수한 복음을 전해야 한다. 그리고 그 순수한 복음이 성도의 마음 가운데서 폭발하게 하려면 전하는 자도 하나님께서 쓰실 만한 깨끗한 자여야 하며 한 사람을 소중히 여기는 목회철학을 가지고 있어야 한다. 골로새서 1장 28-29절 말씀이다.

> "우리가 그를 전파하여 각 사람을 권하고 모든 지혜로 각 사람을 가르침은 각 사람을 그리스도 안에서 완전한 자로 세우려 함이니 이를 위하여 나도 내 속에서 능력으로 역사하시는 이의 역사를 따라 힘을 다하여 수고하노라."

성경은 '각 사람'을 권하라고 하셨다. 군중을 상대로는 제자훈련을 하지 못한다. 사람만 많이 모였다고 해서 성공적인 훈련이 아니다. 그것은 자칫 모래성이 될 수 있다. 제대로 훈련받지 않은 군중을 모아놓은 것은 마치 갈대숲과 같다. 바람이 불 때마다 이리 휩쓸리고 저리 휩쓸린다. 마찬가지로 교회 안에 문제가 하나만 생겨도 그 문제 때문에 온 교회가 몸살을 앓는다. 그러나 만약 열 사람에게 사활을 걸었고 그중에서 반인 다섯 명만이 제자가 된다 하더라도 그 사람들이 교회에 줄 의로운 파장은 참으로 놀라울 것이다.

나는 전통적인 기성교회에 부임하여 지금까지 20년 넘는 시간을 목회해 왔다. 그 시간 동안 수많은 어려움과 문제들이 있었지만 제자훈련을 받아 인격적으로나 신앙적으로 성숙한 성도 때문에 잘 풀어올 수 있었다. 혹여 나에게 허물과 약점이 있어도 훈련 받은 성도는 나를 덮어주고 포용하고 용납해 주었다. 건강한 교회란 아무런 병도 앓지 않는다는 말이 아니다. 도리어 병이 생기더라도 그 병마를 이길 수 있는 치유력이 그 안에 있을 때 건강한 교회가 된다. 언제든 건강한 상태로 회복 가능하다는 것을 알고 있을 때 우리는 겁낼 것이 없다.

제자훈련 체제로 바꾸는 데에는 여러 어려움이 있다. 변화해야 한다는 인식은 있지만 정작 변화를 이뤄내기란 참으로 힘들다. 제자훈련을 위해 그동안 해오던 프로그램과 신앙 패턴을 바꾼다는 것은 그리 만만한 일이 아니다. 새로운 것을 하기 위해 구습을 바꿀 때는 반발이 있기 마련이다. 대부분 훈련이 없는 전통 기성교회를 보면 1년 동안 할 행사를 쭉 짜놓고 그 행사에 쫓겨 1년을 소모해 버리곤 한다. 그러나 제자훈련은 행사가 교회를 이끌어 가지 않는다. 한 사람을 성숙시키기 위한 교회, 목적이 이끌어가는 교회로 전환해야 하는 것이다.

목회자는 제자훈련을 통해 자신의 사람을 만드는 것이 아니다. 간혹 "목회한 지 얼마가 되었는데 아직 내 사람을 만들지 못했다"는 등의 말을 하는 목회자가 있는데, 자신의 사람 즉, 성도를 자기편으로 만들려 하면 실패하고 만다. 우리는 자신의 편이 아닌 예수 그리스도의 사람을 만들어야 한다. 진정으로 예수님의 제자로 세움 받을 수 있도록 제자훈련을 하는 지도자가 참 지도자다.

제자훈련에는 반드시 성령의 기름 부음이 있어야 하는 것을 기억해야 한다. 사람이 사람을 변화시킬 수는 없다. 하나님께서만 사람을 변화시킬 수 있다. 때문에 제자훈련은 하나님, 즉 성령에 의지해야만 한다.

제자훈련으로 교회의 체질을 변화시키는 것은 생사가 걸린 문제다. 반드시 실시해야 한다. 갈수록 심해지는 세상의 도전 앞에서 변하지 않고는 살아남을 수 없다. 변화를 이루기 위해서는 먼저 지도자가 변화되어야 한다. 그런데 제자훈련의 축복 중 하나는 지도자로 하여금 끊임없이 자신의 변화를 추구하게 만든다는 점이다. 안 그러면 제자훈련으로 계속 자라나는 성도를 감당할 수 없다. 제자훈련은 지도자와 성도가 함께 성장하게 해준다. 즉 지도자의 변화는 성도의 변화를 가져오고 결국 교회의 변화를 가져오는 것이다.

그러나 명심해야 한다. 사람의 변화는 결코 그냥 이루어지지 않는다. 해산의 진통을 대가로 치러야만 한다. 갈라디아서 4장 19절을 보자.

> *"나의 자녀들아 너희 속에 그리스도의 형상을 이루기까지 다시 너희를 위하여 해산하는 수고를 하노니."*

두 번의 해산의 수고를 해야 한다는 것이다. 전도가 첫 번째 해산의 수고이며, 그 사람이 그리스도의 형상에 이를 만큼 성숙해질 때까지 한 번 더 수고해야 한다고 말씀하신다. 해산의 수고는 사망의 음침한 골짜기를 다니는 것처럼 목숨을 내놓는 것이다. 나는 제자훈련을 하면서 내가 과연 해산의 수고를 아끼지 않고 있는지 자주 돌아보았다. 그러지 않으면 언제 내가 나태해질지 알 수 없기 때문이었다. 그만큼 제자훈련은 다른 무엇보다도 훨씬 어려운 일이다.

성공적인 제자훈련은 제일 먼저 예배의 변화를 가져온다. 예배가 살아나고 역동적이 된다. 그리고 전도가 활성화 된다. 또한 교회 안에 위기 대처 능력이 생겨서 웬만한 문제들은 감당할 수 있게 된다. 만약 유치원 아이들만 한곳에 잔뜩 모아 놓았다고 생각해 보라. 시끄럽게 떠들고 장난치는 아이들 말리다가 볼일 다 보게 될 것이다. 하지만 그런 아이들 사이에 큰 아이들을 섞어 놓으면 상황은 달라진다. 작은 아이들이 떠들고 장난칠 때에 큰 아이가 말리고 돌봐주기 때문에 분위기는 차분해지고 아이들은 더욱 성숙해질 것이다. 이것이 유기체의 모습이다. 교회는 이처럼 조직체가 아닌 유기체가 되어야 한다. 제자훈련으로 성숙해진 사람이 미성숙한 사람을 끌어안아 주는 유기체가 되어야 한다.

또한 제자훈련은 본질에 충실하게 한다. 보통 교회 사역을 위해서는 물질을 사용해야 할 때가 있다. 때문에 현실적인 이유 즉, 경제적인 이유를 들어 꼭 필요한 사역임에도 포기하거나 미루는 경우가 많다. 하지만 제자훈련을 하게 되면 사역을 하기 위한 수단에 연연하는 것이 아니라 우리가 사역을 하는 이유, 즉 본질과 목적에 주목하게 된다. 하나의 예로, 우리 교회의 경우 건축으로 인해 아직 많은 빚이 남아 있는 상황에서 또다시 물질을 드려야 하는 사역이 생긴다 해도 주저하지 않는다. 왜냐하면 사역의 목적과 본질이 돈으로 좌우되지 않기 때문이다.

한번은 이런 일이 있었다.

고신 교단의 김성수 총장님은 참 좋은 비전을 가지고 있는 분이었다. 우리의 많은 선배들이 외국에서 공부하고 돌아와 한국 교회가 탄탄하게 서는 데 기반이 되었던 것처럼, 이제 한국 교회가 제3국의 젊은이를 부르고 공부시켜 각 나라로 파송하는 사역을 감당해야 한다는 비전이었다. 그분이 총장이 되고난 후 내가 어떻게 격려해 줄 수 있을지 생각하는 중에 성령님께서 학교에 발전기금을 기부했으면 좋겠다는 생각을 주셨다. 마침 당시 고신은 경제적으로 어려운 문제에 봉착해 있던 터이기도 했다. 그래서 당회에 그 의견을 내놓았더니 논란은 좀 있었지만 동의해 주어서 발전기금을 보낼 수 있었다. 그것이 종자돈이 되어 고신 교단 내에서 모금운동이 일어나 수십 배의 학교발전기금을 모을 수 있었다고 한다.

엄밀히 따지자면 고신 교단은 우리 교회가 속한 교단이 아니었기 때문에 당회가 결정하기에 쉬운 사안은 아니었다. 그러나 장로들은 교회의 빚이 아직 남은 상황에서도 그 일이 꼭 필요한 일임을 인정하고 물질을 내놓는 것에 주저하지 않았다. 바로 본질을 중요하게 여기는 장로들이었기에 가능한 일이었다고 생각한다.

제자훈련 목회를 통한 변화들

전통 기성교회인 호산나교회가 제자훈련을 통해 이룬 변화들을 열거해 본다면 크게 다음의 세 가지 분야로 나눌 수 있다.

성도의 본질과 정체성 확립

특히 일반 성도를 깨우는 역사가 일어났다. 목회자들에게는 '성도를 키워 놓으면 나중에 큰 어려움을 겪는다'는 사고가 은연중에 자리 잡고 있다. 그래서 '처방목회' 또는 '보호목회'가 한국 교회의 주된 목회 패턴이라 할 것이다. 내가 새중앙교회에 부임했을 당시에도 이러한 목회 패턴이 그대로 적용되고 있었다. 그러나 제자훈련 목회로 전환하면서 성도 스스로가 자의식을 발견하면서 책임 있는 성도, 목사의 능동적인 동역자가 됨으로써 역동적인 신앙생활을 해나갔다.

앞에서 밝힌 것처럼 부임심방 때에는 구원의 확신도 없는 성도가 많아서 모든 기존의 성도들에게 새가족을 대상으로 하는 성경공부를 시작해야 할 정도였다. 심지어 중직자인 장로들 중에도 주일성수를 쉽게 어길 정도로 탈 성경적이고, 피동적인 신앙생활을 하고 있었다.

그러나 제자훈련 목회로 전환하면서 성도의 위치를 회복하게 되었다. 예수 믿고 구원받는 것에 만족하는 것이 아니라 다시 세상으로 파송된 주님의 제자로서 그 신분을 자각하고 스스로 역동적인 삶을 추구하게 된 것이다. 성도의 잠재력을 깨움으로써 성도 스스로가 소명 의식과 사명감에 고취된 능력 있는 그리스도인으로 무장하게 되었다.

교회의 힘은 소명 의식과 사명감으로 무장된 성도가 연합할 때 강력하게 나타난다. 주님을 닮아가면서 그분이 주신 비전을 성취하고자 하는 성도가 모일 때 교회의 본질이 회복되고 교회의 사명을 바로 감당할 수 있게 된다.

이렇게 성도가 참 성도의 본질을 깨닫게 되자 제자훈련 목회철학의 공유와 확장이 이뤄졌다. 1987년 당시 새중앙교회는 45개의 구역으로 편성되어 구역예배를 드리고 있었다. 기성교회에서 흔히 볼 수 있듯이 구역장은 담임목사의 설교를 들은 후 단지 구역예배 인도자 역할을 하는 것에 불과했다. 그런데 2년간의 제자훈련으로 세워진 순장은 우선적으로 담임목사의 목회철학을 이해하고 공유함으로써 구역에서 담임목사의 사역을 감당할 수 있는 평신도 지도자가 되었다.

순장이 다락방 순원을 섬기는 것은 마치 부모가 자녀를 낳고 양육하는 것처럼 생명의 관계를 맺음으로써 또 다른 제자로 세워지기까지 섬기는 것이다. 이런 일이 되풀이되면서 교회의 구조가 교역자 중심 체제에서 성도 중심 체제로 바뀌게 되었고 1987년 당시 45명의 구역장이던 것이 2009년 6월 기준 장년 657명의 순장으로 증가되어 호산나교회의 심장으로 자리 잡았다.

그리고 제자훈련을 수료한 성도는 교회의 어떤 곳에서 봉사하든지 그곳에서 담임목사의 목회철학이 추구하는 방향으로 함께 힘을 모은다. 그 대표적인 예가 교육부서의 교역자들과 교사들이다. 제자훈련 목회는 청장년뿐 아니라 어린아이에게까지 접목하고 적용하는 것이 가능하다. 그럼으로써 모든 교육부서에서부터 청장년에 이르기까지 교회가 목표하는 방향으로 동일한 힘을 발휘할 수 있게 하여 유기적이고 역동적인 공동체가 되게 한다.

또한 성도로 하여금 헌신의 기쁨을 알게 한다. 부임 당시 새중앙교회의 재정은 굉장히 악화된 상태였다. 교회의 개보수조차 어려울 정도로 심각한 재정난을 겪고 있었다. 그런데 제자훈련으로 성도가 예수 그리스도의 주재권을 인정함과 동시에 청지기직에 대한 분명한 인식의 전환을 이뤘고 이것은 헌금에 대한 높은 헌신을 가져왔다.

제자훈련을 시작한 지 6년이 되던 1993년에는 교육관을 건축했고, 1997년에는 지금의 명지비전센타 종교부지로 1,600평의 땅을 매입할 수 있었다. 건축헌금에 대한 부담이 있음에도 불구하고 일반 헌금 또한 계속 증가했다.

1,000명이 출석하는 교회의 일반헌금이 연 10억 이상이면 건강한 교회라고 교회성장연구소에서 발표한 바 있다. 성도 한 사람이 연 100만 원을 헌금하면 건강한 교회라는 이야기다. 호산나교회는 성도 한 사람이 평균 1년에 200만 원 정도를 헌금하는데, 이러한 헌신은 모두 제자훈련의 열매라고 할 수 있다.

제자훈련을 통해 변화된 성도는 또한 자발적으로 헌신하는 것에 열의를 갖는다. 이것은 결코 오랜 관습과 전통으로 만들어지는 것이 아니다. 소그룹을 인도하는 순장이나 교사들은 자신의 재정과 시간을 지불하면서도 기쁘게 사역하고 있다. 이러한 현상이 제자훈련 목회를 하는 교회들에서 공통적으로 나타나고 있는 것은 참으로 고무적이다.

교회의 체질 변화

체질 변화를 가져온 것으로 가장 먼저 예배의 갱신을 들 수 있다. 오래된 성도일수록 새로운 유형의 예배를 원하지 않는다. 그래서 그들은 종종 교회의 변화 과정을 원치 않는 이유로 갈등을 조성하기도 한다. 교회의 일부 장로들은 때로 사소한 문제들을 가지고 아주 중요한 문제인양 싸움을 벌이기도 한다. 심지어 그들은 자신들이 왜 싸우는지 그 이유조차 잊어버린다. 충돌을 위한 충돌이 되어 버리기 때문이다. 이런 사소한 일들 때문에 교회가 힘을 낭비한다. 그러나 교회는 변화되어야 하며 전통에 묶여 있어서는 안 된다. 오히려 교회는 주님이 원하시는 방법들을 찾아 변화하는 데 힘써야 한다.

그중에 예배의 변화는 제자훈련의 열매 중 하나다. 예배의 변화 중 가장 큰 변화는 음향시설이 아니라 예배에 임하는 성도의 자세다. 예배의 각 순서마다 집중하게 되면서 예배에 대한 기대감이 상승한다.

기성교회의 전통적이고 권위적인, 그리고 일방적인 형태의 강단을 과감히 개혁하여 성도를 강단으로 초청하는 열린 강단으로 교체하였다. 이것은 예배에 대한 내 철학이 내면화된 변화였고, 그 결과 영감 있는 예배를 드릴 수 있게 되었다. 뿐만 아니라 예배의 집중과 참여를 위해 무언 사회와 대표기도 하는 장로의 기도문 작성을 실시했고, 박진감 있고 생동감 넘치는 예배를 위해서 일찍부터 영상을 도입했다. 이런 요인들이 성도로 하여금 예배자로 서게 하며, 예배를 기대하게 했고, 보는 예배가 아니라 드리는 예배로서 집중하게 만들었다.

또한 전도의 생활화가 이루어졌다. '전도는 은사 있는 성도만 할 수 있다'는 생각이 성도 사이에 팽배해 있었다. 그런데 제자훈련을 통해 전도야말로 주님의 사명이요, 비전이라는 사실을 깨달았다. 주님의 제자로 헌신된 성도는 1988년부터 시작된 '사랑나눔축제'(당시 '대각성전도집회')를 통해 전도의 생활화를 이뤘다. 제자훈련과 전도는 불가분의 관계다. 제자훈련의 목적 중 하나가 재생산에 있기 때문이다.

그리고 다른 사람을 섬기는 삶으로 전환되었다. 성도의 사고가 가족과 교회를 벗어나지 못하던 때에는 교회 재정의 많은 부분이 교회 운영에만 주로 사용되었다. 그러나 제자훈련 목회로 성도를 동력화시키자 이타적인 사고로의 전환과 헌신을 가져왔다. 이의 일환으로 장애우와 함께 하나님을 예배하는 '사랑부'를 비롯해, '굿윌코리아'(2003년 장애인들에게 '자선보다는 스스로 일어설 수 있는 기회를 주자'는 취지로 호산나교회가 세운 사업장이다. 장애인 및 소외계층을 위한 직업 창출 및 재활관련 프로그램을 시행하고 상담, 교육 등 다양한 활동을 펼친다.-편집자주)를 설립해 장애인들에게 일할 수 있는 사업장을 제공하고 스스로 사회의 일원으로 일어설 수 있도록 돕고 있다. 또한 과부와 고아를 도우라는 주님의 명령에 따라 세워진 '입양부'에서는 건강한 공개 입양을 권장하여 현재까지 많은 아이들에게 새로운 가정을 연결시켜 주고 있다.

교회의 지속적인 성장

교회의 성장에는 크게 질적 성장과 양적 성장이 있다. 이 둘 중에 한 부분만 성장하는 것은 좋은 것이 아니며, 대부분 두 가지 성장이 함께 온다. 교회가 성장하는 것을 원하지 않는 사람은 없다. 성장은 건강하면 자연스럽게 일어나는 현상이요, 결과다. 그러므로 교회의 건강과 성장은 당연히 비례한다.

호산나교회가 체질이 개선되고 건강하게 된 것은 제자훈련 목회로의 전환 때문이라고 말할 수 있다. 제자훈련을 통해 잠들고 사장되어 있던 성도의 잠재력을 깨웠고, 그럴 때 하나님이 부여하신 생명력이 자연스럽게 동력화 됨으로써 성장과 부흥을 가져왔다.

이런 성장을 뒷받침하는 것은 제자훈련 수료생의 증가와 교회의 성장이 비례한다는 점이다. 제자훈련을 받은 성도는 순장과 교사, 그 외 교회의 여러 곳에서 섬기고 있다. 이것은 교회가 자연스럽게 성장하고 있다는 사실을 입증한다. 주목할 만한 사실은 기성교회에서는 성도의 대부분이 여성 중심의 리더십에 의존하고 있는 반면 호산나교회는 제자훈련 후 다른 기성교회와는 달리 30% 정도의 남성 리더십이 세워져 있다는 것이다.

앞서 말했듯이 교회의 질적 성장이 있으면 양적 성장은 당연히 따라온다. 호산나교회는 1987년 당시 평균 400명이던 출석교인이 2009년 6월 현재 장년 6,000명 출석으로 성장했다. 물론 교회 웹사이트에 등제하여 관리하는 성도를 다 합하면 7,500명은 넘을 것이고, 주일학교와 외국인 예배를 합하면 1만 명은 넘을 것이라고 본다. 이것은 기성교회가 제자훈련 목회로 전환함으로써 교회의 체질이 개선된 결과라 할 수 있다.

다시 한 번 강조하자면 제자훈련은 우리가 반드시 해야 하는 주님의 명령이며, 단지 또 하나의 목회 방법이 아니라 목회의 가장 본질적인 부분으로서 교회 지도자의 변화와 성도의 변화, 나아가 교회 전체의 변화를 일으키는 것이다.

지금까지 호산나교회에서 제자훈련이 정착되었던 과정을 이야기하였다. 그런데 간혹 겉으로 드러난 제자훈련의 결과만을 보고 제자훈련의 외형적 프로그램만 자신의 교회에 적용하여 성공적으로 교회 부흥을 이뤄보려는 목회자들이 있다. 세미나에 한 번 다녀온 후 단기간에 습득한 프로그램을 적용하는 것으로 성장을 기대하는 것은 지나친 욕심이며 도둑의 심보라고 말하고 싶다. 특히 제자훈련은 그렇게 생각하면 절대 안 된다. 제자훈련은 단순 적용이 가능한 프로그램이 아닐 뿐더러 담임목사의 목숨을 거는 헌신 없이는 교회에 뿌리 내릴 수 없다.

나 역시도 목숨을 걸고 제자훈련에 매진했다. 여기서 '목숨을 걸다'라는 것은 단순히 그만큼 노력을 했다는 말이 아니다. 나는 정말로 목숨을 걸었다.

1989년, 호산나교회에 부임한 지 2년이 되던 때였다. 처음 기성 교회에 제자훈련을 접목하여 뿌리를 내리기 위해 박차를 가하고 있던 때였다.

"목사님, 안색이 좋지 않습니다."

만나는 사람마다 내 얼굴빛을 보고 걱정을 하곤 했다. 스스로 보기에도 얼굴이 점점 검어지기도 했고, 소화도 잘 안 되는 일이 잦았다. 그래서 병원을 찾아갔더니 '신경성 위염'이라 했다. 하지만 치료를 받아도 별 차도가 없었다.

"큰 병원으로 가 보십시오."

치료에 차도가 없어 혈액 검사를 받았더니 의사가 내게 하는 말이었다. 큰 병원으로 옮겨 검사를 받고 결국 '간경화'라는 병명을 받았다. 어쩔 수 없이 병원에 입원했다. 그런데 하필이면 그때가 지난 2년간의 제자훈련과 사역훈련을 마치고 처음으로 남자 순장 20명을 임명하는 날이었다. 병원에 누워 있을 수 없었다. 결국 나는 팔에 링거를 꽂은 상태로 병실에서 첫 순장 임명식을 했다.

간경화는 내게 제자훈련의 훈장과도 같은 병이다. 제자훈련을 위해 심신의 모든 에너지를 고갈시켜 얻은 병이기 때문이다. 물론 끝까지 건강하게 사역할 수 있다면 더없이 좋겠지만, 분명한 것은 거저 얻는 사역의 열매는 없다는 것이다. 더욱이 제자훈련은 목숨을 거는 열심 없이는 할 수 없는 사역임을 재차 강조하고 싶다.

한 사람을 예수님의 참 제자로 성장시킨다는 것은 한 사람을 제대로 된 구원의 길에 이르게 한다는 것이며, 구원에 이르게 한다는 것은 목숨을 구한다는 것이다. 결국 제자훈련은 한 사람의 목숨을 구하는 일이다. 그러니 그 목숨 구하는 일에 나의 목숨을 거는 것이 어쩌면 당연한 일 아니겠는가!

5장 명지비전시대의 개막
_ '미래 · 꿈 · 소망' 비전으로 세대 아우르다

'미래, 꿈, 소망' 이라는 비전 하에 모든 성도가 함께 힘을 모아 온 세대를 아우르는
명지비전센터를 건립한 결과 생동감 넘치는 예배,
그리고 다음 세대를 짊어지고 나갈 아이들과 청년들이 힘껏 하나님을 찬양하는 교회가 되었다.

다음 세대를 준비하는 미래, 꿈, 소망의 비전

내가 기성교회에 몸담고 20여 년 제자훈련을 하면서 한 가지 생각한 것이 있다. 그것은 지금 현세대에 관한 것이 아니다. 바로 다음 세대를 위한 것이다. 유기체인 교회, 즉 가족과 같은 교회에는 현재의 주역인 세대들만 있는 것이 아니라 다음 세대를 이끌어갈 어린아이로부터 청소년과 청년들이 함께하고 있기 때문이다.

나는 어릴 때부터 신앙생활을 했던 사람이다. 하지만 유년부 부터 대학부를 거치면서 신앙과 믿음에 대한 회의로 갈등을 겪었다. 비록 몸은 교회에서 떠나지 않았지만 마음은 이미 교회를 떠나 있던 사람이었다. 나의 이런 지난날을 회고해 보면서 과연 교회가 주일학교 어린이들이나 젊은이들에게 무엇을 배려했나 생각해 보면 도대체 기억나는 게 없다. 어쩌면 당연했던 건지도 모른다. 교육관 하나 없이 본당만 덩그러니 있던 교회였으니 그 본당에서 시간차를 두고 어른, 주일학교, 청소년들이 차례로 예배드리는 형국이었기 때문이다. 그러다 보니 시간과 모이는 사람의 세대만 다를 뿐 각 세대마다 다르게 진행되는 무엇인가가 전혀 없었다. 지금처럼 젊은이를 대상으로 하는 교회 사역이라고는 전무한 실정이었다.

20여 년 전 호산나교회, 즉 당시 새중앙교회에 처음 부임했을 때도 마찬가지였다. 본당만 덩그러니 있었지 마땅한 교육관이 없었다. 교육관이라고 해봐야 본당 건물의 지하 작은 공간으로 습기와 물이 차고, 여름에는 에어컨도 없고 겨울에는 간신히 난방이 들어오는 그런 열악하기 짝이 없는 곳이었다. 그래서 나는 부임하자마자 교육관 짓는 일부터 바로 시작했다. 나 역시 다음 세대에 대한 배려라는 것을 별로 받아보지 못했기 때문에 그런 부분에 대해서는 일찌감치 눈이 뜨였던 것이다.

본격적으로 다음 세대를 준비하는 목회에 대해 생각하게 된 것은 1990년대부터다. 부임한 지 3년 후인 1990년부터 당회의 허락을 얻어 일 년에 한 달씩 휴가를 받았는데, 나는 그 휴가를 외국의 교회를 탐방하는 기간으로 삼았다. 특히 미국 교회를 주로 탐방했는데, 그 기간 동안 많은 것을 보고 듣고 발견하였다.

미국에도 여러 종류의 교회가 있다. 전통적인 아날로그 목회를 하는 교회가 있는가 하면 완전히 디지털화되어 있는 초현대식 예배를 지향하는 교회도 있었다. 특히 디지털화되어 있는 교회에는 젊은이들이 많이 모여들고 있었다.

안식년에는 미국에서 1년 정도 머물렀는데, 한번은 이런 경험을 했다. 때는 부활절 시즌이었는데, 잘 아는 후배가 미국 수정교회에서 한 달 동안 매일 두 차례 공연하고 있던 뮤지컬을 보러 가자고 제안해 왔다. 뮤지컬의 제목은 "The Glory of Easter" 그래서 서슴없이 그러자고 대답했더니 돈을 내고 미리 예약해야 한다고 했다.

"얼만데?"

"한 사람당 30불입니다."

지금으로부터 20년 전(95년) 일이었으니, 당시로서 뮤지컬 표 한 장당 30불은 꽤 큰돈이었다. 게다가 혼자만 보러 갈 수도 없지 않은가? 아이 셋에 아내까지 해서 우리 가족 다섯 명이 보려면 무려 150불이 필요했다. 결국 거금을 털어 보러 가게 되었지만, 나는 너무 비싸다는 생각에 얼마나 대단한 뮤지컬인지 두고 보자며 벼르고 갔다.

그런데, 막상 가서 뮤지컬을 보자 상황이 역전되었다. 그 뮤지컬을 보고 난 후 완전히 항복할 수밖에 없었기 때문이다. 부활 장면에서 줄을 매단 천사 여섯 명이 예배당 무대 위를 왔다갔다 날아다니는데 정말로 천사가 날아다니는 듯 보였고, 빌라도가 호랑이와 함께 무대 위로 오르거나 로마 병정들이 말을 타고 무대 위를 달리니 어른인 내가 봐도 정말 실감나고 재미있는 게 아닌가? 거기에다 영상이며 음향 조명효과를 넣어 십자가의 죽음과 부활을 표현하는 것이 가히 환상적이었다. 아이들은 그 무대를 지켜보며 여기저기서 "예수님이 부활하셨다!"를 연신 외쳐댔다.

'바로 이거구나! 이러니까 아이에서부터 어른까지 다 모이는 구나!'

그런데 그렇게 멋진 뮤지컬을 보고 있자니 막상 우리 교회와 비교되면서 도리어 걱정이 앞섰다. 과연 부산의 전통적인 교회에서 미국의 이 교회와 같은 혁신적인 형식을 접목할 수 있을지 그저 암담한 생각만 들었다. 그러나 세대를 아우르는 목회를 포기할 수는 없었다.

나는 먼저 강단부터 변화를 주어야겠다고 생각했다. 강단이 목사와 장로만 사용하는 너무나 비효율적인 공간이라 생각되었기 때문이다. 당시에는 우리 교회 역시 평신도는 함부로 범접할 수 없는 층층이 쌓인 강단을 사용하고 있었다. 윗 강단과 아랫 강단이 있어서 만약 여전도회에서 헌신예배를 드리게 되면 사회자가 여성이라는 이유로 아랫 강단을 사용하게 하고 윗 강단은 목사와 장로만 사용할 수 있는 공간이었다. 완전히 교회 안에 지성소를 만든 것과 같았다. 지금도 역시 그런 교회가 있을 것이다. 하지만 나는 이런 강단의 모습을 바꿔야 한다고 생각했다. 그래서 당회에 이렇게 건의했다.

"우리 강단을 열린 강단으로 하면 안 되겠습니까?"

그러자 바로 그럴 수 없다는 대답이 돌아왔다. 세 번을 건의했는데 모두 거절당했다. 이유인즉 한국 교회의 강단에 대한 전통적

인 생각이 그 당시 당회원들의 마음에도 담겨 있었기 때문이었다. 이런 이유로 반대하는 당회원들의 심정을 모르는 바는 아니었다. 그러나 시대가 변천하고 새로운 세대를 포용하기 위해서는 불가피하게 강단을 오픈 강단으로 해야만 했다.

안식년을 마치고 온 후 아주 멋지게 변형된 강단의 실제 모형을 만들어 당회에 내놓았다. 처음엔 안 된다며 완고한 태도를 보이던 당회원도 차츰 좋다는 쪽으로 가닥이 잡히기 시작했다. 그렇게 강단을 바꾸자고 한 지 8년 만에 드디어 강단을 변경할 수 있었다. 가히 강단 변천사라고 할 수 있을 만큼 오랜 기간이 걸렸다.

지금은 우리 호산나교회도 20년 전 신선한 충격을 주었던 미국 수정교회의 혁신적인 강단 모습을 갖추었다. 간혹 우리 교회를 방문하는 분들 중에 "예배당 강단이 너무 요란스러운 것 아니냐"고 반문하는 분들도 있지만, 나는 이런 변화에 후회가 없다. 예배는 어린아이나 어른이나 할 것 없이 하나님을 만나는 기쁨과 감격에 젖어들어야 하는 것이며, 만약 높게 쌓인 강단이 하나님과 성

도 사이에 넘어서지 못할 벽이 되어 진정한 예배에 지장이 된다면 과감히 낮추어야 한다고 생각한다. 예배당은 모든 성도가 다 함께 예배드리는 공간으로 바꾸는 것이 마땅하다고 여기기 때문이다.

미국에서 안식년을 보낸 다음 해에는 유럽을 방문했다. 종교개혁의 발자취를 따라 스코틀랜드로부터 잉글랜드, 프랑스의 칼빈 탄생지를 거쳐 루터의 발자취를 따라 독일과 스위스 등지로 한 달 동안 유럽 곳곳을 누볐다. 어디를 지나든 수요일과 금요일, 그리고 주일이면 어김없이 그 지역의 이름 있는 교회에 가서 예배에 참석했다.

그렇게 유럽 교회를 순방하면서 나는 큰 충격을 받았다. 특히 세계적으로 많은 선교사를 배출했고, 우리나라 선교 초기에도 큰 영향을 미친 영국을 방문했을 때에는 그 충격과 놀라움이 매우 컸다.

영국에는 세계적으로 유명한 목회자인 로이드 존스 목사가 목회했던 교회가 있다. 바로 웨스트민스터 교회인데, 이곳은 1,600여 석이 넘는 좌석을 확보할 만큼 매우 큰 교회당으로 그 위용을 자랑한다. 그러나 큰 교회당에 비해 성도는 불과 400여명이 안 되게 앉아 있었다.

또한 우리나라에 복음의 씨앗을 뿌린 토마스 선교사가 신앙의 기초를 닦은 교회이자 그를 파송한 영국의 하노버 교회는 지금 낡고 을씨년스러운 옛 건물로 남아 수풀이 우거진 한쪽에 그저 서 있을 뿐이었다. 문을 닫은 지 이미 오래 되고 사람의 발길도 끊겨 마치 폐가와 같았다.

현대 선교의 아버지라 불리는 윌리엄케리 기념교회는 이방교도들에게 팔려 그들의 사원으로 쓰이고 있었다.

어떤 교회는 건물만 옛 교회로 쓰였다는 것을 나타내고 있을 뿐 안에서는 술을 파는 술집으로 변해 있었다. 하나님께 예배를 드리는 장소가 사람들의 쾌락과 향응을 위한 장소로 바뀌어 버젓이 사용되고 있는 것이다.

최근 영국의 청년들은 교회에 다니지 않는다고 한다. 신앙의 본거지로 여겨지는 영국 교회가 지금은 사라질 크나큰 위기를 맞고 있다. 실제로 그런 현장을 눈으로 마주하니 그 안타까움과 두려움이 마음을 짓눌렀다.

이름 있는 유럽의 교회들을 거의 돌아봤지만 명성과는 달리 완전 초토화되어 있었다. 웅장한 교회의 건물이나 여러 시설들은 갖췄지만 정작 그곳에 있어야 할 어린이와 청소년, 젊은이들이 없었다. 그곳들을 돌아보며 하나님께서 내게 깨닫게 하신 말씀이 바로 사사기 2장이었다.

"백성이 여호수아가 사는 날 동안과 여호수아 뒤에 생존한 장로들 곧 여호와께서 이스라엘을 위하여 행하신 모든 큰 일을 본 자들이 사는 날 동안에 여호와를 섬겼더라 여호와의 종 눈의 아들 여호수아가 백십 세에 죽으매 무리가 그의 기업의 경내 에브라임 산지 가아스 산 북쪽 딤낫 헤레스에 장사하였고 그 세대의 사람도 다 그 조상들에게로 돌아갔고 그 후에 일어난 다른 세대는 여호와를 알지 못하며 여호와께서 이스라엘을 위하여 행하신 일도 알지 못하였더라 이스라엘 자손이 여호와의 목전에 악을 행하여 바알들을 섬기며…"(삿 2:7-11).

그렇다. 여호수아와 장로들이 생존해 있을 동안 하나님을 섬기는 것은 너무나 자연스러운 일이었다. 그런데 그들이 세상을 떠나고 난 후에는 어떻게 되었는가? 여호수아와 장로들이 신앙 계승에 실패한 결과가 얼마나 참담한지 우리는 사사기를 통해 확인할 수 있다. 그리고 지금 유럽 교회의 현실은 바로 이 사사시대의 현상을 그대로 보여 준다. 신명기 8장에는 이러한 말씀이 나온다.

"네가 먹어서 배부르고 아름다운 집을 짓고 거주하게 되며 또 네 소와 양이 번성하며 네 은금이 증식되며 네 소유가 다 풍부하게 될 때에 네 마음이 교만하여 네 하나님 여호와를 잊어버릴까 염려하노라 여호와는 너를 애굽 땅 종 되었던 집에서 이끌어 내시고 너를 인도하여 그 광대하고 위험한 광야 곧 불뱀과 전갈이 있고 물이 없는 간조한 땅을 지나게 하셨으며 또 너를 위하여 단단한 반석에서 물을 내셨으며 네 조상들도 알지 못하던 만나를 광야에서 네게 먹이셨나니 이는 다 너를 낮추시며 너를 시험하사 마침내 네게 복을 주려 하심이었느니라"(신 8:12-16).

이스라엘 백성이 어려울 때는 하나님께 매달려 부르짖고 가까이했다. 하지만 여유가 있고 풍부해지면 다시 나태해지는 인간의 습성을 가지고 있었다. 신명기 말씀에서 모세가 그의 백성들을 향해 염려하고 걱정했던 부분이 바로 이런 면이었다.

21세기 기업은 변하지 않으면 살아남을 수 없다고 한다. 나는 교회도 마찬가지라고 믿는다. 변화하는 세상을 향해 "그래, 너는 변해라. 나는 죽도록 변하지 않겠다" 하고 버텨서는 안 된다. 물론 복음의 본질과 진리는 변질될 수 없고, 변화되어서도 안 된다. 그러나 교회가 문화에 관심을 가지고, 젊은 세대와 다음 세대를 교회에 정착시키기 위한 사역에 적극적으로 투자하고 뛰어들어야 하는 것은 어쩌면 사느냐 죽느냐의 문제이다.

차세대는 선교의 대상이다. 많은 교회들이 선교를 위해 막대한 헌금을 지출하고 해외의 선교지에 교회를 세우고 사람을 보내고 선교사를 지원한다. 그러나 정작 우리의 교회 안에서 선교의 대상인 차세대는 제대로 갖춰지지 않은 환경에서 예배드리고 있다면 그것은 뭔가 석연치 않은 처사다.

차세대는 문화세대이다. 교회에 그들을 정착시키려면 그들의 문화와 눈높이에 맞는 예배가 필요하다. 많은 청소년과 젊은이들이 현재의 예배를 지루해하며 교회에 나오기를 힘들어한다. 교회가 선교한다고 하면서 막상 교회 안의 선교 대상에게 무관심하다면 그 교회는 장기적으로 성공적인 선교를 해나갈 수 없을 것이다. 젊은이가 꿈을 펼치고 어린아이들이 주 안에서 뛰놀 수 있는 교회, 또 그들의 문화적인 요구를 성경적인 세계관으로 풀어 제작하는 예배와 찬양 시스템에 투자하는 그런 교회야말로 모든 세대를 아우르며 선교하는 교회라 할 수 있다. 이와 같은 교회들이 점점 늘어난다면 결코 사사시대와 같은 고난의 시대가 오지 않을 것임을 확신한다.

나는 작은 교회라 할지라도 그 교회를 이끌어가는 리더의 마인드가 중요하다고 생각한다. 과연 교회가 존재하는 이유는 무엇인가? 기성세대들이 즐기고 기뻐하며 하나님을 섬기다가 하늘나라에 잘 가자는 것인가? 아니면 우리의 신앙을 다음 세대에 잘 이어지도록 그 책임을 수행하는 것인가? 이런 물음 속에서 교회의 존재 이유를 깨달아야 한다.

보통 기성세대 교인은 예배에 잘 참석하는 경향을 보인다. 예배가 어떤 형식이든지, 혹은 몇 시간을 드리든지 잘 참여한다. 그러나 새신자와 젊은이들은 다르다. 그들 대부분은 지금까지 기성세대가 해왔던 형식들을 힘에 겨워하며, 쉽게 적응하지 못하고 결국은 교회를 떠나버린다. 오늘날 영국의 청년들이 교회를 떠난 현실처럼 말이다. 우리는 그들이 떠나도록 그냥 뒷짐 지고 있어서는 안 된다. 때문에 그들의 문화 속으로 들어가서 그들이 주님을 만나도록 도와야 한다. 우리가 먼저 그들의 문화로 다가가야 하는 것이다.

나는 다시 한 번 강조하고 싶다. 교회가 미래의 젊은이들과 청년들을 포용하지 못한다면 지금 우리에게도 사사시대가 찾아올 수 있다는 것을 말이다. 여호수아와 장로들이 죽은 뒤 그 다음 세대는 하나님을 제대로 알지 못했다. 신앙의 계승이 이어지지 않은 것이다. 후세에 대한 투자를 소홀히 한 것이다. 그러한 역사를 답습해서는 안 된다. 유럽의 박물관 교회가 되지 않아야 한다. 그리

되기 이전에 차세대를 위한 비전을 세우고 변화를 꾀하는 것에 서둘러야 한다.

　유럽 교회를 돌아보고 온 후 교회에 '미래, 꿈, 소망'이라는 새로운 목회비전을 제시했다. 그리고 현시대 교회가 직면한 현실을 가감 없이 성도와 나누며, 그 심각한 현실을 이겨낼 방향에 대하여 강하게 독려하며 도전했다.
　"젊은이들이 모이는 교회를 만들어야 한다."
　"젊은이들이 모이는 교회를 만들기 위해서는 새로운 대안을 제시하는 것이 필요하다."
　"본당에서 어른들이 예배드리는 것과 비교해도 손색없는 모든 시설을 갖추어야 한다. 오히려 어린이와 청년들에게 더 좋은 시설과 환경을 만들어 주자. 그리고 질적으로도 수준 있는 교역자들을 길러내고 배치하자."
　이미 그때는 구 예배당에서 교육관을 지어 어느 정도 시설을 갖추고 있었지만 나는 새로운 비전센터로서의 교회가 필요하다고 강하게 느끼고 그 계획을 실천에 옮기기 시작했다.

모든 사람이 함께하는 명지비전센터

2006년 5월, 호산나교회는 진정으로 새 시대를 맞이했다. 지금은 교회 주변이 아파트가 밀집되어 있지만 그 당시 아직은 황량한 부산의 명지 땅에 웅장한 모습으로 세워진 명지비전센터가 완공된 것이다.

　새로운 교회 건물을 세워야겠다는 이유는 크게 두 가지로 나뉜다. 첫째는 기존 하단동의 구 예배당이 협소했기 때문이었다. 제자훈련 이후 급성장을 거듭하면서 장년 출석 400명이던 성도가 어린이 청소년을 포함해서 5,000명에 이르렀다. 따라서 기존 교회 건물로는 모든 성도를 수용할 수가 없었다.

　또 하나는 유럽의 교회들을 탐방하고 난 후 갖게 된 '미래, 꿈, 소망'의 비전을 효과적으로 펼칠 장소가 필요했다. 나는 유럽 교회들을 돌아보며 오직 교회만이 이 시대를 향한 하나님의 계획을 펼칠 곳임을 더욱 절실히 깨달았다. 예수님의 사랑으로 세상의 깨어진 곳을 포용하고, 돌보고, 함께 이끌어 줄 수 있는 곳이 교회여야 한다. 때문에 명지비전센터를 건립함으로써 닫혀 있는 교회가 아닌, 세상을 향해 열린 교회를 지향하게 되었다. 세상과 분리된 교회로는 세상을 변화시킬 수 없기 때문이다.

　누구나 친근하게 들어올 수 있는 교회, 전 세대를 아우르는 교회를 꿈꾸며 세워진 명지비전센터는 기존의 다른 교회들과 비교해 볼 때 파격적이라 할 수 있는 여러 시도들이 가능한 곳이다. 또 아이부터 노인까지 누구나 거리낌 없이 드나들 수 있도록 층별로 여러 사역의 전초기지가 되게 했다.

　새로 건립된 명지비전센터는 연건평 7,800여 평 규모로 지상 13층, 지하 3층으로 구성되어 있다. 그중 지상 2층에서 4층까지는 대예배실로 '호산나홀'이라 명명하였다. 비전센터의 심장이라고 할 수 있는 이 호산나홀은 기성교회의 예배당과는 아주 다른 혁신적인 공간이다.

높게 쌓여 있던 강대상은 언제든 쉽게 이동이 가능한 작은 강대상으로 바뀌었다. 대신 홀 앞쪽은 넓은 무대가 자리하고 있다. 매 예배 때마다 이 무대는 마음껏 자신의 달란트를 살려 하나님께 찬양 드리는 젊은이들로 넘쳐난다. 또한 예배드릴 때에도 은혜받기를 사모하는 사람이라면 누구나 이 무대 위로 올라와 말씀 듣고 기도할 수 있다. 예수님은 말씀 전하실 때 모인 사람들을 멀찌감치 물리지 않으셨다. 오히려 그들 가까이 군중 속으로 들어가 가장 친근한 언어로 말씀하셨다. 그런 면에서 나는 현 호산나홀의 구조가 예배의 경직된 분위기를 깨뜨리고 성도로 하여금 예배를 통해 하나님과 일대일의 만남을 가능하게 해주는 것에 큰 보람을 느낀다.

또한 교회 절기의 큰 행사 때마다 이곳은 콘서트홀로, 극장으로, 뮤지컬 무대로 변화하며 성도를 만난다. 누구나 함께할 수 있는 예배, 바로 내가 10년 전 미국 수정교회에서 보았던 공간이 지금 호산나교회의 공간이 되어 있다.

이처럼 기존의 교회와 다른 대예배실을 비롯해서 각 세대별로 나뉘어져 예배드릴 수 있는 각각의 예배실을 마련했다. 각종 회의와 대외업무를 위한 세미나실, 성도가 언제든 심신을 단련할 수 있는 체육관, 외국인 노동자들을 위한 의료시설, 누구나 마음의 안식과 친교의 기쁨을 누릴 수 있는 카페도 마련했다.

전과 같은 까페는 지금은 존재하지 않는다. 12층에 있었지만 이것이 허가를 내어 영업을 해야 하기 때문에 허가문제를 연구하였지만 출입구가 교회교육관과 함께 사용하기 때문에 불가능하다고 했다. 그래서 주일에만 사용하는데 전과 달리 바리스타가 있어서

커피나 차를 판매하지 못하고 자판기에 의존하는 수준으로 바뀌었다. 옆에 있는 땅을 개발하게 되면 1층으로 옮겨 허가를 정식으로 내어 까페를 운영할 수 있을 것으로 안다.

'미래, 꿈, 소망'이라는 비전하에 모든 성도가 함께 힘을 모아 온 세대를 아우르는 명지비전센터를 건립한 결과 생동감 넘치는 예배, 그리고 다음 세대를 짊어지고 나갈 아이들과 청년들이 힘껏 하나님을 찬양하는 교회가 되었다. 그리고 하나님께서는 우리에게 명지비전센터가 건립된 지 몇 년 되지 않은 시점에서 또다시 교회 부지를 구입하게 하실 만큼 괄목할 성장을 이루게 하셨다.

이제 교회 건물은 단순히 예배를 드리는 공간으로서의 일차적인 역할만 하려 해서는 안 된다. 누구나 들어올 수 있는 곳으로 교회의 문턱을 낮추고, 성도 한 사람 한 사람이 세상을 깨우는 일에 기꺼이 헌신하는 곳이 되어야 한다. 또한 지역사회에 공헌하며 세상과의 벽을 없애 언제든, 누구든 교회를 친근하게 여기도록 만들어야 할 것이다.

6장 제자훈련의 정점, 목양장로 사역
_장로의 본질 목양사역으로서의 길 제시

이런 일련의 과정들을 지켜보며 나는 제자훈련 목회의 정점을
장로의 본질을 회복시키는 것에 두어야 한다는 사실을 정립하게 되었다.
장로의 본질인 목양사역에 함께할 수 있도록 새로운 길을 제시해야 하는 비전이 생긴 것이다.

행복한 목양장로

주일이면 호산나교회에서는 다른 교회에서 쉽사리 볼 수 없는 진풍경이 펼쳐지곤 한다. 단정하게 양복을 차려 입고 머리가 희끗희끗한 남자 성도가 여기저기서 허리를 굽혀 성도를 맞이하는 풍경이다. 보통 교회에서 남자 성도, 특히 나이 든 남자 성도는 교회에 들어서면 예배당 한쪽에 무게를 잡고 가만히 앉아 있기가 일쑤지만 호산나교회는 그렇지 않다.

한 걸음 더 나아가 보면 그분들은 단순히 성도와 인사 나누는 것에 그치지 않는다. 한 사람 한 사람 붙잡고 안부를 묻기도 하고 때에 따라 손을 잡고, 혹은 어깨에 손을 얹고 함께 기도하기도 한

다. 얼핏 보면 마치 여러 명의 목사들이 성도를 친히 맞이하는 것처럼 보이기도 한다.

그런데, 과연 그들이 정말 모두 목사들일까? 정답은 '아니다' 이다. 그들은 바로 교회의 또 다른 목사인 장로들이다.

나는 이 책의 서두에서 한국 교회 일반적인 장로들의 모습에 관해 말했다. 담임목사와 각을 세우고, 교회 행정과 치리에만 관심이 있고, 교회 성도가 어떤 형편인지는 도통 관심 없이 교회 안에서 자신의 권위를 세우고 세력 넓히는 것에만 관심을 가지는 것이 일반적인 장로들의 모습이라고 말했다. 그렇기 때문에 호산나교회 장로들의 모습이 생소하게 느껴지고 많은 사람에게 주목받기도 한다. 호산나교회의 장로들에게서 볼 수 있는 모습, 성도와 함께 교제하고, 섬기고, 눈물 흘리며 기도하는 모습이 참다운 장로의 모습이기 때문이다.

그간 얼마나 많은 교회들이 이런 장로의 모습을 포기한 채 교회의 성장만을 위해 달려왔는가. 마치 장로라는 직분을 한 기업의 전무나 이사인양 여기면서 '높은 자리'로 올라가려고 애쓰는 것을 빈번하게 볼 수 있었다.

그러나 장로는 높아지는 자리가 아니다. 목사와 더불어 교회 내에서 가장 낮은 모습으로 성도를 섬겨야 하는 자리다. 왜 그럴까? 또한 장로가 낮아짐으로써 어떠한 결과들이 일어날까? 이제 그 이야기를 시작하려고 한다. 바로 호산나교회의 목양장로 이야기이다.

목양장로 사역을 시작한 이유

나는 전통적인 기성교회에 부임하였지만 제자훈련으로 잠자는 교회를 깨우고 괄목할 만한 성장을 이루었다. 또한 수적인 성장에 그치지 않고 미래 교회의 비전을 제시하기 위해 다음 세대를 위한 준비에도 매진했다. 그에 따라 전 세대가 함께 어울리며 하나님의 은혜 아래 혁신적인 성장을 거듭했다.

 그런데, 한편에서는 다른 움직임도 일기 시작했다. 제자훈련은 훈련을 마친 성도를 순장으로 세워 각각 맡겨진 순원들을 돌보게 한다. 대부분 순장으로 세워지는 사람들은 먼저 제자훈련을 받고 성경으로 무장된 장로와 집사들이었다. 그런데 어느 순간이 되자 슬슬 장로들이 순장 사역에서 손을 놓기 시작했다. 어느 정도 성장이 이어지고 여유가 생기면서 장로들이 과거의 모습으로 돌아가려 했던 것이다. 그들의 회귀본능은 소그룹을 맡아서 열심히 섬기던 분들까지도 몇 년 지나지 않아 소그룹을 놓게 만들었다. 그리고 그 자리는 집사들이 채웠다. 결국 장로들은 점점 소그룹을 인도하는 일이 줄어들었다. 과연 이렇게 되는 원인이 무엇인지 생각하다 이런 점을 깨달았다.

 '아, 장로도 소그룹을 인도하고 집사도 소그룹의 리더가 되니 장로의 성이 차질 않겠구나.'

 이 깨달음은 이런 것이다. 군대에서 장교가 임관을 받게 되면 분대장을 시켜야 할까? 아니다. 소대와 중대를 맡겨야 한다. 능력에 맞게 더 발전된 소임을 주어야 하는 것이다. 그런데 장로가 되었어도 그전에 하던 사역을 계속 반복해야 하니 점점 소그룹 돌보는 일에서 떠나갔던 것이다.

그러자 소그룹을 놓은 장로들이 차츰 예전 모습으로 돌아가기 시작했다. 즉 교회의 행정 일에 깊이 관여하고 싶어진 것이다. 다시 과거로 돌아가 일반 교회화 되려고 하는 위험한 징후들이 발견되기 시작했다.

이런 일련의 과정들을 지켜보며 나는 제자훈련 목회의 정점을 장로의 본질을 회복시키는 것에 두어야 한다는 사실을 정립하게 되었다. 장로의 본질인 목양사역에 함께할 수 있도록 새로운 길을 제시해야 하는 비전이 생긴 것이다.

여기서 한 가지 짚고 넘어가야 할 것이 있다. 바로 전통 기성교회가 왜 이렇게 장로라는 직분으로 인해 많은 문제들이 발생되는가 하는 것이다.

집사, 권사 등 다른 직분들은 장로직 만큼 왈가왈부하지 않는데, 유독 장로직에 있어서는 여러 가지 이야기들이 나오곤 한다. 이렇게 오늘날 교회 안에 장로직에 관한 문제가 불거지는 이유가 무엇일까?

첫째로 훈련되지 않은 사람을 장로로 세웠기 때문이다.

오늘에 이르기까지 한국 교회는 믿음의 선진들이 바친 수많은 희생을 기초로 교회를 부흥시켜 왔다. 그런데 그 과정에서 결정적인 과오라고 여겨지는 것은 영적 훈련이 부족한 사람들에게 직분을 맡겼다는 것이다. 그 결과 자질이 없는 사람들을 장로로 세우는 결과를 낳게 되었다. 그러다 보니 교회에 문제가 생기면 미성숙하게 대처하게 되어 세상 보기에 부끄러운 일들을 저지르고 말았다. 그러므로 장로는 제자훈련을 통해 기초부터 영적 훈련이 잘 된 사람을 분별하여 세우는 것이 하나님의 뜻이라 할 것이다.

둘째로 성경적인 장로의 본질을 바르게 적용하고 실천하는 모델이 없었기 때문이다.

비록 제자훈련을 통해 성숙해지고 장로가 되었다고는 하나 장로로서의 본질을 바르게 적용하고 실천하는 모델이 없다 보니, 장로들은 물론이고 성도와 목회자들까지 장로에 대해 성경에 명시된 본질과는 다른 개념으로 이해하고 있는 경우가 많았다. 그렇다면 현재 흔히 사람들이 가지고 있는 장로에 대한 개념은 어떤 것일까?

교회에서 제일 높은(?) 직분이다. 교회 살림을 맡아서 결정하는 사람들이다. 담임목사와 긴장관계에 있으며, 담임목사를 견제하는 야당이다. 혹은 담임목사가 추진하려고 하는 모든 사안에 무조건 절대적으로 지지해 주는 양들의 대표이다.

위에 열거한 여러 생각이 우리가 흔히 장로를 생각할 때 떠올리는 이미지일 것이다. 이러한 이미지는 어느새 우리 속에 당연한 것으로 각인되어 장로 스스로도 그런 모습으로 교회 내에서 존재해야 하는 것으로 알 정도다. 때문에 아무리 제자훈련 받은 호산나교회의 장로들이라고 해도 기존의 고정관념이 깨어지지 않는 한 다시금 예전의 행정 하던 장로, 성도에게 높임 받는 장로로 돌아가고자 했던 것이다.

호산나교회가 제자훈련 사역을 통하여 전통적인 장로교회에서 체질이 바뀌면서 건강함과 순발력, 이 두 가지를 가지고 성장하고 부흥한 것이 사실이다. 건강함과 순발력은 교회의 성장에 있어서 꼭 필요한 요소다. 규모가 작은 대부분의 개척교회는 이 건강함을 유지하고 순발력을 발휘하는 데 효과적일 수밖에 없다. 반면 기성교회는 그동안 자신들이 쌓아 왔던 원칙이나 전통에 발목이 잡혀 이 두 요소를 잃고 있는 게 사실이며, 따라서 개척교회보다 성장에 어려움을 겪기도 한다. 하지만 호산나교회는 기성교회임에도 제자훈련을 통해 이 두 가지를 잘 조화하여 성장할 수 있었다.

특히 제자훈련을 통해 세워진 장로들의 그룹, 즉 당회가 유기체로의 정체성을 확립했다는 것이 교회 성장의 큰 동력이 되었다. 다시 말해서 어떤 교회든지 교회가 행정적으로 관리·유지되는 '조직체'가 되어서는 변화와 성장을 이룰 수 없다. 당회와 교회는 유기체인데 현재 많은 교회의 당회는 유기체가 아닌 조직체가 되어 있다. 나도 목양장로를 시작하기 몇 년 전에 두 분의 장로가 교회를 떠나는 아픔을 경험했다. 그분들이 교회를 떠난 것에는 여러 사유가 있었겠지만 결국은 교회가 조직체가 되는 것을 내가 거부했기 때문이라고 생각한다. 나는 교회가 주님의 몸이라는 유기체의 본질에서 벗어나는 것을 절대 용납할 수 없다.

교회는 조직체가 되어서는 안 된다. 조직체라는 것은 석화될 수밖에 없고, 결국 세상의 일반적인 공동체가 될 수밖에 없다. 당회가 왜 목사와 장로, 장로와 장로의 대결과 갈등의 장이 되는가? 바로 유기체가 아닌 조직체이기 때문이다. 유기체는 하나의 생명체로서 서로 하나가 되는 것이다. 한 가족이다. 부모와 자식의 관계다. 이것이 유기체요, 생명체다. 교회는 이런 생명체가 되어야 한다.

그런데 앞에서도 이야기했듯이 제자훈련이 정착되고 교회가 성장한 후에도 유기체와 조직체의 사이에서 유기체로 자리 잡지 못하고 그동안 길들여져 있던 조직체로 돌아가고자 하는 움직임이 감지되었다. 나는 그 움직임을 간과할 수 없었다.

자식을 낳고 사는 부부는 자식 때문에라도 이혼하지 않고 사는 경우가 많다. 때문에 교회의 목사와 장로는 자식과 같은 성도를 봐서라도 서로 잘 지내겠다고 생각해야 한다. 성도를 생각하지 않고 자기중심적인 공동체가 되어 버리면 당회가 자칫 암 덩어리가 될 수밖에 없고, 교회 안에서 성도에게 존경의 대상이 아닌 걸림돌이 될 수밖에 없다. 그래서 내가 내린 결론이 바로 장로의 본질을 회복시키는 목양장로 사역이었던 것이다.

목양장로 사역의 행복

가까이하기에 너무 좋은 당신

교회 일에 늘 열심인 한 자매가 있었다. 주일예배뿐 아니라 새벽예배와 수요예배 등 모든 예배에 열정적으로 참여하는 자매였다. 그런데 그 자매에게는 늘 마음속에 자리하고 있는 걱정이 하나 있었다. 남편이 아직 교회에 나오지 않는 것이었다. 비록 자신은 열심이지만 가장 사랑하는 남편이 교회에 나오지 않는다는 것, 그래서 하나님을 알지 못한다는 것은 그 자매에게 큰 짐이었다. 그래서 언젠가는 꼭 남편의 손을 붙잡고 교회에 함께 나가겠다고 결심하곤 했지만 마음처럼 쉽사리 남편의 손을 붙잡기가 힘들었다.

그러던 차에 교회에서 전도집회인 '사랑나눔축제'가 열렸다. 자매는 이번에는 반드시 데리고 가리라 결심하며 그날 저녁 퇴근하고 돌아온 남편 앞에 마주 앉았다.

"왜? 뭐 할 말 있어?"

"여보, 우리 교회 안 갈래? 이번에 교회에서…."

교회라는 소리를 듣자마자 남편이 손사래를 치며 말을 가로막았다.

"에이, 됐어. 다 때가 되면 간다니까. 그리고 내가 당신이 그렇게 교회에 매일 나가는 것도 얼마나 많이 이해하고 있는 건데, 나까지 교회에 나가자고 그래. 그냥 당신이나 잘 다녀."

역시 남편은 평소처럼 거절하고는 자리를 떴다. 그래도 이번만은 포기할 수 없었던 자매는 다시 한 번 남편에게 말했다.

"딱 한 번만! 응? 이번에 딱 한 번만 같이 가자. 그러고도 당신이 가기 싫다고 하면 이제 말 안 할게. 응?"

자매의 간절한 부탁에 남편도 슬그머니 마음이 돌아서기 시작했다. 대신 이렇게 단서를 달았다.

"딱 한 번 만이다!"

주일이 되고 자매는 드디어 남편의 손을 잡고 교회에 나올 수가 있었다. 남편은 예배하는 내내 자매 옆에 앉아 기도하면 눈을 감고 찬송하면 따라 부르는 등 처음 나오는 교회에 거부감 없이 잘 적응하는 것처럼 보였다. 남편의 모습에 자매는 너무나 기쁘고 앞으로 자신의 가정도 믿음의 가정으로 세워질 수 있다는 기대감이 들어 속으로 내심 기뻐하고 있었다. 그런데 막상 집에 돌아오자 남편은 차려 입었던 양복을 훌훌 벗어던지며 말했다.

"됐지? 한 번만 간다고 했어! 이제 또 교회 가자고 말하지 않기다!"

남편은 매번 조르는 자매가 너무 귀찮아 정말 딱 한 번 교회에 '나가 준' 것이었다. 그 소리를 들은 자매는 더 이상 뭐라 말하지도 못하고 또다시 남편이 교회에 나오도록 기도에 매진할 수밖에 없었다.

그리고 몇 달이라는 시간이 흘렀다. 교회에서 새로운 개혁 아닌 개혁이 일어났다. 담임목사가 목양장로 사역을 시작하겠다고 한 것이다. 자매는 그것이 무엇인지 정확하게 알지는 못했지만, 그저 또 하나의 좋은 사역이겠거니 생각만 했다. 그러던 어느 날 한 통의 전화가 걸려왔다.

"자매님, 안녕하세요? ○○○ 목양장로입니다."

"네? 목양장로님이시라고요?"

'장로'는 들어봤어도 '목양장로' 라는 말은 아직 생소했던 자매는 집으로 방문하겠다는 장로님 말씀에 그저 심방 날짜만 잡고 전화를 끊었다. 그리고 며칠 후, 그때 전화했던 장로님이 교역자와 함께 정말로 집을 방문했다. 온화한 미소로 금세 편안한 마음이 드는 장로님이었다. 특히 친정아버지를 일찍 여읜 자매로서는 친근하게 다가오신 장로님이 마치 아버지처럼 느껴졌다.

"요즘 특별히 기도하고 있는 제목 있어요? 말씀해 주시면 제가 같이 기도하도록 하겠습니다."

자매는 장로님의 말씀에 자기도 모르게 남편 이야기를 술술 해 버렸다. 함께 신앙생활 하고 싶다는 이야기에서부터 얼마 전 교회에 다녀온 남편이 이제는 교회에 안 가겠다고 했던 것까지 그간의 설움이 북받쳐 눈물, 콧물 쏟으며 장로님께 다 털어냈다. 장로님은 자매의 마음을 위로해 주며 함께 기도하겠다고 했다. 그러고는 남편의 연락처를 물었다. 그날 저녁, 집에 돌아온 남편이 자매에게 대뜸 물었다.

"당신 교회에 ○○○ 장로님이라고 계셔?"

"어떻게 알았어?"

"아까 나한테 전화하셨던데?"

장로님은 그 자매의 남편에게 직접 전화를 걸어 자매의 기도제목들을 같은 남자 입장에서 풀어내어 말했다고 했다. 그렇게 장로님의 이야기를 듣고 나니 남편의 마음도 조금 움직인 듯했다.

"당신, 그렇게 내가 교회에 나갔으면 좋겠어?"

"당연하지."

"이번 주에 한번 나가보기로 했으니까 같이 가지 뭐."

시큰둥하게 말하긴 했지만 그래도 남편이 교회에 다시 나가보겠다고 하니 자매는 뛸 듯이 기뻤다. 드디어 몇 개월 만에 남편과 다시 교회에 가게 되었다. 한편으로는 지난번과 비슷할지도 모른다는 생각에 불안하기도 했다. 그런데, 교회에 다다랐을 즈음 교회 입구에서 누군가 서 있는 게 보였다. 바로 그 자매를 담당한 목양장로였다.

장로님은 자매 부부를 보자마자 한 걸음에 달려와서는 남편을 반갑게 맞아 주었다. 나이 든 어른이 그렇게 환영을 해주는 모습에 남편도 마음이 조금 열리고 감격한 눈치였다. 장로님은 거기에 그치지 않고 남편의 손을 잡아끌며 교회 구석구석을 구경시켜 주었다. 그러고는 예배가 시작되자 남편의 옆자리에 앉아 손을 붙잡고 기도도 하고 함께 찬양도 하며 남편이 어색하지 않게 배려했다.

예배가 끝난 후에는 식사를 하자며 함께 지하 1층 식당으로 갔다. 남편은 나이든 분이 가자고 하니 거절할 수 없어 따라가는 눈치였으나 그리 싫은 기색도 아니었다. 장로님은 그 부부에게 손수 음식을 갖다 주며 이것저것 챙겨 주었다. 그런 장로님의 모습에 남편도 어느덧 장로님과 편하게 대화하며 식사했다.

집에 돌아오자 남편이 말했다.

"당신네 교회 장로님들은 다 그래?"

"무슨 소리야?"

"사실 내가 교회에 안 나가는 이유가 장로들 때문이었거든. 나도 어렸을 때는 교회에 다녔는데, 어찌나 장로들이 교회에서 왕노릇하던지…. 그때 내가 장로 아들하고 친하게 지냈었는데, 교회 사람들이 그 애가 장로 아들이라는 이유로 함부로 못 하는 거야. 그리고 걔네 아버지도 교회에 헌금을 얼마 했네 하면서 너무 권위적인 모습이었지. 보통 장로들이 다 그런 모습이더라고. 나는 뭐, 우리 아버지가 교회 다니는 것도 아니고, 달랑 나 혼자 교회에 나갔었는데, 그런 모습 보기 싫어서 안 나가게 됐지. 그런데, 오늘 그 장로님은 안 그러시더라고. 정말 좋으시던데? 그래서 한번 교회에 다녀보기로 했어."

지금까지 남편에게 교회에 나가자고 조르기만 했지, 왜 교회에 안 나가려고 하는지 묻지 않았던 자매는 그제야 남편을 이해하게 되었다. 그리고 그런 남편의 마음을 열게 한 장로님이 너무나 고

마웠다.

그 후 남편은 자신에게 어려운 일이나 고민이 있을 때에는 마치 장로님을 아버지처럼 여기며 찾아가 함께 기도하면서 신앙생활의 즐거움을 알아갔다. 그리고 얼마 전 자매와 함께 교회 집사로 임명되기까지 했다.

자매는 이 모든 일이 목양장로님이 계셨기에 가능했다고 고백한다. 먼저 찾아와 손 내밀어 주고, 삶의 세세한 부분까지 함께 나눌 수 있는 아버지 같은 목양장로님으로 인해 큰 감동을 받았다고 행복해했다.

목양장로 사역 이후 호산나교회에는 이런 행복한 간증들이 쏟아져 나오고 있다. 장로들로 인해 감동하며 즐겁게 신앙생활 한다는 성도의 고백은 교회가 얼마나 참된 장로상에 목말라 있었는가를 보여 주는 일면이라 할 것이다. 호산나교회의 한 성도는 목양장로를 떠올리며 이런 고백을 한다.

"사회생활을 할 때는 그 안에서 위계질서 같은 것을 느끼게 됩니다. 그래서인지 저는 이 목양장로 사역이 시작되기 전에는 장로라고 하면 직장이나 사회에서처럼 계급적으로만 생각했어요. 일반 성도보다 윗사람이라고 생각한 거죠. 그래서 좀 멀게 느껴졌고, 혹여 가까워지더라도 조심스럽게 대해야 하는 분들이라고 생각했어요. 그런데 호산나교회 목양장로님들은 내가 생각했던 장로님들과는 전혀 다릅니다. 그분들은 어떻게 하면 더 섬길까, 어떻게 하면 더 도와줄까를 고민합니다. 어른으로서의 권위를 벗어버리고 먼저 친근하게 다가와서 옆에 있어 줍니다. 보통 장로 하면 '가까이하기엔 너무 먼 당신'이라고 여기기 쉽잖아요? 그런데 우리를 만나 주시고 때마다 전화로 안부도 물어 주시곤 하는데 마치 가족처럼 느껴져요. 특히 새가족들 한 사람 한 사람 챙기는 것은 물론이고 다락방 모임 때 각 성도의 기도제목을 다 알고 있는 것을 보면 정말로 부모님으로부터 돌봄을 받고 있다는 느낌을 받습니다. 어느 목양장로님은 연세 있는 성도의 이발까지 직접 해드리는 것을 보았습니다. 장로님들께서 성도 곁으로 가까이 오는 것 자체가 우리들이 신앙생활을 하는 데 많은 도움이 된다고 생각합니다."

어떤 모태신앙을 가진 성도는 기존에 가지고 있던 장로상에 대한 고정관념이 목양장로로 인해 깨어졌다고 고백하기도 했다.

"저는 모태신앙이라서 그런지 다른 사람보다 교회 내 제도에 대한 고정관념이 많았던 게 사실이에요. 목양장로 이전의 장로들에게서는 솔직히 권위적이고 현실적인 것에 치우치는 모습을 많이 보았죠. 신앙적으로나 인격적으로 갖추어져 있지 않으면서 그저 장로라는 직분만 가지고 있는 분들이 많다고 생각한 게 사실입니다. 그래서 성도의 입장에서 상처를 받는 일도 많았고요. 그런데 이곳으로 이사 와서 호산나교회에 출석하게 되었는데 제가 기존에 보아왔던 장로들과는 정말로 많이 달랐습니다. 직접적인 신앙의 체험과 말씀으로 다듬어진 장로님들께서 목사님들이 하는 일들에 동역하는 모습을 보았어요. 말씀을 가르치고 직접 돌보아 주는 모습에서 신앙적인 면과 인격적인 면을 다 갖추신 분들이라고 생각했습니다. 특히 이런 돌봄을 받으면서 교회가 나를 돌보고 있다고 느끼게 되었습니다. 개인적으로 나이가 많기 때문에 새로운 사람들 사이에서 정착하는 데 어려움이 있을 거라고 생각했었는데, 목양장로님들의 따뜻한 손길을 통해 교회 정착에 매우 큰 도움을 받았습니다. 또한 남편이 장로님과 함께 성경공부를 하면서 신앙적으로 빨리 성장하고 있어서 얼마나 좋은지 모릅니다. 장로님도 개인적인 삶이 있고, 생업이 있으실 텐데 시간을 쪼개어 성도를 돌보아 주는 것을 볼 때 많은 은혜가 됩니다."

성도의 진솔한 고백 속에서 나는 우리가 계속하여 목양장로 사역에 매진해야 할 이유들을 확인한다.

목사와 장로의 행복한 동행

성도뿐만 아니라 당시 담임이었던 나도 목양장로들의 사역 이야기를 듣고는 자주 감격하곤 했다. 특히 교회 내에서 서로 긴장 관계를 이루는 목사와 장로가 아닌, 하나님 안에서 참된 동역자로 성도를 섬기니 감동받지 않을 수 없다.

호산나교회는 2009년 1월 큰돈을 들여 교회 부지를 계약했다. 현재 명지비전센터가 약 1,600평 위에 지어졌던 것에 비하면 이 부지는 무려 4,566평이나 되니 작지 않은 규모다. 부지는 비전센터 바로 옆에 붙어 있다. 이 부지를 구입하게 된 과정에서 부모 된 마음으로 목양에 임하는 장로들의 모습이 참으로 감동적이었다.

사실 교회가 땅을 산 것이 무슨 자랑이 되겠는가. 교회는 예수님의 권능과 지혜 외에는 자랑할 것이 없다. 때문에 나는 교회 부지 구입한 것을 자랑하려는 생각은 추호도 없다. 그럼에도 내가 이 이야기를 꺼내는 것은 그 일이 담임목사가 주도해서 이뤄진 것이 아니기 때문이다.

호산나교회는 지난 2006년 5월, 하나님의 은혜로 비전센터 건축을 잘 마쳤지만 아직까지 꽤 많은 부채가 남아 있는 상황이다. 그런데 2008년 당회에서 장로들이 이런 이야기를 꺼냈다.

"목사님, 우리 교회는 현재 이 명지비전센터 건물 하나만을 가지고 있습니다. 종교 부지에 우리 교회 건물 하나밖에 없는 상태이구요. 그런데 우리 교회가 앞으로 더 부흥할 것을 생각한다면 준비를 더 해야 하지 않겠습니까? 마침 우리 교회 옆의 땅이 현재 어떤 투기꾼이 샀다가 해약되는 바람에 공터로 남아 있다고 합니다. 교회 근처에 땅이 없다면 모르겠지만 마땅한 땅이 있으니 이 참에 우리가 그 땅을 구입하는 것이 어떻겠습니까?"

바로 교회 옆의 빈 부지를 구입하자며 내게 종용해 왔던 것이다. 그 때 나는 이렇게 말했다.

"장로님들의 뜻은 잘 알겠습니다. 하지만 현재 우리 교회는 비전센터 건립으로 인한 빚이 아직 다 해결되지 않은 상황입니다. 이런 상태에서 또 교회 부지를 구입하게 되면 너무나 큰 부담이지 않겠습니까? 게다가 저는 조금 있으면 은퇴해야 합니다. 그런 입장에서 지금 가지고 있는 빚도 다 정리하지 못했는데, 또 다른 빚을 내어 어떻게 부지를 구입하겠습니까? 꼭 필요한 것인 줄 알지만 그래도 지금 우리 형편으로는 불가능하다고 생각합니다."

여기에 나는 한마디를 덧붙였다.

"또한 이런 문제는 지금 당회에 참석하고 계신 스무 분의 시무 행정장로(목양 사역과 함께 교회 행정에 관한 일을 담당하는 장로 - 편집자 주)님들만 합의한다고 해서 되는 게 아닙니다. 다른 시무목양장로(시무장로로서 목양에 전념하는 장로를 말한다. - 편집자 주)님들도 계시니 전체 시무장로님들이 합의를 해야만 이 일이 진행될 수 있을 것입니다."

이렇게 말하고 당회를 끝내고 난 뒤 나는 부지 구입에 관한 것은 깨끗하게 머리에서 지워버렸다. 당시 교회의 형편으로서는 감당할 수 없다는 생각에서였다. 그런데 장로들은 불가하다는 내 의견을 듣고 난 2주 뒤, 다시 부지 구입에 관한 의견을 개진해 왔다. 목양장로들과도 이야기를 다 끝냈다고 한다. 모든 장로들이 그 부지를 우리 교회가 사야 하는 것으로 의견을 모았다는 것이다. 결국 임시당회를 열고 교회 부지 구입에 대한 사항을 만장일치로 결의하였다.

결의를 마친 일이라 곧바로 교회 부지 구입에 관한 소위원회를 구성하고 부지 입찰에 들어갔다. 그러는 중에 대운하 때문에 생긴 문제나 경제 금융위기가 오면서 임대해야 할지, 사야 할지 잠시 고민하는 과정도 있었지만 결국 1년이 지난 2009년 1월에 입찰했다. 나는 입찰하기 전 소위원회를 구성할 때 "교회가 사기로 결정했다면 꼭 이뤄야 할 일입니다. 극비에 붙여주세요"라고 한 적이 있다. 또, "42명의 시무장로님이 모두 합의했다고 해도 부지 계약서에 정말로 사인할 때는 사역장로님들을 비롯해 은퇴장로님들과 원로장로님들까지 모두 회의에 참석하고 결의해야만 진행할 것입니다"라고도 했다.

그래서 입찰한 그 주 토요일에 원로장로로부터 시작하여 전 장로들을 다 소집하여 회의를 열었다. 부지 구입 경과보고는 소위원회 위원장이, 어떻게 재정을 감당할 것인가는 재정위원장이 보고 했다. 그러면서 '땅 한 평 사기 캠페인'을 벌이면 어떻겠냐고 의견을 내놓기도 했다. 모든 장로들의 박수 속에서 부지 구입을 결의하고 덧붙여 '땅 한 평 사기 캠페인'도 벌이자고 만장일치로 결의했다. 그러므로 교회는 '땅 한 평 사기 캠페인'을 진행하여 부지 구입에 관한 재정을 채우고 있다

장로들 중에는 새 차 사려던 계획을 부지 구입 재정이 마무리될 때까지 무기한 보류하고 저축해 놓은 것을 기쁘게 하나님께 드렸다는 분도 있었다.

나는 이런 일련의 과정들을 지켜보면서 과연 이런 일들은 목양에 관한 장로들의 의식이 정립되지 않고는 일어날 수 없는 일임을 깨닫게 되었다. 더불어 어떤 비전을 가지고 목양해야 하는지가 목양장로들 안에 확고하게 자리 잡고 있다는 것을 알았다. 그간 차세대를 위해 우리가 준비되어야 한다고 강조해 온 나의 목회 비전이 장로들과 잘 공유되고 있다는 것이 참으로 행복했다. 담임목사가 앞장서 일하고 장로들이 견제한다는 흔한 생각을 바꿔버린 아름다운 협력이 아닐 수 없다.

이렇듯 목양장로 사역은 교회 내의 여러 사안들로 목사와 장로가 껄끄러워질 수 있는 관계를 서로 협력하는 관계로 변화시켜 주었다. 여러 가지 사역을 진행시키는 것에 있어서 세상적인 득과 실을 따지는 것보다 하나님의 입장에서, 교회의 입장에서, 그리고 성도의 입장에서 생각하고 섬기려는 자세를 갖게 해주는 것이다. 앞으로도 호산나교회는 목양장로로 인해 목사와 장로가 서로 협력하는 관계로서 행복한 동행이 계속될 것이다.

기도하는 장로, 말씀 보는 장로

목양장로 사역은 무엇보다도 장로들 스스로에게 큰 변화를 가져오는 사역이다. 장로들의 의식이 변하지 않고서는 성도를 목양할 수도, 담임목사와 협력 관계가 될 수도 없기 때문이다. 다행히 호산나교회의 장로들은 제자훈련의 기반 위에서 장로의 본질, 즉 목양의 본질이 잘 뿌리내리고 있어서 좋은 열매를 맺고 있다.

그중에서 장로들에게 나타난 변화도 매우 긍정적인데, 딱 두 가지를 꼽자면 기도와 말씀에 매진하는 장로가 되었다는 것이다. 그동안 교회의 리더 격인 장로가 권위와 재정에 매달렸던 것과는 사뭇 다른 모습으로 변화했다.

먼저 기도의 영역이다. 흔히 장로들이 하게 되는 기도는 크게 두 가지로 나뉜다. 우선, 주일 예배의 대표기도나 예배 중 드리게 되는 공적(公的) 기도가 있을 것이고, 개인적으로 기도제목을 가지고 생활 속에서 드리는 개인기도가 있을 것이다. 공적인 기도를 제쳐두고서 개인기도의 면에서 본다면 사실 장로라고 해서 일반 성도보다 특별하게 많은 시간을 기도하는 것 같지는 않다. 오히려 개인적인 일이나 여러 사역에 밀려 기도하는 시간을 따로 내기가 더 어려운 것이 사실이다. 또 기도 시간의 많고 적음이 기도의 질을 따지는 것에 절대적인 기준이 될 수도 없다. 그렇지만 내가 목양장로 사역으로 변화된 장로들의 삶을 말할 때 빼놓을 수 없는 것이 바로 이 기도다.

"목양장로 사역은 제게 성도에 대한 태도를 변화시켜 준 사역입니다. 특히 신앙적으로 홀로서기가 안 되는 어린 성도에 대한 애정이 더 많아졌고, 대형 교회에서 소속감 갖기가 쉽지 않은 새 가족이 교회에 잘 정착할 수 있도록 힘쓰게 되었습니다. 또한 부끄러운 얘기지만 솔직히 집사 직분일 때는 기도의 범위가 내 주위 반경 몇 미터밖에 되지 않았습니다. 그러나 목양장로가 된 후로 그 범위가 교회 전체로 넓어지는 것을 경험하고 있습니다. 특히 담당 목양 마을 안으로 확장되다 보니 제가 책임지고 기도해야 할 성도가 무려 200여 명 정도에까지 이릅니다. 그들을 위해 하나하나 기도하게 되니 예전에 기도하던 것과는 기도의 범위와 깊이가 많이 달라짐을 느낍니다. 또한 먼저 주의 나라와 그 의를 구하라는 말씀에 좀 더 접근한 삶을 살기 위해 늘 영적으로 민감하게 간구하게 되었습니다."

 이처럼 목양장로 사역을 하면서 장로들이 얻는 유익에 관해 나눌 때 모두들 기도의 영역이 넓고 깊어졌다는 것을 손꼽는다. 특히 개인기도 측면에서 과거에는 자신의 신변적인 문제나 넓게 봐야 가족들, 혹은 같은 구역 식구들이 기도 영역의 대부분을 차지했었다면, 목양장로 사역을 하면서는 더 많은 성도와 접촉하게 되고, 또 목양의 관점에서 교제하게 되니 그들의 삶의 상태와 고민 등을 공유하면서 기도를 안 하려야 안 할 수 없는 마음의 부담감이 생긴다고 했다. 그렇기 때문에 목양장로 사역 이전에는 길어봐야 30분 정도 기도하던 것이 지금은 더 많은 시간을 기도한다는 분도 많아졌다. 또한 많은 성도를 목양하면서 인간의 힘으로는 도저히 감당할 수 없는 상황을 경험하면서 더욱더 하나님의 능력을 사모하며 기도에 힘쓰게 된다고 한다. 한 장로는 하루 중 시간을 정해 놓고 기도의 십일조를 드린다고 고백하기도 했다.

두 번째로, 말씀의 영역이다. 목양장로 사역을 하기 전에는 말씀 보는 것이나 성경을 공부하는 것이 개인적인 신앙의 깊이를 다지거나 단순히 신앙생활의 한 방법 정도로 여기는 면이 많았다고들 한다. 하지만 호산나교회 장로들은 성경말씀을 그렇게 단순하게 대하면 안 된다는 것을 몸으로 체험하고 있다. 왜냐하면 목양장로 사역에서 성경연구는 장로 스스로에게 생존의 문제이기 때문이다.

"어느 날엔가 한 성도님을 찾아간 일이 있습니다. 몇 주 동안 교회에 나오지 않던 성도라 걱정이 많이 되었습니다. 그런데 가서 만나 보니 그 성도가 아주 이상한 성경 논리에 빠져 있었어요. 우리 호산나교회에 나온 지 얼마 되지 않은 새신자였는데, 그 연약한 마음에 사탄이 틈을 탔던 것이지요. 그래서 도대체 무엇 때문에 그러는지 물어봤더니 성경책을 요리조리 짚으며 이해할 수 없는 부분이 너무 많다는 거예요. 그래서 저와 딱 한 달만 성경공부를 해보자고 했습니다. 아직 처음이라 성경이 생소해서 그럴 테니 함께 공부해 보자고요. 그런데 당장 말은 그렇게 했지만 저부터도 어디서부터 시작해야 할지 잘 모르겠더군요. 그래서 제자훈련 받았던 것을 상기하며 차근차근 저부터 성경공부를 시작했습니다. 그 성도와 성경공부를 잘 마치고 지금은 그 성도도 교회에 잘 정착했지만, 만약 그때 제가 성경공부를 제대로 하지 않고 주먹구구식으로 그 성도를 설득하려 했었다면 어찌 되었을지 지금 생각해도 아찔합니다. 그래서 저는 목양장로가 된 이후로 더욱 성경공부에 힘쓰고 있습니다. 언제 어떻게 성도가 물어올지 모르거든요."

아는 만큼 보인다는 말이 있다. 성경도 아는 자에게, 또한 그만큼 사모하는 자에게 깨달아지는 말씀이다. 때문에 더 이상 성경말씀을 혼자만의 지식으로 쌓아두는 것이 아니라 성도와 나누어야 하는 목양장로들 로서는 더욱 말씀을 읽고, 연구하고, 깊이 깨닫기 위해 매달리지 않을 수 없는 것이다. 이렇게 장로들의 말씀에 대한 사모함은 결론적으로 영적인 깊이를 경험하게 하고 삶 가운데 말씀을 통한 열매들을 체험하게 만들어 풍성한 사역으로 이어지는 결과를 가져오고 있다.

눈에 띄게 달라진 새신자 정착률

이 장을 시작하며 한 자매의 이야기를 했었다. 그 자매는 새신자 남편의 교회 정착에 깊은 고민을 가지고 있던 성도였다. 목양장로 사역은 그런 자매의 고민에 해결책을 제시해 주었다. 바로 목양장로를 통해 새신자인 남편이 교회에 잘 정착했기 때문이다. 이 이야기처럼 목양장로를 통한 변화와 유익들을 생각해 볼 때 빠질 수 없는 것이 새신자 정착률이다.

1987년 부임할 당시 호산나교회는 장년 출석 400명의 성도에서 성장이 멈춘 상태였다. 그러나 제자훈련을 실시하고 일정기간이 지난 후부터 괄목할 만한 성장을 보여 2000년에 들어서면서부터 성도가 4천 명이 넘는 대형 교회가 되었고, 명지로 이사한 후 대중교통이 없어 접근이 매우 어려운 상황임에도 2009년 현재 매주 출석성도(청장년)가 6천 명에 이르는 교회가 되었다. 주일학교를 합하면 만 명에 가까운 성도가 모이는 교회가 된 것이다.

호산나교회는 제자훈련을 실시하고 난 후부터 꾸준히 성도 수가 증가하였다. 보통 어느 정도 성장을 이룬 교회의 경우, 특히 몇 천 명 정도가 되면 대부분 그 정도에서 성장을 멈추고 현상 유지한다. 그런데 목양장로 시스템을 도입한 2007년 이후로 호산나교회의 교인 수는 다시 한 번 늘어나고 있다.

특히 이러한 교인 수의 괄목할 만한 증가는 호산나교회가 가지고 있는 새신자 정착에서 찾을 수 있다. 목양장로 시스템을 도입한 후 성도를 돌보는 양육 사역이 더욱 활발해져 다른 교회에서는 느낄 수 없는 성도 간의 친밀함과 영적인 돌봄이 새신자를 교회에 더 잘 정착할 수 있게 했다. 어느 장로의 목양사역을 통한 새신자 정착의 경험을 들어보자.

"하루는 새신자에게 전화를 했습니다. 예배에 참석했는지 물었습니다. 그런데 안 나왔다는 겁니다. 그분은 어느 집사님이 전도했는데 그 집사님이 전도한 분이 한 분 더 있어서 그분에게도 전화를 해보았어요. 물론 그분도 예배에 참석하지 않았습니다. 얼마나 실망이 되었는지 모릅니다. 그런데 가만히 생각해 보니 새신자들은 뭐니 뭐니 해도 자신을 교회에 데리고 나온 인도자를 가장 가깝게 느낄 거라고 생각되었습니다. 그분들이 교회에 정착할 때까지는 아무래도 인도자의 힘이 가장 크지 않겠나 하는 그런 생각이 들었지요. 그래서 인도하신 집사님을 만났어요. 많이 힘들겠지만, 그래도 두 명의 새신자를 인도했으니까 그 사람들이 교회에 정착할 때까지 맡아서 데리고 나오라고 독려했습니다. 그러고 나서 얼마 지나지 않아 한 통의 문자를 받았습니다. 그 두 자매가 교회에 나왔다는 거예요. 얼마나 기쁘던지 한달음에 달려가 교회 카페에서 그 자매들을 만나고 교제를 나누었습니다.

그 이후에 그 집사님이 또 두 사람을 전도했어요. 집사님이 네 사람을 전도한 거예요. 그런데 생각해 보니 그게 단지 내가 한 사람을 돌본 것이 아니라 그 집사님을 통해서 공동으로 목양사역을 한 것이었습니다. 인도자와 새신자가 다 같이 모여서 교제하고 사역하고, 또 새신자들이 믿음 안에서 자라는 모습을 보며 목양사역의 기쁨을 체험하고 있습니다. 저의 작은 섬김이 새신자들에게 은혜가 되고 조금씩 믿음이 자라는 것에 밑거름이 된다고 생각하면 제 자신이 더 많은 은혜를 받습니다.

결국 목양사역을 하면서 새신자에게 가장 큰 영향을 미치는 것은 첫째가 인도자의 힘이고요, 어느 정도 정착되면 다락방으로 인도해서 순장과 함께 은혜 받게 해야 한다는 것입니다. 그리고 그 중간에서 교역자와 목양장로들이 함께 협력하면 분명히 선(善)을 이룰 것이라고 확신합니다."

결국 인도자, 순장, 교역자, 목양장로 이 네 영역의 사람들이 협력하는 것이 새신자가 교회에 잘 정착할 수 있게 하는 기틀이 된다는 것이다. 이러한 목양장로의 사겹줄 시스템이 새신자 등록률이 아닌, 진정한 성도로서의 새신자 정착률을 높여 주었다.

목양장로, 어떻게 동참시킬 것인가

앞에서 나는 목양장로 사역을 통해 호산나교회가 누린 많은 유익과 행복한 열매를 나누었다. 사역을 담당한 목양장로 한 사람 한 사람이 행복해지고, 그 목양을 받는 성도 한 사람이 행복해지다 보니 결국 교회 전체가 행복으로 가득 차게 되었다. 그러나 제자훈련 받은 호산나교회 장로들이라고 해서 처음부터 아무런 갈등 없이 목양장로 사역이 뿌리내린 것은 아니다.

처음 목양장로 사역을 시작하기로 했을 때 장로들의 성향이나 영적 수준이 다르기 때문에 받아들이는 정도가 다르게 나타났다. 영적으로 어느 정도 성숙한 장로들은 새롭게 시작하려는 목양장로라는 시스템에 두려움을 느끼기도 했지만 성경적으로 꼭 해야 한다는 것 때문에 대부분 긍정적인 호기심과 기대를 가졌다. 그러나 그렇지 못한 장로들은 긍정적인 것보다는 감당해야 할 부담감과 새로운 영역에 대한 두려움 때문에 '꼭 이런 것을 해야 해?'라고 의문을 품고 망설였다. 하지만 담임목사인 내가 그동안 계속해서 "장로의 본분은 성도를 목양하는 것이다"라며 강조해 왔고, 그것이 성경적으로 틀리지 않았기 때문에 표면적으로 반대할 어떤 근거를 찾지 못했다. 그러나 분명한 것은 이 목양장로 사역을 기쁨으로 따라온 장로가 있는 반면 억지로 따라온 듯한 분도 있다는 것이다. 그리고 한 두분 정도 유감스럽게도 목양을 아예 하지 않은 장로도 있었다. 그러나 결코 포기하지 않고 기다려 주었다. 결국 안 되어서 다른 장로로 교체 할 수밖에 없었으나 내가 사역하는 동안은 계속 기다릴 생각이었다.

목양장로 사역을 하기로 결정하고 제일 먼저 장로들에게 사역에 관한 메일을 보냈다. 그런 후에도 오랫동안 부교역자들이 장로들에게 목양에 관련된 자료와 이를 설명하는 메일을 보냈는데도 반응이 없는 분도 있었다. 그러나 어떤 사역이든지 처음부터 모든 사람들이 다 불이 붙는 것은 아닐 것이다. 나는 '그럴 수 있다'라고 생각했다. 그런 분들 때문에 내가 주춤할 필요는 없다고 여겼다. 그 후로도 계속 교역자들에게 꾸준히 자료를 공급하도록 했다.

나의 경우에는 표면적인 어려움 즉, '이것을 무엇 때문에 하느냐' 라며 정면으로 도전한 장로들은 없었다. 그러나 확실히 자신의 능력에 대한 두려움으로 목양장로 사역을 부담스럽게 여기는 장로들을 어떻게 인도할 것인지, 어떻게 이 사역에 동참시킬 것인지는 나에게 닥친 어려움이었다. 그런 장로라도 끊임없이 동기를 부여하고 독려하며 함께 사역에 동참할 때까지 인내하고 기다리는 것 외에는 방법이 없었기 때문이다.

그러기에 장로의 본질을 자꾸 주지시켜 줘야 한다. 성경적으로 훈련을 잘 받았든지 혹은 그렇지 않든지 간에 장로라 함은 양들을 위하는 목자의 위치에 있다는 것과 이에 따른 분명한 책임감과 사명감을 일깨워 줘야 한다. 목양장로에 대한 성경적인 원리를 부정할 사람은 없다. 때문에 목사는 끊임없이 이를 설득하고 이해시키며 이끌어야 한다.

만약 일반 전통 기성교회가 목양장로 사역을 적용한다면, 대형교회든 중형 교회든 간에 내가 겪은 것과 비슷한 과정과 고민을 경험하게 될 것이다. 표면적으로는 받아들이고 따라오는 것처럼 하면서도 실상 사역의 임무가 주어질 때는 응답이 없는 상황들이 펼쳐질 수 있다. 좋은 사역인 것은 알지만 자신은 별로 관심이 없으니 알아서들 하라는 식의 모습이다. 그럴 때에 그렇게 무관심한 사람들을 포기하지 말라고 강조하고 싶다.

특히 장로의 본질을 끊임없이 주지시키고 설득해야 한다. 무엇보다 담임목사가 인내하고 끈기로 장로들을 대할 필요가 있다. 관심이 없는 사람들은 제해버리고, 섬기려는 사람만 이끌고 가겠다는 것이 아니라 계속해서 동참할 것을 권유하고 기다리는 것도 목양장로 사역을 시작하는 담임목사가 가져야 할 중요한 자세 중 하나라고 생각한다.

어떤 사역이든 시작은 요란하게 하고 결과는 초라한 용두사미가 될 수 있다. 시작할 때는 뭐라도 이룰 것처럼 그렇게 거창하게 하고서는 제대로 마무리하지 못하고 끝내버리는 것은 지도자들에게 흔한 결함 중 하나다. 특히 목양장로 사역을 함에 있어서 용두사미가 되어서는 절대 안 된다. 그렇기 때문에 먼저 담임목사가 목양장로에 대한 분명한 의지와 신념, 철학 등을 확고하게 정립하고 있어야 한다. 그래서 장로로 세움 받은 분들이 모두가 인정할 만한 사정, 예를 들어 건강상의 큰 문제 같은 것이 아니라면 모든 장로와 함께 지속적으로 사역할 수 있도록 격려하는 것이 중요하다.

호산나교회에는 뇌경색으로 쓰러진 장로가 한 분 있다. 우리는 그분의 회복을 위해 기도했는데 지금은 하나님의 은혜로 거의 온전하게 치유 되었다. 당시는 아직 말하는 것이 어눌하고 기억력이 약했지만 권사인 부인의 도움을 받아 목양장로 사역을 계속 감당했다. 이렇듯 할 수 있는 데까지 낙오시키지 않고 함께하는 것이 중요하다.

한편으로 목양사역을 함께하자고 했을 때 장로들이 느끼는 부담을 목회자가 간과해서는 안 된다. 자신이 과연 성도의 문제를 잘 돌볼 수 있을까, 혹은 자신이 그럴 만한 자질을 갖췄는가에 관한 끊임없는 부담감과 고민을 안고 씨름할 수도 있기 때문이다. 담임목회자는 장로들의 이런 부담을 위해 기도하고, 격려하고 자신감을 불어넣어 주기 위해 성심을 다해야 한다.

지금까지 행정에만 관여하던 장로들에게 무턱대고 목양사역을 강요하면 부작용이 나타나게 될 것이다. 그러나 목양으로 인해 빚어지는 장로들의 부담감에 대해 '목회자가 동감하고 있다. 함께 기도로 동역하고 있다'는 마음을 심어준다면 장로들은 그것에 위로를 얻고 힘을 낼 수 있게 된다.

앞으로 자세히 이야기하겠지만, 호산나교회 목양장로 시스템에서 가장 중요한 것이 이메일을 통한 정보교환이다. 메일을 통해 목양사역과 관련된 사항을 함께 사역하는 모든 사람들이 공유한다. 그러므로 모든 메일이 장로들에게만 가는 것이 아니라 담임목사인 내게도 오니 메일을 보는 장로들은 '아, 목사님도 나와 같은 것을 보겠구나'라고 생각하고 메일의 내용을 소홀히 대하지 못한다. 이런 과정들 때문에 담임목사가 목양장로 사역에 사활을 걸고 있음을 이해하게 되고 더욱더 장로의 본질에 대해 고민하며 사역에 임하게 된다. 그럼으로써 자신이 맡은 사역에 많은 시간을 들이더라도 기뻐할 수 있는 것이다.

제자훈련의 기초가 안 된 장로가 목양 장로 가능한가?

2009년부터 목양장로 컨퍼런스를 국내외에 실시하면서 2015년 5월까지 26차에 걸쳐 실행해 왔다. 참으로 하나님의 은혜였다고 본다. 여기서 얻은 교훈은 이것이 한 교회 프로그램이 아니라 본질이기에 모든 교회에 통한다는 결론이었다. 문제는 훈련이 되어 있지 않은 장로님들에 대한 것이었는데 놀라운 것은 가능하다는 것이었다.

예수님의 제자들을 보자. 요한복음 20장 21절에서 22절 갈릴리 촌부들이 대부분인 그들에게 예수님께서 말씀 하셨다.

"예수께서 또 이르시되 너희에게 평강이 있을지어다 아버지께서 나를 보내신 것 같이 나도 너희를 보내노라 이 말씀을 하시고 그들을 향하사 숨을 내쉬며 이르시되 성령을 받으라"(요20:21-22)

부활하시고 첫 번째 만나 당신의 사역을 계승하여 세상을 변화시키라고 파송하신 그 당시의 제자들 수준보다 못한 장로가 오늘날 있겠는가?

그들에게 성령을 받게 하여서 일하게 하신 예수님이 아니신가? 오늘날도 장로님들이 성령 충만 하여 양들을 위해 선한 목자가 되어야 할 것이라는 소명감만 갖게 된다면 다시 말해서 사랑만 있어도 얼마든지 가능하다고 본다.

옛날에 결혼한 우리 조상세대에 결혼에 대한 공부를 제대로 한 사람이 있었던가? 심지어 13-15세 정도에 시집을 간 신부가 자녀 교육에 대한 지식이 제대로 있었겠는가? 그래도 자녀를 낳고 키워 오지 않았는가?

부모의 사랑이 있었던 것이 아니던가? 장로님들도 배우지 못한 분이라도 신앙의 연륜과 인생의 노하우가 신앙과 더불어 무르익었기에 사랑으로 돌보는 일이야 못할 이유가 없다고 본다. 임상적으로 여타교회가 제자훈련을 받지 않았어도 목양을 잘하고 있음을 확인 하면서 할 수 있다면 제자훈련을 권하지만 연세가 드신 장로님들을 제자훈련해서 목양사역을 하라고 말하고 싶지 않다. 그래서 다시금 책을 보완하게 된 것이다.

목양장로를 위한 담임목사의 자세

목양장로에 관한 강의를 할 때에나 호산나교회 목양장로 시스템의 효과적인 사역을 보고 도전을 받은 사람들이 간혹 내게 이런 질문을 한다.

"목양장로 사역이라는 것은 최홍준 목사님이라서 가능한 사역이 아닐까요? 제자훈련 때부터 쌓아 오신 목사님의 카리스마, 즉 영향력이 잘 녹아 있기 때문에 목양장로 사역이 이뤄진 것은 아닌지요? 과연 최 목사님께서 은퇴하신 후에도 호산나교회의 목양장로 사역이 지금과 같은 양질의 사역으로 유지될 수 있을까요?"

나 같이 부족한 사람에게 '강한 카리스마'니 '영향력'이니 하며 말해 주는 것은 참으로 감사한 일이다. 그러나 나는 이에 대한 답으로 다른 이야기를 한 가지 하겠다.

내가 들었던 질문과 똑같은 질문을 옥한흠 목사님도 받은 적이 있다고 한다. 제자훈련지도자세미나를 할 때 어떤 목사가 이렇게 물었다.

"제가 목회하는 현장은 지방 소도시입니다. 그곳은 지식적인 면에서 너무나 수준이 낮습니다. 그런데도 옥한흠 목사님이 사역하신 사랑의교회와 같은 효과적인 제자훈련이 가능할까요?"

그 물음에 옥 목사님은 이렇게 대답하셨다.

"만약에 제가 산동네에서 목회를 한다면, 여러분은 과연 제가 제자훈련을 할 거라고 생각하십니까, 아니면 안 할 거라고 생각하십니까?"

이 말을 들은 목회자들은 밝은 미소를 지으며 고개를 끄덕이고 긍정할 수밖에 없었다고 한다.

물론 내가 제자훈련에 관한 노하우를 축적해 왔고, 제자훈련을 바탕으로 목양장로 사역을 해왔기 때문에 장로들과의 관계 면에서 비교적 좋은 토양을 가지고 있었던 것은 사실이다. 실제로 목사와 장로 사이의 관계 때문에 목양장로 사역이 안 되는 경우가 많기 때문이다. 나 역시도 장로들과의 관계를 깨뜨리지 않기 위해서 그동안 많은 노력을 경주해 왔던 것이 사실이다. 그러나 나는 목회라는 것은 어디까지나 주님의 영역이라고 생각한다. 하나님께서 교회를 세우셨고 하나님께서 인도자가 되시기 때문에, 살아계신 하나님이 주신 성경의 원리를 교회 안에 적용하겠다는 의지와 믿음만 있다면 누구든지, 누구에게든지 적용할 수 있는 사역이라고 생각한다. 물론 개인의 역량에 따라 어느 정도 차이는 있겠지만, 이것은 단순히 한 개인의 어떤 카리스마나 영향력 때문에 가능한 사역이라고는 생각하지 않는다.

그럼에도 불구하고 나는 목양장로 사역을 위해서 담임목사가 가져야 할 것을 한마디로 꼽는다면 '부모의 마음'이라고 말하고 싶다. 목사와 장로는 자신이 교회에서 어떤 위치에 있는지 스스로 묻고 답할 수 있어야 한다. 목사와 장로는 '교회의 영적인 부모'다. 하나님께서는 당신의 자녀들을 우리에게 맡기셨다. 하나님이 자신의 친자식을 바로 목사와 장로에게 맡기신 것이다. 그런데도 그들을 그대로 방치하여 세상과 타락에 빠지도록 두어야 할까? 만약 우리 목회자와 장로들이 성도를 자신의 친자식처럼 느낀다면 당연히 자신의 위치를 자각할 수 있다. 부모의 마음은 절대적이다. 이런 마음을 담임목사가 먼저 보여 주는 것이 참으로 중요하다.

예를 들어 보자. 남편이 자신은 아이들을 돌보지 않고 친구나 만나고 놀러 다니면서 아내에게는 왜 자녀를 돌보지 않느냐고 다그친다면 과연 그 말에 순종할 아내가 어디 있겠는가? 자신은 말한 대로 하지 않으면서 상대에게 말로만 이래라 저래라 하는 것은 아무 소용없는 일이다. 목양장로 사역도 이와 같다. 담임목사 스스로가 성도를 제대로 돌보고 참 부모의 역할을 하지 않으면서 장로들에게는 목양하라고 몰아붙이는 것은 옳지 않다.

이렇게 부모의 마음으로 성도를 돌본다는 관점에서 볼 때 요즘 선교 중심형 교회라거나 담임목사가 외국으로만 다니면서 교회 재정이나 물리적인 에너지를 다 써버리는 교회는 다시 한 번 돌아볼 필요성이 있다고 본다.

선교는 교회의 본질이기 때문에 그것을 소홀히 할 수는 없다. 그러나 교회는 항상 균형을 잃으면 안 된다. 자녀를 키울 때도 미래에 대한 비전과 꿈을 제시하고 교육해야겠지만 더불어 인성교육이나 사회를 향한 헌신과 봉사를 함께 가르치는 것도 절대적으로 중요하다. 이와 같이 교회도 선교 일변으로 나아가는 것은 균형이 깨어진 목회라고 생각한다. 예수님께서 "너희는 세상의 빛이요 소금" (마 5: 13-14)이라고 하신 말씀이 꼭 해외 선교만 감당하라는 것은 아니기 때문이다. 그러므로 교회는 부모의 마음으로 성도를 돌보는 것과 해외 선교 사역의 균형을 잘 유지해야 한다. 균형을 잃을 때 교회는 시험에 들 수밖에 없다. 때문에 목양장로 사역을 위해서는 담임목사가 해외 선교와 교인을 돌보는 것에 대한 균형감각을 갖는 것도 굉장히 중요하다.

또 다른 하나는 목양장로 사역을 시작하려 할 때 담임목회자가 어떻게 시작을 권고할 수 있을까에 관한 것이다. 담임목사와 장로가 각을 세우고 있는 교회들은 담임목사들이 아무래도 장로들에게 피해의식 같은 것을 갖고 있기 마련이다. 목양장로 사역을 하려면 담임목회자가 장로들에게 이 사역을 이해시켜야 하는 작업이 필요한데, 목사와 장로의 관계가 껄끄럽다면 아무래도 이런저런 오해들이 생겨날 수 있다. 이럴 때 과연 어떻게 접근하는 것이 지혜로울까?

현재 한국 교회는 어림잡아 80% 정도가 목사와 장로의 관계가 좋지 않은 것으로 보인다. 모두들 자신의 교회는 아니라고 할 수도 있겠지만 보이지 않게 내면으로나 또 과거부터 해결되지 않은 여러 문제들이 갈등으로 남아 있는 교회들도 많다.

그런데 이런 갈등의 원인을 생각해 보면 결론은 장로의 본질을 잃었다는 데 도달한다. 그들에게 목양을 맡기지 않았기 때문이다. 목회자와 장로의 관계가 어설픈 교회에서 목양장로 사역을 시작하려면 목사가 먼저 목양장로 사역에 무지했음을 인정하는 것이 필요하다. 그리고 개인적인 접근을 시도해서라도 먼저 장로들과의 관계를 회복해야 한다. 서로의 잘잘못을 따지기보다 목회자가 먼저 다가가 자신의 잘못을 인정하고 장로들의 상한 마음을 어루만진다면 목사와 장로의 관계 회복은 그리 어려운 일이 아닐 것이다.

이런 목사와 장로의 관계 회복은 성도들에게도 큰 은혜가 된다. 부부 사이가 좋지 않을 때, 자녀들은 그런 부모의 갈등을 먼저 눈치 채며 영향을 받는다. 그때 참다운 부모라면 아이들을 생각해서라도 서로의 잘못을 인정하고 관계를 개선하기 위해 노력할 것이다. 자식들의 입장에서 그렇게 노력하는 부모의 모습을 본다면 얼마나 좋아하겠는가! 때문에 목양장로 사역을 시작하려고 하면, 목사와 장로의 관계가 가장 먼저 회복되어야 한다.

사람이 살면 몇 년을 살겠는가. 예수님께서 원하시는 것은 우리가 서로 사랑하는 지체가 되는 것이다. 그런데 예수님을 따르는 제자가 되겠다는 우리가 그분이 가장 원하시는 사랑을 뒤로한 채 서로를 미워하고 용납하지 못한다는 게 말이나 될까? 목사가 먼저 사랑하는 마음으로 장로와 성도에게 다가가려고 노력한다면 그들은 은혜를 받고 함께 교회를 이끌어 가는 사역에 동역할 수밖에 없을 것이다.

나는 목양장로 사역이 굉장히 좋은 사역이며 교회 내에 반드시 필요한 사역임을 직접 체험하고 있다. 그러나 이 사역이 아무리 좋은 것이라도 관계의 회복 없이 그저 사역으로만 밀어붙이는 것은 지혜로운 일이 아니라고 생각한다.

나에게는 신학교 교수이자 총장이신 대 선배가 있었다. 그분이 친히 부산에 내려오셔서 함께 교제를 나누다 사우나를 가게 되었다. 그런데 그곳에서 내게 이런 질문을 했다.

"안 그래도 말이야, 요즘 성도가 머리가 커가지고 목사하고 맞서려고 하는데, 당신은 왜 그렇게 성도를 데려다가 가르치고 제자훈련 한다, 목양한다 그러는가?"

그래서 이렇게 대답했다.

"목사님, 부모가 농촌에서 고생고생 농사지어서 왜 자식들 가르치려고 하겠습니까? 자신이 못 배운 한을 자식에게는 물려주고 싶지 않아서겠지요. 자식을 위해 소를 팔고, 때로는 밭을 팔면서도 대학 공부시켜서 박사를 만들어줬다고 합시다. 그러면 그 자식이 많이 배웠다고 부모를 무시하거나 멸시하겠습니까? 절대로 그렇지 않지요. 조금 배웠다고 목사와 맞먹고 하는 것은 성장이 아니잖아요. 저는 제자훈련과 사역훈련을 시키면서 참으로 자유함을 느낍니다. 사람은 누구에게나 약점과 결함이 있는데, 제자훈련, 사역훈련을 시키기 전에는 저들이 내 약점을 가지고 얼마나 나를 괴롭힐까 두려움도 있었지요. 그러나 막상 그들을 훈련시켜 놓으니 약점을 잡고 괴롭히기보다 오히려 목회자의 약한 부분을 이해하고 보완해 주는 게 더 많습니다. 그래서 전 자유함을 누린답니다. 완전한 자유함을 누려요. 내가 가진 모양 그대로 내 수준을 알고 함께 성장해 갈 수 있으니 말입니다."

일반 다른 목회자들은 목양장로 사역 즉, 장로를 키워서 성도를 맡기는 것은 장로들에게 힘을 실어주는 것이라고 여기기도 한다. 그러나 그런 생각은 잘못 교육했을 때에 나타나는 현상이지 실제로는 그렇지 않다. 주님의 제자로 제대로 훈련된 사람이라면 오히려 이 사역을 통해 담임목사를 더 이해하게 되고 그 이해하는 심정으로 또한 성도를 돌보게 되기 때문에 큰 유익이 된다.

앞서도 이야기했지만 목사와 장로의 관계에서는 무엇보다도 신뢰가 형성되어 있어야 한다. 그런데 제자훈련을 하면 이 관계가 쉽게 무너지지 않는다. 설사 관계가 소원해질 일이 생긴다 하더라도 제자훈련을 하면서 쌓아 온 원칙과 본질들이 굳건하게 그 관계를 지켜주기 때문이다. 부모와 자녀의 관계가 끊어질 수 없는 것과 같다.

목양장로의 연령에 다시금 생각하게 되었다.

100세 시대라고 하는 때가 오늘 날의 시대이다. 호산나교회만 해도 65세로 은퇴를 하게 되는데 이 문제는 앞으로 재고되어야 한다고 본다. 전국에 많은 교회가 목사도 장로도 65세 은퇴를 하는 교회 내규를 정해 실시하고 있다. 나의 경우는 사역이 주어지기에 조금도 아쉬움이 없지만 장로님들은 65세면 오히려 더 성숙하게 목양을 할 나이인 것이다. 앞으로 국제목양사역원에서는 컨퍼런스를 하면서 이것을 권고 하며 교육하고 싶다. 교회 내규가 당회원을 70세로 한다는 것은 헌법에 명시되어 있기에 건강이 허락 하는 한 70세가 넘어도 목양사역 만큼은 계속 할 수 있도록 했으면 한다고 권할 것이다.

목양에 있어서 장로들은 선한 목자이신 주님의 말씀을 잘 아는 것이 얼마나 중요한지는 아무리 강조해도 지나치지 않을 것이다. 언제나 양들의 질문에 하나님의 말씀으로 답을 해야 하기 때문이다. 물론 자신의 경험을 이야기 할 수도 있겠으나 내가 이런 경우에 주님의 말씀이 어떻게 역사하셨다고 답을 하는 것이 정석이 될 것이기 때문이다. 그러므로 매일 말씀을 읽고 묵상하는 삶이 양들을 돌보는데 필수가 될 것이다. 이 삶은 양을 살리고 내가 사는 길이 될 것이기 때문이다. 얼마나 축복인가 목양 하시는 장로들은 먼저 들을 줄 아는 위치에 서길 바란다. 양의 말을 들으면서 양의 상태를 진단하는 것이다. 진단이 끝이 나야 처방을 하는 것이 원리가 아닌가?

2015년 미주 동부와 서부에서 가진 목양장로 컨퍼런스에 등록한 장로님들 50%이상이 70세가 넘으신 분이었다. 심지어 80세가 넘으신 장로님도 몇 분계셨는데 얼마나 열심이셨는지 많은 감동을 받았다. 한국과 미국의 차이는 미국교회의 경우 지금까지 컨퍼런스 등록금을 본인이 내게 한 것이다. 그래서 어떤 면에서 한국과 같이 활성화 되지 못한 원인이라 생각한다. 장로님들이 시간을 내어 사역에 동참하는 데 등록금을 본인이 내도록 하는 것은 경우에 맞지 않다. 한국은 교회가 등록을 하여 사역에 동참시키기에 장로님들의 마음 자세가 다르다. 앞으로 미주에도 교회가 등록을 감당하길 권한다. 수양회나 다른 친교모임에는 본인이 부담할 수 있다. 그러나 목양은 엄연한 목회 사역이다. 교회가 등록금을 지원하고 기도해드리며 후원해야 할 것이다.

7장 결론 _장로 본질 회복이 곧 목양장로 사역이다

호산나교회는 제자훈련을 통한 부흥을 넘어서서 더 큰 성장을 경험하고 있다.
그리고 양적인 성장을 넘어서서 장로의 본질이 회복되어 성도가 행복하고,
목사와 장로가 행복하고, 나아가 교회가 행복한 모델을 제시하고 있다.

나는 지금 한 장의 사진을 손에 들고 있다. 이 책의 서두에 꺼낸 두 마리의 소가 싸우는 사진이다. 마치 금방이라도 내 앞으로 뛰쳐나올 듯이 두 소는 온몸의 근육을 모두 써 가며 열정적으로 싸우고 있다.

내 어린 시절 겪었던 교회의 분열은 소들이 뿔을 맞대고 싸우는 현장을 교회 안에서 볼 수 있게 해주었다. 하나님의 일을 위해 세움 받았다던 교회 안의 리더들이 서로 자신들의 힘과 세력을 넓히기 위해 결국 교회를 분열시켰다. 그러한 경험은 내게 교회를 멀리하게 만들었다. 교회 지도자들의 싸움은 교회 안에 있는 성도에게 방황의 여지를 제공할 수 있다는 것을 나는 어린 시절 직접 체득했던 것이다.

그렇게 한참을 돌아 한 가정의 가장이 되었을 때, 하나님은 나를 주님의 일꾼으로 불러 주셨다. 그리고 나는 내가 어린 시절 겪었던 신앙의 방황을 다른 사람에게 물려주지 않겠다고 생각했다. 참으로 하나님께서 원하시는 교회를 세우고, 나 또한 그런 교회의 일꾼으로 서야겠다고 다짐했다.

그때 내 앞에 나타난 사역이 바로 옥한흠 목사님과의 제자훈련이었다. 성도를 참 성도 되게 하는 사역, 예수님의 참 제자로 거듭나게 하는 사역이 바로 제자훈련이었다. 한창 사역에 재미를 붙이며 평생 제자훈련에 미친 목회자로 사랑의교회 원로(?)부목사가 되겠다고 생각하던 나를 하나님은 다시 황량한 부산 땅으로 보내셨다.

한국의 전통 기성교회라 할 수 있는 교회, 모 교회에서 분열되어 설립된 교회, 담임목사의 자리가 2년이나 공석으로 있던 교회, 믿음의 본질이 무엇인지 제대로 모르는 성도가 태반이던 황무지와 같던 교회에 첫발을 내딛을 때 나는 옥한흠 목사님의 말씀을 떠올렸다.

"제자훈련 사역이 우리나라 전통 기성교회에서 어떻게 뿌리내릴 수 있는지 시험의 장이 될 수 있을 걸세. 최 목사가 그것을 해낼 수 있을 거야."

그렇게 부산에서의 삶이 시작되었다. 그리고 부산 호산나교회는 제자훈련의 토양 위에 여러 고비를 넘기며 이제는 당당히 부산을 대표하는 교회중 하나로 세워졌다.

그리고 오늘날, 나에게는 또 다른 고민이 찾아왔다. 제자훈련으로 성숙해진 교회가 리더를 배출하면 그 리더는 과연 무엇을 해야 하는 것인가? 여기서 교회의 리더라 함은 담임목사와 교역자를 제외한 장로를 말한다. 한국의 전통 기성교회의 특성상 아무리 제자훈련 된 장로라고 해도 기존의 잘못 정립된 장로상에 기대어 있게 마련이다.

호산나교회 역시 그러했다. 현재의 시무장로 중심의 장로 사역으로는 아무리 제자훈련을 제대로 받은 장로라 할지라도 교회에서 할 수 있는 역할이란 뒷짐 지고 어른 행세를 하거나 교회 행정에 관여하는 것밖에는 없었다. 게다가 장로로서 시무 일선에서 물러나게 되면 마치 교회 내의 고학력 실업자 취급을 당하는 게 솔직한 현실이다. 그래서 결국 교회에서 완전히 소외되거나 아예 선교사로 파송 받아 다른 곳으로 떠나는 경우도 허다하게 보았다.

나는 이런 장로 사역의 해답으로 성경에 근거하여 목양장로 사역을 제안한다. 제자훈련으로 성장한 교회의 리더인 장로를 동력화 시키는 최상의 사역은 바로 목양장로 사역이라고 단언할 수 있다.

중요한 것은 목양장로 사역의 전제조건은 철저한 제자훈련이라는 것이다. 나를 사랑의교회 부목사로 7년간 훈련시키셨던 하나님의 뜻은 바로 기성교회인 호산나교회에서도 제자훈련을 펼치라는 것이었다. 아마도 목숨을 걸었던 제자훈련이 없었더라면 지금과 같이 호산나교회 안에 목양장로 사역이 뿌리내릴 수 없었을 것이다. 그만큼 목양장로 사역과 제자훈련은 불가분의 관계이다.

제자훈련은 성도의 본질을 회복하는 것이다. 기존의 제자훈련은 바로 여기까지를 제시해 왔다. 그러나 목양장로 사역은 이 원리를 넘어 장로의 본질, 목사의 본질을 회복하는데 까지 한 걸음 더 나아가 정립하고 있다.

제자훈련을 통해 목양장로 사역의 기틀을 닦았던 호산나교회는 리더를 길러내는 데 선순환 구조를 이루었던 것은 사실이다. 그러나 5년 동안 컨퍼런스를 통해 전국과 해외에 목양장로 사역을 소개하여온 작금에 와서 제자훈련이 되어 있지 않았다고 해도 사역을 잘 하고 있음을 볼 때에 양을 사랑하는 목자의 마음이라면 열매가 있다고 확신한다.

호산나교회는 제자훈련을 통한 부흥을 넘어서서 더 큰 성장을 경험하고 있다. 그리고 양적인 성장을 넘어서서 장로의 본질이 회복되어 성도가 행복하고, 목사와 장로가 행복하고, 나아가 교회가 행복한 모델을 제시하고 있다.

혹자는 말한다. 내가 목회 일선에서 은퇴한 후에도 지금 호산나교회의 모든 사역이 잘 유지될 수 있겠냐고. 혹은 호산나교회가 계속적으로 이 시대적 사명을 잘 감당하는 교회로서 '미래, 꿈, 소망'의 비전을 품고 나아갈 수 있겠느냐고.

나의 대답은 무엇일까? 만약 그 질문을 목양장로 사역이 정립되기 이전에 들었다면 아마도 나 역시 큰 걱정과 염려에 빠졌을지도 모르겠다. 그러나 지금은 당당히 대답할 수 있다. 호산나교회는 계속해서 전진해 나갈 수 있다고 말이다. 단 후임 담임목사가 이 사역을 포기하지 않는다면 말이다.

나는 목양장로 사역을 통해 교회의 미래를 보았다. 성도를 돌보고 섬기는 것이 장로의 참된 본질임을 깨달은 장로들로 인해 교회에 어떤 변화가 일어나는지 똑똑히 목도하였다.

교회는 목회자 한 사람으로 인해 일어나고 쓰러지는 곳이 아니다. 목회자와 같은 심정으로 성도를 목양하고, 교회를 섬기는 많은 목양장로들이 있는 교회이기에 앞으로도 계속 하나님의 사명을 감당하는 곳으로 건강하게 세워질 것이다.

| 2부 |

목양장로 사역으로 가는 길

"여러분은 자기를 위하여 또는 온 양떼를 위하여 삼가라 성령이 그들 가운데 여러분을 감독자로 하나님이 자기피로 사신 교회를 보살피게 하셨느니라"

8장 장로의 본질은 목양이다

벌코프는 장로의 직무에 대해 행정이나 기술적인 직무는 집사들에게 맡기고 오로지 목양을 담당하라고 주장했다. 따라서 신학적으로 장로의 본질을 살펴보아도 그 본질을 목양에 두는 것이 정당한 것임을 알 수 있다.

성경이 말하는 장로의 본질

오늘날 장로가 직무를 제대로 수행하지 못하는 것은 장로 스스로에게 책임이 있다기보다 오히려 성경적인 장로 상을 올바로 가르치지 못한 목사들의 책임이 더 크다. 성경이 말한 장로 직분이 감당해야 할 일을 제대로 알려주지 않은 것이다. 그렇다면 성경은 장로에 대해 무엇이라고 이야기하는가?

구약

먼저, 구약성경에 나타나 있는 장로에 관해 살펴보자. 애굽에서 노예 생활할 당시에 장로가 어떤 역할을 했는지 자세히 기술 되어 있지 않았다. 다만 장로는 출애굽기 3장에서 처음 등장한다. 출애굽이전 애굽의 노예시대에는 장로의 모습은 매우 미미했다. 단 모세가 출애굽을 시도하면서 마지막 재앙에서 장자가 죽는 재앙 전에 장로들을 불러 지시한 사건을 보는 정도였다.

"모세가 이스라엘 모든 장로를 불러서 그들에게 이르되 너희는 나가서 너희의 가족대로 어린 양을 택하여 유월절 양으로 잡고 우슬초 묶음을 가져다가 그릇에 담은 피에 적셔서 그 피를 문 인방과 좌우 설주에 뿌리고 아침까지 한 사람도 자기 집 문 밖에 나가지 말라 여호와께서 애굽 사람들에게 재앙을 내리려고 지나가실 때에 문 인방과 좌우 문설주의 피를 보시면 여호와께서 그 문을 넘으시고 멸하는 자에게 너희 집에 들어가서 너희를 치지 못하게 하실 것임이니라"(출12:21-23)

출애굽시대의 장로들은 모세의 협력자로서 재판과 예배에 관련해 협력하였다. 그리고 사사시대에는 이스라엘을 신앙적으로 이끌고, 지도력을 가지고 지방을 통솔하는 방백과 협력했으며 백성을 대표했다. 또한 왕들에 의해 통치되던 시대에는 장로들이 예배와 신앙, 정치를 하는 데 있어서 왕의 자문 역할을 담당했다. 광야시대에 장로들이 모세와의 협력자로 쓰임 받은 것을 확인 하게 되는 정도이다.

민수기 11장 16-17절은 장로에 대해 이렇게 말씀한다.

"여호와께서 모세에게 이르시되 이스라엘 노인 중에 네가 알기로 백성의 장로와 지도자가 될만한 자 칠십 명을 모아 내게 데리고 와 회막에 이르러 거기서 너와 함께 서게 하라 내가 강림하여 거기서 너와 말하고 네게 임한 영을 그들에게도 임하게 하리니 그들이 너와 함께 백성의 짐을 담당하고 너 혼자 담당하지 아니하리라."

하나님께서는 모세에게 '장로들을 세워 백성의 짐을 담당하게 하라'고 명하시면서 지도자의 자질이 될 만한 자 70명을 선발하여 하나님 앞에 세우라고 하셨다. 그리고 모세에게 임한 하나님의 영을 장로들에게도 똑같이 임하게 하여 백성들의 짐을 담당하게 하셨다. 백성들의 짐을 담당하는 것, 곧 백성을 돌보는 일이 바로 목양이다. 이것이 장로의 직무요 본질이라고 구약성경은 말한다.

여기서 주목할 것은 모세에게 임한 영을 장로들에게도 똑같이 주겠다고 약속하심으로써 목양을 감당케 했다는 것이다. 이것은 장로들을 모세의 목양 동역자로 세우신 것을 뜻한다.

신약
그렇다면 신약성경은 어떻게 말하고 있을까?
신약에서의 장로는 일반적으로 유대적 개념의 장로와 비슷했다. 비교적 많은 경험과 학식을 지니고 있으며 신앙심이 깊어 인격적으로도 존경받는 사람들이었다. 사도들과 함께 교회를 세우고, 백성들을 지도하고 보호하며, 그리스도의 복음을 위해 일하는 사람들을 장로라고 했다. 야고보서 5장 14절 말씀을 보자.

"너희 중에 병든 자가 있느냐 그는 교회의 장로들을 청할 것이요 그들은 주의 이름으로 기름을 바르며 그를 위하여 기도할지니라."

여기에 나오는 장로는 교회의 대표자로 하나님 앞에서 교인의 고통을 짊어지는 거룩한 직무를 감당하며 병 치료와 위로의 임무를 수행했다. 장로는 이와 같이 성도의 고통에 깊이 관여하여 그들의 시름을 덜어 주고 하나님의 능력을 나타내는 목회의 일을 한다. 따라서 신약성경에서는 장로, 감독, 목사가 동일한 직분으로 사용된 것을 볼 수 있다.

사도행전 20장 28-30절 말씀을 통해 장로에 대해 좀 더 생각해 보겠다.

> "여러분은 자기를 위하여 또는 온 양떼를 위하여 삼가라 성령이 그들 가운데 여러분을 감독자로 삼고 하나님이 자기 피로 사신 교회를 보살피게 하셨느니라 내가 떠난 후에 사나운 이리가 여러분에게 들어와서 그 양떼를 아끼지 아니하며 또한 여러분 중에서도 제자들을 끌어 자기를 따르게 하려고 어그러진 말을 하는 사람들이 일어날 줄을 내가 아노라."

바울은 에베소 교회의 장로들을 밀레도에 불러놓고 장로들의 직무에 막중한 사명이 있음을 안타까이 호소하고 있다. 그렇다면 그 막중한 사명은 무엇인가? 바울은 "앞으로 내가 떠난 후에 교회의 재정 관리를 잘해서 교회 행정이 엉망이 되지 않도록 하라"고 말하거나, "장로로서의 리더십과 권위를 위해 여러 장치를 교회에 마련해야 한다."고 말하지 않았다. 오로지 교회의 온 양떼에게 관심을 두는 것이 그들의 막중한 사명이라고 말했다. 곧 목양을 이야기한 것이다. 한편으로 그는 이 목양을 위해서는 장로들이 일차적으로 자기 자신을 삼가는 것이 중요하다고 강조한다.

양들에게는 이리가 제일 문제다. 아무리 목양을 잘하여 살진 양들을 우리에 가득 채워 놓아도 이리의 노략질을 막아내지 못하면 목양은 헛일이 된다. 이리의 노략질은 바로 성도를 농락하는 사탄의 공격을 말한다. 그런데 이 사나운 이리가 교회 내부에서도 일어나 교회의 양떼들을 속이고 당을 만들어 결국 분열을 초래하기도 한다. 바울은 교회 내부의 이리에 대해 "또한 여러분 중에서도 제자들을 끌어"라고 이야기한다. 이 말씀은 바로 장로들을 의미한다. 바울은 자신을 삼가지 않는 장로들이 교회 안에서 이리와 같은 역할을 할 수 있음을 강력하게 경고한 것이다.

과연 그렇지 않은가? 오늘날 얼마나 많은 성도가 목사와 장로에게 시험을 받아 실족하고 있는가?

그러므로 목양사역을 위해서는 장로들이 철저하게 말씀으로 무장해야 한다. 그리고 참다운 제자로 훈련되어 견고히 서 있지 않으면 안 된다. 장로의 본질을 분명히 알고 자신을 절제하는 자들이 되어야 한다. 그렇지 않으면 "제자들을 끌어 자기를 따르게 하려고 어그러진 말을 하는 사람들"이 되고 말 것이다. 진실이 아닌 말, 다른 사람을 죽이는 말들을 교회 안에 퍼트리는 자, 성도 사이를 이간질하는 말을 쏟아놓는 자가 되어서는 안 된다.

이어서 바울은 사도행전 20장 31절에서 이렇게 말한다.

"그러므로 여러분이 일깨어 내가 삼 년이나 밤낮 쉬지 않고 눈물로 각 사람을 훈계하던 것을 기억하라."

여기서 우리는 바울의 목양사역에 대한 자세를 보게 된다. 삼

년이나 밤낮으로 쉬지 않고 눈물로 각 사람을 훈계한 바울의 모습. 바로 그 모습이 목사와 장로들에게 얼마나 큰 도전이 되겠는가? 이것은 마치 자식을 양육하는 부모가 안타까운 마음에서 눈물로 훈계하는 것과 같다. 목회자들은 먼저 장로들에게 이런 본을 보이며 사역에 임해야 한다. 그렇게 할 때 장로들 역시 진정한 목양의 본질을 깨닫고 부모와 같은 마음으로 성도를 대하며 목양에 임할 것이다.

지금까지 살펴본 바와 같이 신약성경이 말하는 장로는 백성들을 신앙적으로 지도하고 그들의 상황과 문제를 파악해서 목양 하는 것이었다. 그리고 목사의 역할을 하는 장로는 목양과 함께 가르치는 사역을 주로 감당했다.

어찌보면 성경에서 말하는 장로의 모습은 현 시대 장로의 개념과는 많이 다르다. 성경에서 말하는 장로가 목양에 비중을 두고 있는 것에 비해, 지금의 장로는 주로 당회를 중심으로 교회의 지도와 행정을 담당하고 있다. 따라서 장로의 본질을 성경적으로 회복한다는 것은 행정에 중심을 두는 장로가 아니라 목양에 힘을 다하여 수고하는 장로가 되게 하는 것이다.

신학이 말하는 장로의 본질

앞서 장로를 목양의 현장으로 끌어오는 것이 목사의 고유영역이나 권위를 침해하는 것이 아니냐는 기우에 대한 나의 생각을 밝혔다. 또한 장로의 본질은 목양임을 호산나교회 목회 현장에서 어떻게 실천했는지 말했으며, 성경적으로 장로의 본질인 목양에 대해 설명했다. 그렇다면 신학적으로는 어떻게 설명할 것인가?

이를 위해 바울신학과 칼빈신학, 칼빈의 제네바의 목양장로 사역, 토마스 카트라이트의 견해, 사무엘 밀러의 견해, 그리고 은준관 교수의 실천신학과 조직신학의 대표적인 신학자 루이스 벌코프, 고신대원 변종길 교수의 견해 등의 신학 이론을 예로 들면서 장로의 본질에 대해 좀 더 깊이 살펴보겠다.

바울신학_교회는 유기체이다

바울은 교회를 '그리스도의 몸'이라고 표현했다. 이것은 교회를 이루고 있는 성도의 정체성을 정립해 주는 말로, 그리스도가 아직도 살아 계셔서 교회의 머리로 존재하신다는 것을 의미한다. 이는 다양성 가운데 통일성을 뜻하기도 한다. 그리스도 안에서 모든 지체가 평등하며, 각자의 자리에서 주어진 사명을 감당하는 것을 의미한다. 성경이 교회를 '몸'이라고 표현한 이유는 교회가 어떤 조직이나 상징, 건물이 아니라 살아 있는 유기체라는 것을 강조하기 위해서다. 다시 말해 교회에서 성도간의 관계는 일방적인 관계가 아니라 상호 의존적인 관계의 공동체라는 것이다.

이것은 매우 중요한 의미를 지닌다. 그동안 한국 교회의 많은 성도가 교회 안에서 계급의식을 가져왔다. 목사와 장로의 권위주의 속에서 그 계급의식은 정당화되어 왔다. 그러나 주의 몸 된 교회의 본질은 오히려 목사와 장로, 집사, 평신도 등으로 나뉜 계급적인 생각을 버리는 것이다. 성경 어디에도 교회 내에 계급 혹은 서열이 있다고 말하는 곳은 없다. 이것은 교회론의 아버지 격인 바울신학을 통해서 볼 때도 합당하지 않은 생각이다.

칼빈신학_교회의 본질과 기능

장로교 제도를 최초로 정착시킨 신학자 칼빈은 장로의 본질을 신학적으로 어떻게 규명하고 있을까? 장로는 교회 안에 소속되어 있는 직분이므로 칼빈이 가지고 있는 교회의 개념을 먼저 정의해야 한다.

칼빈의 교회론은 교회의 본질적인 측면과 기능적인 측면으로 나뉘어 정의된다. 먼저 본질적인 측면에서는 교회를 세 가지로 규정한다.

첫째, 교회는 구원받은 모든 이들의 모임인 불가시적 교회이다. 즉, 교회는 하나님으로부터 선택을 받은 지구촌 모든 성도의 공동체로서 성부, 성자, 성령에 의해 서로 굳게 연결되어 있는 모임이라는 것이다. 그래서 교회의 시작과 기초는 하나님의 비밀스러운 선택이라고 말한다. 이 교회는 우리 눈으로는 직접 볼 수 없는 우주적인 교회를 의미한다.

둘째, 성도의 어머니로서 가시적인 교회이다. 이것은 지구촌에 흩어져 있는 지역교회들을 의미한다. 이 교회들을 통해 성도가 도움을 받으며 실제적인 영적 성장을 이룬다.

셋째, 칼빈은 교회의 본질을 그리스도의 몸으로 규정한다. 이는 (불가시적 교회든 가시적 교회든) 교회는 하나의 단일한 공동체라는 것이다. 그리고 가시적인 교회는 불가시적인 교회의 축소판으로 '그리스도의 몸'이라는 교회의 본질을 그대로 간직하고 있어야 한다는 뜻이다. 교회는 지체와 지체가 연합하여 이루어진 그리스도의 몸이며 하나를 이룬다. 거기에는 모든 지체가 높고 낮음이 없다.

기능적인 측면에서는 교회를 말씀과 성례전, 권징으로 규정한다. 교회의 이러한 기능은 그리스도의 몸 된 교회의 단일성, 즉 교회의 본질이 변질되지 않고 계속 유지될 수 있게 만든다.

칼빈은 교회의 기능을 올바로 수행하기 위해 교회의 직분이 존재한다고 말한다. 이 직분은 네 가지로 규정되는데, 바로 목사, 장로, 집사, 교사이다. 이 네 가지 직분 중에서 칼빈은 목사와 교사의 직분을 동일하게 여긴다. 즉 목사의 기능 속에 교사의 기능이 포함되어 있다는 것이다. 목사는 네 가지 직책을 가지고 있는데, 그것은 말씀 선포와 성례전의 집행, 교육, 치리이다.

한편 장로에 대한 칼빈의 규정은 다음과 같다.

장로는 신자들로부터 선출된 자로서, 장로의 임무는 성도를 다스리고, 가난한 자를 돌보며, 맡은 일을 치리하고 목사와 더불어 교인들의 신앙생활을 돌보고 치리하는 것이다.

그러나 목사와 장로의 직분은 분명히 구분하며 말씀 선포(공적 예배 시 설교)와 성례전을 장로가 주관하지 못하게 했다. 즉, 장로와 목사의 직분은 그리스도의 지체라는 차원에서는 동일하지만, 기능적으로는 다른 영역에서 봉사하는 것이다. 목사의 주요한 역할은 말씀을 선포하고, 성례전을 집전하고, 권징하는 것이다. 그리고 장로의 주요한 역할은 목사를 도와 성도를 다스리고, 가난한 자를 돌보며, 행정을 처리하고, 교인들의 신앙생활을 돌보는 것이다.[1]

비록 칼빈은 목사와 장로의 기능적인 영역에서는 차별을 두고 있지만, 장로의 기능 자체에 대해서는 성도의 신앙생활을 돌보며 목사와 협력하여 성도를 다스리는 목양에 그 본질을 두고 있다.

칼빈의 제네바의 목양장로 사역[2]

한국교회는 서양에 비해 짧은 역사에 비해 놀라운 성장을 했다. 그러나 현재는 수적 성장은 멈춘 채 어려움을 겪고 있다. 큰 이유 가운데 하나는 목사와 장로의 갈등이라고 할 수 있다.

따라서 한국교회 앞에는 이런 질문이 던져지고 있다. 장로 제도 자체가 잘못된 것인가? 아니면 장로 제도를 운용하는 방식의 잘못인가? 장로는 누구인가?

그 동안 한국교회가 건실하게 성장할 수 있었던 배후에는 한 영혼을 붙잡고 생명을 다하여 양육하여 제자를 세우는 제자훈련이 큰 영향을 미쳤음은 주지의 사실이다. 그렇지만, 제자훈련이 일정 기간 성공적으로 진행된 이후에는, 제자 훈련을 받은 교회의 지도자들, 즉 장로를 비롯한 중진들이 "제자 훈련 그 이후"에 무엇을 어떻게 해야 할지에 대한 방향을 설정하지 못해왔다. 그 결과 장로 제도는 교회에 유익을 주기 보다는 교회 분열의 원인을 제공하는 것으로 이해되는 경향이 컸다.

---

1) 조명은,(1999), 한국장로교회의 이상적인 장로 직무에 관한 칼빈주의적 연구, 안양대학교 신학대학원 논문집 4집 기독교 신학편, pp. 157-185.
2) 이 챕터는 안인섭 교수 (총신대)가 국제목양사역원에서 2013년부터 실시해 왔던 일련의 강의 내용들과 그의 저서 『칼빈』 (서울: 익투스, 2015) 가운데 일부 내용(pp. 221-234)을 제공하여 작성되었다.

이런 맥락에서 장로는 누구이며 교회에서 어떤 사역을 감당하는 존재인지 그 정체성을 수립하는 것은 매우 중요하다. 결론부터 말하자면 장로제도는 성경에 근거하고 있고 초대교회부터 존재했던 목양적인 의미를 함축하는 직제였다. 그러나 중세 천 년을 지나면서 로마 가톨릭 교회의 제도에 의해서 왜곡되어 버리고 말았다. 결국 흙에 묻혀 있었던 장로의 사역을 재 발견했던 것은 16세기 종교개혁자 칼빈과 그가 목회했던 제네바교회였다.

16세기 종교개혁자 칼빈을 21세기에도 여전히 배워야 하는 이유 중 하나를 들자면, 칼빈은 그 시대의 교회와 사회에서 제기되는 문제 의식을, 성경의 정신에 근거하여 제네바 목회 사역을 통해 해결을 도모했으며, 또한 실제로 성공했다는 점이다. 그러므로 칼빈이 신학적으로 정립했고 또 제네바에서 실제로 실시했으며, 그 이후 세계 교회에 중요한 바탕을 놓았던 장로제도는 목양 사역을 지향했다는 점을 다시 주목하는 것은 한국교회를 위해서 매우 중요하다고 할 것이다.

1. 거룩한 공동체를 위한 칼빈의 목양장로 사역

16세기 제네바에서 진행되었던 종교개혁 운동은 정치, 법 그리고 종교의 측면 모두에서 적용된 것이었다. 종교개혁 직전의 로마 가톨릭 주교는 종교적인 것은 물론 정치적인 영역 모두의 지배자였다. 그러나 종교개혁으로 이들이 물러간 이후 개신교 도시가 된 제네바 시민들의 삶을 이끌어 갔던 것은 교회와 시의회였다.

칼빈 당시 제네바 교회는 하나님의 말씀이 선포되고 성찬이 제대로 준수되며 권징이 바르게 시행되는 것이 참된 교회의 요소라고 보았다. 칼빈은 권징이 교회 구성원들간의 교제의 끈을 강화시켜 준다고 믿었다. 1541년의 제네바의 "교회 규칙(Ecclesiastical Ordinances)"에 근거하여 1542년에 칼빈의 건의에 의해서 컨시스토리가 시작되었다. 이 컨시스토리 기록은 제네바 공동체의 종교개혁 수용 정도를 보여준다.[3] 목사들과 장로들로 구성된 컨시스토리에서 교회 성도들의 삶을 실제적으로 지도할 수 있었다.[4]

그렇다면 이 컨시스토리는 무엇인가? 일반적으로 컨시스토리는 "당회"라고 번역된다. 그러나 칼빈 당시의 컨시스토리는 그 구성과 사역의 내용에 있어서 보다 깊은 이해를 요구한다. 컨시스토리는 어떻게 보면 교회 안에서의 삶을 넘어서는 보다 넓은 의미의 사회적인 삶 까지를 함축하고 있다. 장로는 목사와 함께 공동으로 제네바 교인들의 영적이며 사회적인 삶을 이끌어 가고 있었으며, 사회적인 권위가 아닌 영적인 권위를 가지고 있었다.

목양 장로 사역과 관계해서 이 컨시스토리가 매우 중요한 의미를 갖는다. 왜냐하면 이 컨시스토리에서 목사와 더불어 공동으로 사역을 감당했던 장로들의 사역의 내용과 그 의미를 면밀하게 살펴보면 자연스럽게 목양장로의 개념이 도출된다는 것이다.

컨시스토리는 16세기에 종교개혁 도시가 된 제네바 시민들의 일상의 생활에 대해서 적절하게 기독교적 지도를 할 수 있는 의사

---

[3] R. Kingdon (ed.), *Registers of the Consistory of Geneva in the Time of Calvin: volume 1, 1542-1544* (Grand Rapids: Eerdmans Publishing, 2000), pp. xvii-xxxv.
[4] W. Mueller, *Church and State in Luther and Calvin*, p. 116; M. Walzer, *The Revolution of the Saint: A Study in the Origins of Radical Politics* (Cambridge, 1965) pp. 52-53.

소통과 실행을 위해 필수적인 매체였다. 이 컨시스토리는 1541년 칼빈의 '교회 규칙서'에 의해 만들어진 새로운 기관이었다. 말하자면 모든 제네바 사람들이 설교와 법령들에 표현된 새로운 개혁주의 가르침을 그들의 일상 생활 속에서 그대로 살아갈 수 있도록 하기 위한 것이었다.

1555년에 칼빈이 제네바에서 실제적인 지도력을 발휘할 수 있게 된 이후에 이 컨시스토리는 판단을 위한 심리 재판소로, 상담의 봉사 기관으로 그리고 교육기관으로서 그 기능을 감당했다. 말하자면 16세기 제네바에서 모든 사람들의 삶의 차원을 관통하고 있었던 것이 이 컨시스토리였다.

제네바의 컨시스토리 전문 연구가인 킹던 교수에 의하면, 컨시스토리는 당시 제네바의 교인들의 지극히 개인적인 문제에 까지 관련되어 있었다. 그래서 도움이 필요한 사람, 결백한 사람, 그리고 학대받는 사람들의 실제적 삶의 필요를 채워줄 수 있었다.

제네바 컨시스토리의 기록은 몇 개의 빈 곳 만을 제외하고는 상당히 많은 내용들이 보존되어 있어서 전체 21권의 두꺼운 책으로 남아있으며, 그들 중 많은 부분이 최근까지도 해석되지 못한 채 남아 있다. 컨시스토리 기록들은 16세기 중반기 개신교 도시국가가 된 제네바 시민들의 모든 가정 생활과 그 삶의 변화를 들여다 볼 수 있는 독특한 창이다. 특히 매년 이 컨시스토리에서 다루어진 수 백 개의 사례들 가운데 사실상 절반 이상이 가정 생활에 대한 것이었다.

(1) 두 종류의 장로

1536년 기독교강요에서 두 개의 중요한 구절들이 등장한다. 그러나 1539년의 기독교강요는 장로의 직무를 위한 성경적 기초에 대한 획기적인 발전을 이룩했다. 특히 고전 12:28를 처음 인용하면서 실행하는 사람들은 성직자, 즉 말씀과 성례전을 행하는 목사들만이 아니라, 감독으로 하여금 교회에 질서를 유지하도록 돕는 다른 장로들이나 성숙한 자들이 있다고 보았다. 칼빈은 고린도전서에서 지도하는 사람(gubernationes)의 이러한 이전의 해석을 받아들였다. 롬 12:8과 고전 12:28 모두의 근본 의미가 교회에서 훈련을 실시한 엄격한 사람들의 위원회이다. 확장하여, 다스림의 은사는 바로 통치자에게 적용한다.

기독교강요의 두 번째와 세 번째 판 사이에 쓴 여러 저술들 중에서, 로마서 주석(1540)에서 롬 12:6~8(그리고 롬 16:1~2)에서 이중적 봉사를 강조하고 있다. 그러나 장로들은 또한 초대교회에서 훈련을 위한 책임 있는 위원회로서 설명된다. 장로의 직무에 대한 칼빈의 또 하나의 강조는 그 직책이 불변하다는 것이다. 칼빈은 롬 12:6~8에 등장하는 교회의 직책이 영구하다고 가르친다.[5]

1543년의 기독교강요에서 성경에 근거한 교회 직제를 구체적으로 지칭하면서, 칼빈은 딤전 5:17를 깊이 해석해 내고 장로의 직분을 강조하고 있다. 딤전 5:17에 대한 칼빈의 주요 초점은, 두 종류의 특별한 장로들로서 목사와 장로를 구분하는 것이다. 그 장로들이 일부는 다른 규범과 마찬가지로 말씀과 성례전에 대해 책임

---

5) E. A. McKee, *Elders and the Plural Ministry: The Role of Exegetical History in Illuminating John Calvin's Theology* (Droz: Geneva, 1988), 117.

을 진다. 1543년에, 기독교강요의 최종판에서 암시적으로, 그리고 명백히, 칼빈은 장로의 설명에 그 이상의 언급을 추가한다.[6)]

장로직을 위한 성경적 규범을 발전적인 사용과 더불어, 칼빈은 이 직제의 영구성을 변호한다. 장로는 목사와 더불어 권징이라고 하는 교회의 극히 중대한 기능을 수행한다. 1543년에, 칼빈은 교회의 장로들은 교회의 영구한 직제임을 분명히 밝히고 있다.

(2) 컨시스토리의 구성 : 목사와 장로

제네바 시민들의 신앙적인 삶을 실제적으로 이끌어 가는 주체는 컨시스토리라고 할 수 있다. 이 컨시스토리는 칼빈이 직접 1541년 교회법을 통해 창설한 것이었다. 이 컨시스토리의 목적은 기독교인들의 훈육(discipline)을 확고히 하기 위한 것이다. 제네바 시민들이 진정한 기독교적 믿음을 수용할 뿐만 아니라 이 믿음을 그들의 삶을 통해서 드러낼 수 있도록 하기 위하여 조직된 것이다. 칼빈은 제네바에서 시의회와의 갈등으로 스트라스부르그로 옮겨가 있었는데, 제네바가 다시 그를 초청했을 때 이 컨시스토리를 만들도록 강력하게 요구하였다. 만약 컨시스토리와 같은 기관을 만들지 않는다면 제네바로 돌아오지 않을 것이라고 까지 했던 것이다. 그러니까 장로교회는 물론 개신교 교회와 신학의 아버지라고 할 수 있는 칼빈에게 있어서 컨시스토리는 매우 본질적이고 중요한 것이었다는 것을 알 수 있다.

컨시스토리는 약 24명으로 구성되었다. 그것을 관장하는 것은

---

6) E. A. McKee, *Elders and the Plural Ministry* (Droz: Geneva, 1988), 118.

그 해에 선임된 네 명의 행정장관 중의 한 명이었다. 컨시스토리의 멤버들은 두 개의 트랙으로 구성된다. 하나는 제네바와 인근 마을들에서 안수 받은 교회의 목사들이다. 칼빈은 이들의 의장 (moderator)으로 사역했다.

다른 하나는 '장로' (elders)라고 지칭되었던 12명의 평신도 지도자들이다. 이들은 매년 2월 선거에 의해서 선출되어 목사들과 함께 사역하는 자들이었다. 집사와 장로 둘 다 모두, 대부분의 기존의 다른 위원회의 구성원들이었는데, 소위원회에 의해서 준비된 과정을 통해 선출되었다. 그러나 이 특별한 두 개의 조직체를 위해서 목사들은 후보자를 준비하는데 협의하기로 되어 있었다. 컨시스토리는 일주일에 1회, 목요일 만났으며, 회기 동안 종종 몇 시간을 넘어가기도 하였다.

(3) 컨시스토리 사역의 내용 : 장로의 목양사역의 개념

컨시스토리는 성, 결혼, 가정생활의 영역까지 다루었다. 초창기에는 주로 잔재해 있는 가톨릭적인 신앙의 태도를 바꾸려고 많은 시도들을 하였다. 그러나 나중에 가서는 때로 잘못된 사업의 관례들을 뿌리 뽑으려 하였고, 또한 정부와 교회의 지도자들에 대하여 경시하는 것들을 근절하려고 하였다. 컨시스토리의 사건들의 대부분은 주로 성과 혼인(부부)에 대한 것들을 담고 있었다.

일반적으로 컨시스토리에서 목사와 장로들은 제네바에서 살고 있는 모든 시민들이 성실하게 가정에 충실한 삶을 살도록 유지하기 위해 노력하였다. 보통 일반적인 가정의 스타일은 한 남편과 아내, 부양된 아이들, 그리고 젊은 하인들이 한 집안에 조화롭게

함께 사는 것이었다. 칼빈을 포함한 교회의 지도자들은 결혼과 가정을 세우도록 기대되었다. 평신도들도(laymen) 마찬가지로 결혼과 가정을 세우도록 요구되었다.

장로들이 제네바의 컨시스토리에서 목사들과 함께 다른 교인들의 삶을 지도한 것의 특징을 살펴보면 다음과 같다. 첫째로, 장로들이 컨시스토리에서 다룬 사안들의 약 60%가 성, 결혼, 가정에 대한 일이었다는 것이다. 둘째로, 영적인 엄격함이 후에 더욱 증가하였다는 것이다. 1546년에는 대부분의 일반적 구제책은 당사자가 더 잘하도록 권면하거나 많은 경우에는 짧은 훈계로 끝났다. 그러나 시간이 지나면서 그 사역은 더욱 강화되었다. 셋째로, 장로들은 컨시스토리에서 적어도 회개와 화해를 위한 가능성(locus poenitentiae)을 내포하는 무거운 금지의 사용을 기꺼이 시행하려고 했다는 것이다. 네 번째로, 컨시스토리는 그 삼 년의 각각의 사안들을 영적인 방법으로 처리했다는 것이다. 다섯 번째로, 이 삼 년의 예에서 가정과 관계된 문제의 발생 빈도가 상대적으로 낮아졌다. 이것은 도시의 인구 증가와 장로들이 컨시스토리에서 다룬 일들의 증가하는 숫자와 비교하면, 그런 문제에 대한 컨시스토리의 영향력이 점차 증가했다는 것을 알려주고 있다. 즉 제네바 교인들의 삶의 변화가 실제로 장로들의 사역에 의해서 유도되었다는 것이다.

우리가 알 수 있는 것은, 장로는 말씀을 설교하는 목사와는 구별되는 직분이었지만, 제네바의 컨시스토리에서 장로는 목사와 함께 교리교육을 내면화하여 삶에 적용시켰으며, 새로운 학교들, 커리큘럼들, 수업도구들을 만들어냈다는 것이다. 동시에 장로는 컨시스토리를 통해서 사생자, 유기된 사람과 학대 받는 아이들에게 새로운 피난처를 제공했으며, 학대 받는 부인들과 가난하게 된 과부들에게 새로운 보호처를 제공하기도 했다.

매우 중요한 점은, 당시 제네바의 컨시스토리에서 칼빈과 같은 목사들은 물론, 평신도 가운데 선출된 장로들이 함께 동석하여 이 복잡한 그리스도인의 삶의 문제를 일일이 목양하고 있었다는 것이다. 이러한 16세기 제네바 교회의 유형은 유럽과 아메리카 대륙의 장로교회들을 통해서 더욱 정교하게 되어 지금까지 전해 내려오고 있으며, 심지어 근대 시민 사회의 질서와 전통을 창출하는 데까지 기여하게 되었던 것이다.

2. 칼빈의 목양장로 사역과 한국교회

(1) 칼빈의 제네바의 목사, 장로, 집사의 비교

16세기 제네바에서 사역했던 존 칼빈은 중세에 왜곡되고 그 의미가 상실되어 있었던 장로 제도를 성경에 근거하여 다시 발견했으며, 그 정체성은 한 마디로 목양장로라고 할 수 있다.

그렇다면 "장로" 제도는 역시 성경에 제시되었고 역사적으로 존재해 왔던 "목사"와 "집사"라는 제도와 어떻게 다른지를 먼저 살펴봄으로 목양장로의 본래의 의미를 알 수 있을 것이다.

첫째로, 현재 교회의 모델이 되는 16세기 종교개혁 시대에는 성경에 제시되어 초대 교회 때 실시되고 있었던 목사와 장로와 집사의 직제가 칼빈에 의해서 재 발견되었다. 정확하고 엄밀하게 말하자면 이 제도들은 칼빈이 만든 제도가 아니라, 성경에 이제 들어 있었고 초대교회 시대에 실시되고 있었던 것들이었다.

둘째 그러나 이 세 제도들은 서로 다른 성격과 특징을 가지고 있다. 목사는 하나님의 통치를 이루기 위해서 하나님의 말씀을 선포하는 자이며 성례를 집행하고 교인들을 훈육하는 영구직이다.

그러나 장로는 평신도 가운데 선출된 대표로서 목사와 더불어 컨시스토리를 통해 성도들의 삶의 현장에 교리를 내면화 하며 그들의 일상적이고 세밀한 실제 삶을 영적으로 지도하는 목양의 기능을 갖는다. 한편 집사는 당시 교회에 존재하던 가난하고 병든 사람들을 구제하기 위해서 행정을 담당하거나 혹은 실제적으로 그들을 방문하여 구제활동을 전개했던 직분이었다.

셋째 장로는 컨시스토리라는 매개체를 통해서 성도들의 영적이고도 실제적인 삶을 돌보고 지도하는 목양의 사역을 감당했다. 이 컨시스토리는 목사와 장로를 멤버로 구성된 것으로써 목사와 장로가 서로 협력하여 목회적 돌봄을 감당하는 기관이다. 그러므로 장로의 목양 사역 또한 다른 교회의 활동과 마찬가지로 말씀으로 그리스도의 통치를 이루어 가는 목사와 협력하며 또한 말씀의 사역자로 부름을 받은 목사의 지도를 받아 전개되어야 할 것이다.

(2) 목양 장로사역이 한국 교회에 주는 교훈

칼빈이 활동 했던 16세기 유럽과 제네바는 목양 장로제도가 활발하게 움직여지고 있었다. 칼빈은 영적으로 혼란하며, 실제적으로 전쟁과 가난과 질병이 풍미하던 종교개혁 시대를 살면서 교회를 섬겼다. 그는 교회를 섬기면서 이런 현실을 저버릴 수 없었기 때문에 성경에 근거한 신학을 통해서 해결책을 모색해왔다.

교회의 직분은 로마 가톨릭이 주장하는 것과 같이 성직 계층제도에 근거한 것이 아니다. 창조주요 구속주이신 하나님께서 이 세상을 통치하실 때 교회 안에 직분자를 세워서 자신의 통치를 이루어 가시는 것이다. 장로의 직분 또한 마찬가지다. 그러므로 교회 안에서 장로의 직분을 감당할 때는, 그 사역을 통해서 그리스도의 몸인 교회를 세워나가야 할 것이다. 그러므로 목사와 장로와 집사와 같은 직분자는 그리스도의 지체로서 서로 서로 섬기는 자세로 교회를 이끌어 가야 할 것이다. 특히 장로는 단순히 교회 안에서 행정 및 회계 관리를 맡는 항존직이 아니었다. 장로는 교인들의 개인적이고 구체적인 삶을 돌아보면서 그들의 영적 필요를 채워주는 목양의 성격을 갖는다는 것이다.

토마스 카트라이트의 장로에 관한 진술
영국 장로교의 아버지라 불리는 토마스 카트라이트가 남긴 『교회 정치 교범』(A Directory of Church Government, 1644)에 의하면 장로에 대하여 다음과 같이 말하고 있다.

"장로들은 그 교회의 모든 개별적인 가정과 사람들을 알 뿐 아니라 형편까지 살펴서 목사에게 알리며, 병자나 가난한 자를 집사에게 알려서 보살피도록 하는데, 장로들은 항구적이지는 않지만 그렇다고 쉽사리 바뀌는 것도 아니다."

장로에 관한 짧은 진술이지만 그 속에 우리가 말하는 장로의 본질 즉, 목양의 이념이 잘 표현되어 있다.

사무엘 밀러의 견해

구 프린스턴의 뛰어난 실천신학 교수였던 사무엘 밀러는 그의 명저 『치리장로』 (The Ruling Elder, 1832)에서 장로의 의무를 일곱 가지로 제시하는데, 우리가 말하는 목양의 이념이 잘 드러나 있다. 그 중의 몇 가지를 소개하면 다음과 같다.

1. 회중의 모든 구성원들에 대하여 감독과 보살핌의 눈으로 돌보는 것이 그들의 의무이다. 이 목적을 위해 감독해야 할 양들 안에서 가능한 많은 가족들과 보편적이고 친근한 교제를 여는 것 또한 그들의 의무이다.
(중략)

5. 사회적 기도를 위한 모임을 유지함에 있어서 목사를 돕는 것도 그들에게 주어진 의무이다. 그러한 모임에서 헌신적 실천을 행함에 있어서 일익을 담당하는 것도 그들의 의무이다. 즉 목사가 없을 때 사회를 보는 것이나 적합한 은사가 주어졌다면 목사의 지도를 받아 그러한 사회적 모임에서 사람들에게 지도와 권면의 말을 한마디 하는 것 등이다.

6. 목사와 함께 교회 회원들과 그들의 가족들을 방문하는 것 역시 치리장로의 의무이다(It is the duty of Ruling Elders). 목사가 요구하면 목사와 함께하며 요구가 없으면 목사 없이 방문하여 그들과 대화하고, 무지한 자를 가르치며, 동요하는 자를 견고케 하고, 부주의한 자에게 주의를 주며, 방황하는 자를

선도하고, 겁내는 자에게 용기를 북돋우며, 모든 계층의 사람들로 하여금 그 의무를 충성스럽게 수행하도록 격려하고 고무시키는 것이 그들의 의무이다.

7. 그들의 책임 아래에 맡겨진 양떼들의 유익을 위하여 목사와 함께 자주 그리고 자유롭게 의논할 의무가 있다. 교회의 복지를 위한 계획을 수립하고 실행함에 있어서 그를 돕는 것, 그가 필요로 할지도 모를 정보를 때때로 그에게 주는 것, 그의 다양하고 중대한 의무들을 바르게 수행할 수 있도록 하는 것, 적절한 존경과 함께 그들의 조언을 그에게 주는 것, 그들의 영향력으로 그를 지지하는 것, 그의 명성을 보호하는 것, 그의 정당한 훈계에 힘을 실어주는 것 등, 한 마디로 말하자면, 그들이 가진 힘 안에서 모든 방법으로 목사의 일의 유용성을 증진하고 위로를 확대하는 것이 그들의 의무이다.

사무엘 밀러가 이야기하는 장로의 의무에는 중략된 2-4항까지를 포함해 어디에도 오늘날 장로교의 당회 중심 행정처리가 그 직무의 우선이 되거나 중요한 핵심이 된다고 표현한 곳이 없다. 모든 항목은 장로가 목양을 중심으로 성도와 관계 맺어야 한다는 것과 목사와의 관계에 있어서도 목양을 중심으로 그 관계가 형성되어야 함을 강조하고 있다.

은준관의 실천적 교회론_목회적, 치유적 섬김
그는 실천적 교회론에서 교회를 이렇게 규정한다.

교회는 본질적 측면에서 예수께서 친히 선포하시고 또 그의 죽음과 부활 사건에서 역사에 돌입한 하나님 나라의 통치를 분별하고 경험하고 응답한 하나님 백성의 공동체이다.

즉 교회는 본질적인 측면에서 예수 그리스도의 십자가 사건을 통해 자신의 죄를 사함 받고 하나님 백성이 된 자들의 모임이라는 것이다. 표현의 차이를 빼면 칼빈의 교회론과 거의 같다고 할 수 있다.

교회의 기능적 측면에서는 예배, 설교, 성례전, 가르침, 떡을 떼는 일(교제), 그리고 섬김으로 규정한다. 이런 교회론을 바탕으로 교회에서의 사역을 둘로 나누고 있는데 그 첫 번째 사역이 안수 목회 사역이다.

안수 목회는 목사들 사역의 영역으로 목회적 책임, 즉 말씀과 성례전을 위해 시작되었다. 안수 목회는 교권적이거나 사도 계승적 성직주의로 왜곡되어서는 안 된다고 주장한다. 오직 그리스도의 말씀과 교회를 섬기고 봉사하는 목회적 차원에서 그 의미를 가질 수 있다. 안수 목회의 구체적인 사역들은 말씀 선포, 성례전 집례, 교회를 섬기고 돌보는 일이다.

두 번째로는 평신도 사역을 규정한다. 평신도 사역은 예배와 교육, 그리고 교회의 치리와 섬김과 봉사의 기능에 참여하는 것을 의미한다. 여기서 섬김이라는 의미에 대해 은준관 교수는 핸드릭 크레머(Hendrik Kraemer)의 평신도 신학의 입장을 빌려 다음과 같은 개념으로 새롭게 규정했다.

평신도 사역의 교육과 교제를 매듭짓는 중요한 차원으로 이것은 삼중직(제사장, 예언자, 왕)을 완성하는 4차원 같은 것이며, 크레머는 이를 섬김의 직이라고 불렀다. 4차원으로서의 '섬김'은 제사장, 예언자, 왕의 직능을 포괄하고 완성하는 '목회적', '치유적' 차원인 것이다.

쉽게 말하면 평신도는 교회에서 섬김의 본분을 가지고 있다는 것이다. 여기서의 섬김은 오늘날 흔히 생각하는 청소, 식당 봉사, 주차, 교회 비품 관리와 같은 섬김이라기보다 목회적, 치유적 차원의 섬김을 말한다. 즉 목사만이 목회적, 치유적 섬김을 하는 것이 아니라 모든 구원받은 성도는 삼중직, 즉 제사장, 예언자, 왕으로서 목회적, 치유적 섬김을 감당해야 한다는 것이다.

은준관 교수는 장로의 본질에 관한 부분을 직접적으로 이야기하지는 않았지만 그의 신학을 통해 장로의 본질을 유추해 볼 수 있다. 즉, 성도를 통해 선출된 성도로서의 장로의 직무는 치리와 섬김과 봉사를 기본적으로 감당해야 하며, 이는 목회적이고 치유적이어야 한다는 것이다. 다시 말해 장로의 본질이 단순히 행정 사역만 담당하는 것이 아니라 성도를 돌보고 목양하는 사역도 함께 감당해야 한다고 보는 것이다.[7]

루이스 벌코프(Louis Berkhof)_목사와 장로의 직무

벌코프는 교회의 직원을 비상직원과 통상직원으로 구분한다.

---

7) 은준관,(2006),실천적 교회론, 한들출판사;서울.

비상직원은 복음의 전파와 초기 교회의 설립을 위해서 한시적으로 세워졌던 직원이며, 통상직원은 교회가 이 땅에 존재하는 한 항상 있어야 하는 직원이다.

비상직원으로는 사도, 선지자, 전도자가 있다. 사도는 예수님이 선택하신 열두 제자와 바울에게만 적용된다. 사도들은 교회의 기초를 놓는 특별한 과업을 수행하는 특별한 직무였다. 또한 선지자는 교회의 덕을 세우기 위해 종종 비밀을 드러내고 미래의 사건들을 예언하는 사람으로 사용되었다. 마지막으로 전도자는 사도들과 협력하여 설교를 하고 세례를 베풀며 장로들을 세우기도 하고 권징을 시행한 사람들이다. 이들은 비상직원으로서 교회의 설립과 확대를 위해서 교회역사 초기에 한시적으로 세워졌던 직분이었다.

통상직원은 장로, 교사, 집사로 분류하고 있다. 장로 또는 감독은 교회의 통상직원들 가운데 가장 중요한 직분이다. 장로는 자신들에게 맡겨진 양떼를 돌보았다. 그들은 양떼를 하나님의 가족으로 인식하고, 필요한 것을 공급하고, 다스리며 보호해야만 했다. 교사는 오로지 말씀을 가르치는 일에만 전념하는 직분이다. 그런데 초대교회 초기에 장로들 중에 가르치는 은사가 있는 장로가 성도를 가르치기 위해서 전문적으로 교사의 직분을 감당하기 시작했다. 그래서 교사는 장로와 같이 교회를 돌보고 치리하며 가르치는 일에 전념하게 되었다. 이들의 특징은 품삯을 받으며 전적으로 모든 시간을 가르치는 일과 교회를 돌보는 직무에 썼다는 것이다. 따라서 교사는 현대의 목사와 동일한 개념이라고 할 수 있다. 집사의 직분은 구제를 담당하며, 교회의 제반 업무를 처리하는 직분이다. 교회 행정의 영역에서 봉사하는 역할은 집사들이 담당했다.

벌코프의 교회론을 통해서 본 장로의 직무는 자신에게 맡겨진 양떼를 돌보는 일이다. 행정은 집사들이 감당하며, 장로들은 오로지 양떼들에게 필요한 것을 공급하고 다스리며 보호하는 역할을 감당하는 것이다. 다시 말해 장로의 중요한 직무는 목양하는 일임을 알 수 있다.[8]

변종길 교수_장로의 직무

고려신학대학원의 변종길 교수는 '복음의 눈으로 본 장로직'에서 장로는 교회의 지도자를 세우는 이상적이고 성경적인 직분이라고 말하면서 동시에 세 가지 문제점을 지적하고 있다.

아무리 좋은 제도라 할지라도 바로 운영되지 못하면 좋지 못한 결과를 가져올 수 있다. 우리 한국의 장로교회도 초기 아름다운 전통에서 벗어나 여러 가지 부작용을 빚는 단계에 와 있다고 생각된다. 예를 들면 장로가 교회 안에서 대접 받고 권세를 부리는 관료화 현상, 교회 전체의 유익보다는 장로집단의 이익을 도모하는 집단 이기주의 현상, 그리고 목사를 도와서 교회를 섬기기보다는 목사를 견제하고 주도권을 잡으려고 하는 권력 지향적 현상 등을 지적할 수 있다. 과거에 목사와 장로의 유기적 협동이 교회 발전의 귀중한 원동력이었다면 지금은 목사와 장로 사이의 갈등이 교회 발전을 가로 막는 주요 장애요인이 되고 있다.

---

[8] 루이스 벌코프 저, 권수경·이상원 역, (2000), 루이스 벌코프의 조직신학 下, 크리스챤 다이제스트;서울

변종길 교수는 (1)관료화 현상, (2)집단 이기주의 현상, (3)권력 지향적 현상을 현 시점에서 장로제도의 부작용으로 들었다. 이 세 가지는 현대의 많은 교회에서 볼 수 있는 현상들이다. 이러한 장애요인을 벗어나기 위해 한국 교회는 다시금 성경으로 돌아가 성경이 말하는 장로직에 대해 살펴보는 것이 매우 중요하다. 이에 대해 변교수는 다음과 같이 강조했다.

장로의 직무에 대해 바울은 사도행전 20장 28절에서 이렇게 말한다.

"성령이 저들 가운데 너희로 감독자를 삼고 하나님이 자기 피로 사신 교회를 치비 하셨느니라."

여기서 교회를 '친다'(포이마이노)는 말은 '양을 돌본다'는 의미이다. 곧 목자가 양을 치는 행위, 목양을 말하는 것이다. 베드로전서 5장 2절에서도 사도 베드로가 장로들에게 동일하게 권면하고 있다.

"너희 중에 있는 양무리를 치라."

신약성경은 하나님의 양무리를 침에 있어서 교역자와 치리장로를 구별하지 않고 그들을 다 함께 장로들(프레스뷔케로스, 지도자들)이라 부른다. 목사와 치리장로의 구별은 후대의 기능적인 구별이었다. 이원화하여 서로 다른 별개의 것으로 분리하는 위험성을 피해야 한다. 이러한 점에서 한국 교회의 장로들 중에 당회에서 '결정'만 하고 성도를 위해 '봉사'하지 않는 사람들은 아주 잘못된 것이다. 장로가 '치리'만 하고 '교육'과 '봉사'를 하지 않는다면 장로의 직무를 오해한 것이다. 장로는 하나님께서 자기 피로 사신 교회를 치게 하시려고 세우신 감독자(돌보는 자)이다. 따라서 목사와 함께 성도들을 가르치고 심방하며 성도를 권면하고, 또 잘못된 행동이 있으면 경계하고 책망하는 일을 해야 한다. 화란의 개혁교회에서는 장로가 각각 한 구역씩 맡아 그 구역 식구들을 돌보고 가르치는 역할을 감당한다. 이렇게 함으로써 장로들도 목사와 함께 하나님의 양무리를 치게 되는 것이다. 한국 교회도 이와 유사한 형태는 있다. 하지만 성경으로 돌아가 목양이 장로의 본질임을 보여야 한다.

앞에서 살펴본 바울신학, 칼빈신학, 은준관의 실천적 교회론, 루이스 벌코프의 교회론 이 네 가지를 정리하면 공통점을 발견할 수 있다. 그 첫 번째는 목사와 장로의 사역은 분명히 구별되고 차이가 있으며 그 영역 또한 분명하게 구별되어 있다는 점이다. 두 번째는 목사와 장로의 사역과 영역이 구별되고 차이가 있는 것이 결코 계급적, 계층적 차이는 아니라는 점이다. 세 번째로 장로의 본질적인 직무에 반드시 목양적 직무가 포함된다는 점이다.

특히 벌코프는 장로의 직무에 대해 행정이나 기술적인 직무는 집사들에게 맡기고 오로지 목양을 담당하라고 주장했다. 따라서 신학적으로 장로의 본질을 살펴보아도 그 본질을 목양에 두는 것이 정당한 것임을 알 수 있다.

오늘날 많은 목사들이 이야기하는 것처럼 '목사는 성직자요

장로는 양이다'라는 개념에 대해 신학은 정면으로 거부한다. 그러므로 장로로 하여금 목사의 본질인 목양사역을 함께 나누고 교회를 목양하는 사역자가 되게 하는 것이 신학적으로나 성경적으로 올바른 길이라 할 수 있다. 이것은 단순히 장로의 본질 회복을 넘어서서 성경적 교회관의 본질을 회복하는 길이기도 하다.

정통적 제자훈련을 통해서 본 목양장로

목사와 장로가 동역자로서 목양에 힘써야 한다는 것은 제자훈련의 본질인 평신도 사역에도 잘 나타나 있다.

1970-80년대 한국 교회는 양적으로 세계가 주목할 만큼 엄청난 성장을 했다. 하지만 이런 양적 부흥에 대해 많은 교회지도자들이 자성하면서 성도의 질적 부흥을 고민해 왔다. 그에 따라 1980-90년대는 옥한흠 목사의 사랑의교회를 중심으로 그와 같은 고민에 대한 진지한 실험이 교회 현장에서 일어났고, 또 성공을 거두었다. 그것이 바로 한국 교회에 새로운 영적 활력과 나아갈 방향을 제시했던 '제자훈련'이다. 덩치만 크고 부실했던 한국 교회로 하여금 내실을 다지고 건강해질 수 있도록 만들어 준 것이 바로 제자훈련이다. 이 제자훈련은 오늘까지도 많은 교회에 큰 충격을 안겨준다.

그런데 이 제자훈련의 가장 중요한 발견은 '평신도란 무엇인가'에 있었다. 다시 말하면 성도인 평신도의 본질이 무엇인가가 재발견되고 재정의 되었기 때문에 제자훈련이 성공할 수 있었던 것이다. 마찬가지로 목양장로 사역 역시 평신도의 재발견에 그 뿌리를 둔다. 장로의 본질이 재발견되지 않으면 목양장로 사역은 불가능한 사역이 될 것이다.

옥한흠 목사는 카르타고의 감독 키프리안(200-258 A.D.)이 성직자와 일반 신자를 구분하기 위해 평신도라는 용어를 공식적으로 사용하기 시작했다고 이야기한다. 교직을 가진 자와 교직을 갖지 않은 자를 구약시대의 제사장과 일반 백성을 구분하듯이 성직자와 평신도라는 명칭으로 구분해 버린 것이다. 결국 이것은 교회 안에 두 계급이 존재하는 것 같은 인상을 풍기며 변질된 이름으로 양성화되어 지난 1,500여 년 동안 사용되어 왔다.

이런 왜곡된 평신도의 개념이 교회 안에 만연해 있었기 때문에 결국 교회의 평신도들이 잠을 자고 있다고 옥한흠 목사는 말한다. 그의 저서 『평신도를 깨운다』를 통해 좀 더 살펴보자.

잠자는 평신도

불행하게도 많은 교회에서 평신도가 잠을 자고 있다. 엄청난 저력을 가진 거인이 힘을 쓰지 못하고 있는 것이다. 물론 어느 교회나 열심히 헌신하는 약간의 평신도 그룹이 있다. 그들의 봉사가 얼마나 귀하고 아름다운 것인가는 그들을 통해 지금까지 한국 교회에 내려주신 하나님의 은혜를 보아 알 수 있다.

그러나 지금 문제로 제기되는 부분은 그와 같은 탁월한 평신도의 대부분이 교회 조직의 기능을 유지하는 데 필요한 소위 통상적인 봉사활동의 범주를 벗어나지 못하고 있다는 것이며 그중에서도 교회의 본질적인 사역에 직접 참여하고 있는 소수의 모범적 평신도마저 교역자의 옷자락을 받들어 주는 소극적인 시녀 역에서 더 발전하지 못하고 있다는 것이다.

이것만이 아니다. 더 심각한 문제가 있다. 그것은 그와 같은 평신도 역할마저도 극히 소수의 독점물이 되고 있고, 나머지 신자들은 그런 현상마저 아주 당연한 것으로 받아들이고 있다는 점이다.

어떤 교역자들은 그와 같은 평신도의 피동적인 위치는 평신도 스스로가 만들어낸 자업자득의 결과지 교역자의 책임이 아니라고 변명한다. 그의 말에 일리가 없는 것은 아니다.

교역자들이 열심히 가르치고 훈련하려고 할 때마다 여러 가지 구실을 만들어 빠져나가려고 하는 것이 대부분 평신도들의 몸에 배인 폐습이기 때문이다.

그들은 시간이 없다고 핑계를 댄다. 전문적인 교육을 받지 않아서, 전도하는 일이나 가르치는 일이나 상담하는 일은 신학교를 나온 교역자가 해야 할 일이라고 생각한다. 그들은 세상에서 생업에 종사하면서 무거운 짐을 지고 사는 사람이라, 교회 안에서는 뒷자리를 지키며 시키는 일이나 적당히 하면 된다는 식으로 생각한다.

그 결과 하나님이 그들에게 주신 가장 중요한 소명을 에서가 장자권을 가볍게 처분해 버리듯이 포기해 버리는 것이다. 로젠스 경의 말을 인용해 보자.

"평신도가 정말 원하는 것이 무엇인가? 그들은 교회답게 보이는 건물과 그들 보기에 성직자답게 성장한 목사와 평소 몸에 익은 스타일대로 예배드리기를 원한다. 그리고 여기에 한 가지 더 원하는 것이 있다. 그것은 교회가 그들 혼자 있게 가만히 내버려 달라는 것이다."

우리 주변을 둘러보아도 자기가 평신도라는 구실을 내세워 비슷한 소리를 하는 사람들이 얼마나 많은가? 만일 교회 지도자가 이와 같이 잘못된 평신도의 요구에 굴복한다면 그의 목회생명은 숨이 끊어진 것이나 다름없다고 해야 할 것이다.

　교회의 머리 되신 주님은 평신도를 방치하거나 병들게 한 책임을 반드시 교역자에게 물을 것이다. 불에 타 버릴 나무나 짚으로 집을 지었다면 그것은 교역자의 책임이지 평신도의 탓이 아닌 것이다. 평신도가 회피하기 위해 둘러댄 핑계들로 교역자의 책임 회피를 정당화하는 구실을 삼을 수는 없다.

　교역자는 영적 지도자다. 이 말은 함부로 평신도에게 책임을 떠넘길 수 없는 자리에 있다는 것을 의미한다. 만일 평신도가 잘못되어 있다면 그것은 교역자가 잘못하고 있다는 것을 말한다. 평신도가 교회의 손님처럼 남아 있는가? 그들이 잠에서 깨어나지 못하고 있는가? 그렇다면 양떼를 치라고 하신 주님의 명령을 생각하고 정말 두려워 떨어야 할 것이다.(『평신도를 깨운다』, 국제제자훈련원, p.45-47)

옥한흠 목사가 이렇게 개탄한 것이 목양장로 사역에 있어서도 동일한 개탄으로 늘 내 안에 다가왔다. 그래서 옥한흠 목사의 글을 목양장로에 대한 것으로 적용시켜 다음과 같이 정리해 보았다.

잠자는 장로

　불행하게도 많은 교회에서 장로들이 잠을 자고 있다. 엄청난 저력을 가진 거인이 힘을 쓰지 못하고 있는 것이다. 물론 어느 교회나 열심히 헌신하는 약간의 장로 그룹이 있다. 그들의 봉사가 얼마나 귀하고 아름다운 것인가는 그들을 통해 지금까지 한국 교회에 내려주신 하나님의 은혜를 보아 알 수 있다.

그러나 지금 문제로 제기되는 부분은 그와 같은 탁월한 장로들 대부분이 교회 조직의 기능을 유지하는 데 필요한 당회 중심의 소위 통상적인 행정활동의 범주를 벗어나지 못하고 있다는 것이며 그중에서도 교회의 본질적인 사역에 직접 참여하고 있는 소수의 모범적 장로마저 교역자의 옷자락을 받들어 주는 소극적인 시녀 역에서 더 발전하지 못하고 있다는 것이다.

이것만이 아니다. 더 심각한 문제가 있다. 그것은 그와 같은 장로 역할마저도 극히 소수의 독점물이 되고 있고, 교회의 목회자와 신도들 그리고 장로 자신들도 그런 현상을 아주 당연한 것으로 받아들이고 있다는 점이다.

어떤 담임목사들은 그와 같은 장로의 피동적이고 잘못된 위치는 장로 스스로가 만들어낸 자업자득의 결과이지 담임목사의 책임이 아니라고 변명한다. 그의 말에 일리가 없는 것은 아니다.

담임목사들이 열심히 그들과 함께 교회를 위해 협력하고 상의하고 힘을 쓰려고 할 때마다 여러 가지 구실을 만들어 마치 자신들은 교회 안의 야당이거나 교역자를 견제하는 세력, 혹은 행정만이 나의 할 일이라고 생각하여 반대하고, 당을 만들고, 분열을 조장하려고 하는 것이 장로들의 몸에 배인 폐습이기 때문이다.

그들에게 행정을 넘어서서 교회의 목양에 헌신하기를 요구하면 시간이 없다고 핑계를 댄다. 전문적인 교육을 받지 않아서, 전도하는 일이나 가르치는 일이나 상담하는 일은 신학교를 나온 교역자가 해야 할 일이라고 생각한다. 그들은 세상에서 생업에 종사하면서 무거운 짐을 지고 사는 사람이라, 교회 안에서는 뒷자리를 지키며 시키는 일이나 적당히 하고 당회가 열리면 담임목사를 적절히 견제하면서 교회 조직이 행정적으로 잘 돌아가게만 하면 된다는 식으로 생각한다.

그 결과 하나님이 그들에게 주신 가장 중요한 목양장로로서의 소명을 에서가 장자권을 가볍게 처분해 버리듯이 포기해 버리는 것이다. 로젠스 경의 말을 인용해 보자.

"장로가 정말 원하는 것이 무엇인가? 그들은 교회답게 보이는 건물과 그들 보기에 성직자답게 성장한 목사와 평소 몸에 익은 스타일대로 예배드리기를 원한다. 그리고 여기에 한 가지 더 원하는 것이 있다. 그것은 담임목사와 교회가 그들을 교회의 어른으로서 권위 있게 존중해 달라는 것이다."

우리 주변을 둘러보아도 자기가 장로라는 구실을 내세워 비슷한 소리를 하는 사람들이 얼마나 많은가?

만일 교회지도자가 이와 같이 잘못된 장로의 요구에 굴복한다면 그의 목회생명은 숨이 끊어진 것이나 다름없다고 해야 할 것이다. 교회의 머리 되신 주님은 장로를 방치하거나 병들게 한 책임을 반드시 담임목사에게 물을 것이다. 불에 타 버릴 나무나 짚으로 집을 지었다면 그것은 담임목사의 책임이지 장로의 탓이 아닌 것이다. 장로가 자신의 본질을 알지 못하고 함부로 교회 안에서 행한 행동이나, 책임 회피를 위해 둘러댄 핑계의 결과로 그 교회가 잘못되었다면 결코 담임목사도 내가 한 일이 아니니 책임이 없다고 할 수는 없다.

담임목사는 영적 지도자다. 이 말은 함부로 장로에게 책임을 떠넘길 수 없는 자리에 있다는 것을 의미한다. 만일 장로가 잘못되어 있다면 그것은 담임목사가 잘못하고 있다는 것을 말한다. 교회에서 장로가 회사의 대주주나 이사처럼 존재하려고 하는가? 그들이 잠에서 깨어나지 못하고 있는가? 그렇다면 양떼를 치라고 하신 주님의 이 명령을 생각하고 담임목사는 정말 두려워 떨어야 할 것이다.

목양장로 사역이 제자훈련에 기반을 두고 있고 또 제자훈련의 정점이 목양장로 사역이라고 말할 수 있다면, '평신도를 향한 옥한흠 목사의 개탄'을 재서술하여 만든 '목양장로를 향한 개탄'도 역시 성립할 수 있다고 생각한다. 왜냐하면 목양장로 사역은 옥한흠 목사의 제자훈련과 평신도에 관한 견해를 그대로 계승하고 있기 때문이다.

한국의 기성교회에 제자훈련의 기반을 마련하고 발전시킨 옥한흠 목사는 결국 평신도라는 용어 속에 있는 본질을 재발견하고 그들을 깨워 본질을 회복시켜줌으로써 제자훈련을 성공시켰다. 그는 평신도는 주님을 모신 선택 받은 자, 성도, 제자, 믿는 자의 전 공동체를 말하는 의미로 사용되며 평신도라는 용어는 교역자와 그 나머지 신자들을 성직자와 일반인으로 갈라놓는 의미가 조금도 들어 있지 않다고 했다.

그 이유로 세 가지 근거를 제시하고 있다.

첫째, 교회는 하나님께 선택받은 사람들의 모임으로 은혜로 부름 받았기에 하나님 앞에서 모두 평등하다. 따라서 특정한 계급이나 신분이 용납될 수 없다.

둘째, 성도는 성령의 전이다. 따라서 교역자나 성도 모두 한 성령을 모시고 있기 때문에 누구는 특별하고 누구는 특별하지 않다는 식으로 구분할 수 없다.

셋째, 교회는 그리스도의 몸이라는 개념으로 볼 때 모든 지체가 다 중요하며 각자가 고유한 기능을 가지고 있지만 모두가 평등하게 기능을 소유하고 있다.

『평신도를 깨운다』는 목사와 평신도의 관계가 계급적 관계가 되어서는 안 된다고 이야기한다. 그렇다면 장로와 평신도의 관계를 계급적으로 보는 관점은 더욱 잘못된 것이다. 따라서 담임목사는 교회 안의 모든 장로들을 성경에서 말하는 목양 본질에 충실하도록 가르치고 설득해야 한다. 교회를 섬기고 헌신하며 담임목사와의 목양적 동역을 통해 주의 몸 된 교회에 목숨을 거는 사람으로 동력화 시킬 책임이 있는 것이다.

장로교 헌법을 근거로 말하는 목양장로

대부분의 장로교단들이 말하고 있는 장로의 직무를 살펴보면 다음과 같다. 다음 표에 나타난 것처럼 대부분의 장로교단들은 장로의 직무나 본질에 대해 비슷한 헌법을 가지고 있다.

(1) 영적 상황을 살핀다
 - 합동 헌법 5장 치리장로 4조 장로의 직무 1항, 4항/ 통합 헌법 6장 장로 39조 장로의 직무 2항/ 고신 헌법 6장 장로 47조 장로의 직무 2항

합신 헌법 제9장 3조 장로의 직무

1항, 교회의 영적 상황을 목사와 함께 성경적으로 돌본다(행 20:28-30). 장로들은 신자들의 대표자로서 목사와 협동하여 일할 수 있으나 목사와 협동하지 않고 자의로 일을 처리하지 못하는 자로서 행정과 권징에 수종 들며 지교회 혹은 전국 교회의 영적 상황을 살피는 데 시중든다.

2항, 교리적 오해나 도덕상 부패를 방지하도록 기도하며 사역한다.

"여러분은 자기를 위하여 또는 온 양떼를 위하여 삼가라 성령이 그들 가운데 여러분을 감독자로 삼고 하나님이 자기 피로 사신 교회를 보살피게 하셨느니라" (행 20:28)

헌법에서 말하는 장로의 첫 번째 직무는 영적 상황을 살피는 것이라고 했다. 이것이 무슨 의미인가? "교회의 영적 상황을 목사와 함께 성경적으로 돌본다"라고 규정하면서 사도행전 20장의 바울이 밀레도에서 에베소 장로들을 불러 당부하는 것을 예로 들었다.

즉 교회의 영적 상황을 돌본다는 것은 하나님께서 자기 피로 사신 교회를 보살피게 하셨다는 말씀과 동일하다. 자기 피로 사신 교회가 무엇인가? 곧 성도를 가리키는 것이다. 성도의 영적 상황을 돌보고 문제가 있으면 기도해 주고, 또 잘못된 교리적 오해나 도덕적인 부패에 대해 말씀으로 가르쳐서 훈계해 주는 목양의 사역이 장로의 제일 직무라는 것이다.

[각 교단별 장로의 직무]

교단	장로의 직무
대한예수교 장로회 합동	행정과 권징, 도덕상 부패 방지, 교우 심방, 신앙을 살피고 기도, 특별히 심방할 자를 목사에게 보고
대한예수교 장로회 합동정통	행정과 권징, 도덕적 부패 방지, 교회의 신령상의 관계를 살핌, 회개하지 않으면 당회에 보고
대한예수교 장로회 통합	행정과 권징, 도덕적 부패 방지, 교회의 신령상의 관계를 살핌, 회개하지 않으면 당회에 보고
대한예수교 장로회 고신	행정과 권징, 교회의 영적 관계를 살핌, 교인을 심방, 교인들이 설교대로 신앙생활 하는지의 여부를 살핌, 기도하고 전도
기독교대한 성결교	행정과 권징, 교인의 영적 상태를 돌보아 심방, 도덕성 부패를 방지, 전도, 예배 인도와 설교가 주 임무는 아니나 담임교역자의 위임에 의하여 예배를 인도 할 수 있다.
기독교대한 감리회	행사 집행 보좌, 임원들 활동 지도, 교인을 심방하며 신앙을 지도함, 담임자 부재시 위임받은 범위 내에서 담임자의 직무를 대행
대한예수교 장로회 합신	교회의 영적 상황을 돌봄, 도덕상 부패 방지, 신자를 심방하여 위로하고 교훈하고 보살핌, 신앙을 살피고 위하여 기도함, 심방이 필요한 자의 심방을 목사에게 청함, 특히 환자와 슬픔을 당한 자와 회개하는 자와 도움을 받아야 할 자가 있을 때 목사에게 보고

(2) 심방과 기도사역을 한다

- 합동 헌법 5장 치리장로 4조 장로의 직무 3항, 5항, 고신 헌법 6장 장로 47조 장로의 직무 3항

3항, 신자를 심방하여 위로하고 교훈하며 보살핀다. 신자를 심방하되 특별히 병자와 상가를 찾아 위로하며 진리를 잘 알지 못하는 자와 어린 아이들을 가르치며 돌봐야 할 것이니 일반 신자보다 장로는 개인적 의무와 직무상 책임이 더욱 중하다.

4항, 신자의 신앙을 살피고 이를 위하여 기도한다(약 5:14-16). 장로는 신자와 함께 기도하고 목사의 설교를 바로 이해하도록 도와준다.

"너희 중에 병든 자가 있느냐 그는 교회의 장로들을 청할 것이요 그들은 주의 이름으로 기름을 바르며 그를 위하여 기도할지니라"(약 5:14).

장로가 성도를 보살피기 위해 심방하는 것은 기본 사역이다. 병든 성도를 찾아가 심방하고 또 사업을 하거나 장사하는 곳을 직접 찾아가 위로하고, 이사하거나 개업하면 찾아가 축복해 주는 심방을 말한다. 그런데 이것은 가끔 기회가 생기거나 시간이 남아서 하는 것이 아니라 주 직무로서 꾸준하게 정기적이고 지속적으로 해야 한다.

뿐만 아니라 야고보서 말씀을 예로 들면서 장로는 특히 병든 성도에 대해서는 그 청함을 거절하지 않고 찾아가 병 낫기를 위해 기도하는 직무가 있다고 말한다.

"주의 이름으로 기름을 바르며 그를 위하여 기도"한다는 것은 곧 장로도 안수기도를 할 수 있다는 것이다. 이 얼마나 장로를 향한 놀라운 축복이며 특권인가? 장로교 헌법에서 장로의 직무가 목양이라고 이야기하는 것은 헌법의 전부라고 해도 과언이 아니다. 이렇게 보면, 기성교회들이 장로를 세운 후 맡기는 행정 사역은 성경적으로나 헌법적으로 장로 직무의 5퍼센트 정도에 해당하는 일이라고 할 수 있다. 그런데 이것이 장로가 할 모든 일인 것처럼 여겨 행정만을 주사역으로 여기는 장로들은 당회를 하면 많은 경우 갈등을 일으키고 –이것을 사명이라고 생각하는 장로들도 있다– 또 엉뚱한 데 마음과 시간과 정력을 쏟아 부작용을 일으킨다.

　이런 장로들의 모습은 비단 장로만의 책임은 아니다. 목회자에게도 큰 책임이 있음을 통감해야 한다. 목양장로야말로 성경적으로, 신학적으로 헌법에 규정된 장로의 참된 모습을 회복하는 일이다.

　개혁신학 전통에서도 심방이 치리장로의 중요한 임무 중 하나라는 사실은 이미 잘 알려져 있는 사실이다. 앞에서 언급한 프린스턴(Princeton)신학교의 교회사와 교회정치 교수였던 사무엘 밀러(S. Miller)는 치리장로에 대한 그의 글(The Ruling Elder, 1832)에서 성도와 그 가정을 방문하는 일을 치리장로의 '의무'라고까지 표현한다. 심방할 때, 목사가 원하면 함께할 수 있으며, 목사가 원치 않으면 목사 없이 할 수도 있다고 한다. 무지한 자들을 가르치기 위하여 그들과 격의 없이 대화하기도 하고, 흔들리는 자들을 확고히 세워주기도 하며, 경솔한 자들에게 주의를 주기도 하며, 방황하는 자들을 선도하기도 하며, 겁내는 자들에게 용기를 북돋우기도 하며, 모든 계층의 사람들에게 의무를 신실하고 넉넉히 수행할 수 있도록 격려하기도 한다고 하였다.

　에버딘(Aberdeen)대학교의 교회사 교수였던 헨더슨(G. D.

Henderson)은 스코틀랜드 교회의 치리 장로에 대한 그의 글에서 특히 환자 심방에 대하여 많이 언급하고 있는데(The Scottish Ruling Elders, 1935), 그에 의하면 장로의 의무는 모든 그리스도인들에게 통용되는 것을 포함하는데, 권하고(exhort), 책망하고(rebuke), 위로하고(comfort), 회복시키고(restore), 화해시키고(reconcile), 형제를 위하여 기도하고(pray for the brother) 환자와 괴로워하는 자를 심방하는 것(visit the sick and distressed)이라고 했다.

장로의 직무에 대한 바른 이해
(개혁신보 2008-01-26 사설 내용)

합신의 헌법(정치 제9장 제1조)에는 장로의 직무를 여섯 가지로 규정하고 있다. 하지만 여기서는 크게 세 가지로 압축해 보겠다.

첫째, 장로는 신자의 대표자들인 것은 사실이지만 자의(自意)로 일하지 않고 목사와 함께, 목사의 목회 사역에 협동하는 것이다.

둘째, 신자의 육신과 물질과 관계된 문제를 취급하는 집사와는 달리 신자들의 영적 상황과 교리, 도덕적인 문제를 보살피는 것이다.

셋째, 다른 모든 직분자가 그렇듯이 장로의 직무도 신자들을 다스리는 것이 아니라 신자들을 돌보고 섬기는 것이며 그 주된 수행 방법은 기도와 심방이다.

장로의 직무가 이러한대도 거의 모든 지교회의 목회 현장에서 잘못된 현상들이 일어나고 있다. 그것은 교회에 부정적인 영향을 끼치고 있어서 장로들의 바른 이해와 개혁의지가 심각하게 요구된다.

첫째, '장로가 신자의 대표'라는 말은 교인들을 마주보고 섬기는 목회자와 나란히 하여 그 목회 사역에 동역하는 일꾼이라는 뜻이다. 그런데 그 말을 신자들을 등에 업고 목회자와 맞서서 신자의 의견을 대변하고 목회자를 견제하는 것으로 오해하여 목사와 긴장 관계를 갖고 있는 장로들이 적지 않다.

목사는 교회의 경영자요, 장로는 노조위원장인 것처럼 착각하며 서로에게 껄끄러운 존재가 되고 있다. 목사들은 장로 없이 목회 하려 하고, 장로들은 목사를 강력하게 견제하면서 그 관계가 악화되기에 이르렀다. 이는 교회의 큰 문제가 아닐 수 없다. 목회자와 장로 모두가 교회에 없어서는 안 될 항존직이요, 동역자라는 의식을 갖고 주님과 성도를 섬기는 일에 소홀함이 없도록 해야 할 것이다.

둘째, 장로 본연의 직무는 목사와 함께 교회(교인들)의 영적 상황과 교리, 도덕적인 문제를 취급하는 것이다. 그런데 장로가 본연의 직무보다는 집사들의 직무인 신자들의 육신과 물질적 문제와 그와 관련된 일을 직접 하거나, 집사들의 일을 감독하고 심지어 지시하는 것을 당연하게 생각하고 있는 것이 현실이다.

그 결과 집사의 직무와 사역이 축소될 뿐 아니라 장로와 집사 사이를 수직적 계급 관계로 인식하고, 집사직분을 장로직분에 이르는 과정으로 오해하는 풍조가 자리 잡게 되었다. 이 문제를 해결하는 방법은 장로들이 깨어 본연의 직무에 충실히 행하는 것밖에 없다.

셋째, 교회의 모든 직분자들이 그렇듯이 장로의 직무 성격도 신자들을 섬기고 보살피는 것이다. 그런데 오히려 섬김을 받고 다스리는 특별한 존재가 된 것처럼 행동하는 권위주의적인 장로들이 적지 않다. 교인의 집을 심방하여 그 희로애락을 같이 나누기보다는 당회실에서 회의하고 자기주장을 관철하는 일에 더 몰두하는 장로들, 교인을 위해 기도하기보다는 감독하고 지시하려는 장로들이 늘어나고 있는 교회의 현실이 안타깝기 그지없다.

개혁교회에서 교회의 직분은 서로 독립적이면서도 교회의 한 회원으로서 유기적 관계를 맺고 있다. 우리는 여당과 야당이 국가와 국민을 위해 서로 협력하지 않고 자신들의 권력을 위해 다투고 경쟁하는 것을 못마땅하게 여긴다. 그러면서도 목회자와 장로가 그와 비슷한 행태를 보이는 것에는 왜 잠자코 있는가.

모든 장로가 교회와 교인을 섬기는 목회의 동역자가 되기를 간절히 바란다. 특히 집사의 직무는 집사에게 맡기고 장로 본연의 직무에만 전념한다면 교회는 훨씬 든든하게 세워지게 될 것이다.

대통령 당선자도 섬기는 대통령이 되겠다고 선언했다. 세속 사회에서도 섬기는 리더십이 정착되고 있다는 증거다. 모든 장로가 신자를 섬기고, 돌보고, 기도하는 일에 앞장섬으로써 주님과 신자들을 행복하게 만들고, 목회자와 신자들에게서 사랑과 존경 받기를 기대해 본다.

9장 목양장로 사역을 위한 패러다임 시프팅

장로를 훈련시키고 그들의 본질을 가르쳐 함께
목양사역을 감당하게 되면 서로에게 큰 힘이 될 뿐 아니라,
교회의 건강한 성장을 위해 함께 고민하고 사역하는 동역자가 된다.

지금까지 성경적, 신학적, 임상적, 헌법적으로 장로의 본질에 대해 살펴보면서 기존의 장로직분에 대한 생각이 분명히 바뀌어야 함을 알 수 있었다. 이번 장에서는 목양장로를 건강하게 시작하기 위해 교회 구성원들이 바꾸어야 할 생각에 대해 살펴보도록 하겠다.

담임목사의 인식 바꾸기

목양장로 사역이 뿌리 내리기 위해서는 먼저 담임목사의 생각이 바뀌어야 한다. 보통 담임목사들은 장로와 목사와의 관계를 양과

목자의 관계라고 생각한다. 결국 담임목사가 바꿔야 할 생각은 '목사인 나만이 목자'라는 생각이다. 목사 자신이 목자라면 장로도 목자로 여겨야 한다. 목사와 장로의 직분을 계급처럼 생각하면 안 된다.

성직자와 평신도의 개념은 중세 가톨릭에서 온 개념이다. 신약성경에서도 목사와 장로를 계급으로 말하는 경우는 전혀 없다. 목사와 장로는 함께 하나님의 나라를 세워나가야 하는 동역자이며 계급의 차이가 아닌 직분의 차이라는 생각을 갖고 자신의 패러다임을 완전히 바꾸어야 목양장로 사역을 성공적으로 이끌 수 있다.

일반적으로 목회자들은 평신도 사역자를 성장시켜 목양까지 맡기면 교회 안에서 막강한 파워가 생겨 목회자의 자리를 위협할지도 모른다고 생각한다. 하지만 나를 비롯한 많은 평신도 제자훈련 사역자들은 평신도를 성장시키는 사역을 통해 오히려 더 건강하고 행복한 교회 현장에서 목양하고 있다. 더구나 제자훈련을 목양장로 사역으로까지 확장시켜 장로의 본질을 회복시키는 데 앞장서 온 나는 호산나교회에서 나타난 목양장로 사역의 열매들을 보며 기존의 우려들을 싹 날려 버렸다. 그것은 '실천해 보지 않은 탁상공론에서 오는 우려'였던 것이다. 장로를 훈련시키고 그들의 본질을 가르쳐 함께 목양사역을 감당하게 되면 서로에게 큰 힘이 될 뿐 아니라, 교회의 건강한 성장을 위해 함께 고민하고 사역하는 동역자가 된다.

한국 교회의 많은 담임목사들이 장로들 때문에 개인적으로 마음에 상처를 입거나 교회의 중요한 일들을 놓고 장로들에게 발목 잡힌 경험들이 있을 것이다. 그래서 많은 목사들이 장로교 안에 있으면서도 장로 제도를 교회 성장의 걸림돌이라고 깊이 우려하기도 한다.

이런 우려는 급기야 교회가 장로 세우기를 꺼려하는 현상으로 나타난다. 그래서 어떤 교회들은 수천 명의 교인으로 성장해도 장로를 아예 세우지 않는다. 그나마 장로를 세워도 그들에게 극히 제한된 일과 권한만을 허용하고, 나머지는 모두 담임목사의 카리스마와 권위로 교회를 이끌어가려 한다. 하지만 아무리 장로들이 교회에서 문제와 어려움을 일으킨다고 해도 성경은 장로를 세워 그 직무를 다하게 하는 것이 교회를 향한 하나님의 뜻이라고 명령하고 있다.

사도행전 14장 23절 말씀을 보자.

"각 교회에서 장로들을 택하여 금식 기도하며 그들이 믿는 주께 그들을 위탁하고."

바울이 더베와 루스드라와 이고니온에서 전도하여 교회를 세우고 장로들을 택하여 성도를 맡기는 모습이 나타나 있다. 이번엔 디도서 1장 5절 말씀을 보자.

"내가 너를 그레데에 남겨 둔 이유는 남은 일을 정리하고 내가 명한 대로 각 성에 장로들을 세우게 하려 함이니."

바울은 디도에게 각 성에 있는 교회들에 장로들을 세우라고 명령하고 있다. 그러므로 담임목회자는 목양장로 사역을 행하기 위해 이제까지 가지고 있던 장로에 대한 잘못된 생각을 버리고 성경적인 장로의 본질을 깊이 깨달아야 할 것이다.

장로의 인식 바꾸기

장로가 되면 사람이 바뀐다는 말을 종종 듣는다. 집사 때는 봉사도 열심히 하고 교회에 순종적이고 항상 겸손한데, 장로만 되면 왠지 사람이 변한다는 말이다.

왜 그럴까? 집사에서 장로가 되면 평신도로서 최고의 자리에 올랐다고 생각하기 때문이다. 평신도, 서리집사, 안수집사를 거쳐 장로가 되었다는 것은 최고의 자리로 진급했다는 것이다.

이런 계급의식에 젖은 장로는 자신이 평신도 중에서 최고의 지위에 오른 만큼 그에 합당한 대우를 받아야 하며, 권한을 행사해야 한다고 생각한다. 그러나 이것이야말로 장로가 가장 시급하게 버려야 할 생각이다.

또 하나 위험한 것은 장로의 역할이 담임목사의 독주를 막고 성도의 권익을 지키는 것에 있다는 생각이다. 이것은 교회를 무기체적인 조직으로 보고 직분을 계급적으로 이해한 심각한 오류다.

장로들은 담임목사와의 동역자적 의식을 가져야 한다. 또한 장로와 성도의 관계는 지위고하의 관계가 아닌 섬김과 목양을 받아야 하는 자녀와 아버지의 관계가 바람직하다. 아버지는 자녀들에게 결코 지위를 가지고 권한을 강요하지 않는다. 설령 지위와 권한이 있다 하더라도 아버지는 그 모든 것을 포기하고 자녀를 사랑하고 돌본다. 장로의 참된 모습은 바로 이런 것이다.

따라서 장로는 결코 담임목사의 독주를 견제해야 하는 세력이 아니다. 오히려 담임목사와 함께 비전을 나누고 교회가 하나님의 나라로 바로 세워지고 확장되도록 노력하는 동역자가 되어야 한다.

앞의 1부에서 나누었던 교회 부지 구입에 관한 이야기는 이와 같은 동역자 의식, 교회의 부모 된 의식에서 나온 결과였다. 담임목사가 땅을 사자고 안건을 내놓고 장로들이 반대하는 것이 대부분의 교회에서 흔히 볼 수 있는 상황이다. 하지만 호산나교회는 어떠했나?

담임목사인 나는 처음부터 마음의 부담이 커서 반대했지만, 모든 장로들이 만장일치로 의견을 모으고 나를 설득했다. 장로들이 담임목사와 같은 비전을 나누고 부모의 마음으로 동역하니 자연스럽게 자녀들을 위해 해야 할 일이 무엇인지 알게 되었다. 그 결과 적지 않은 예산이었지만 다음 세대를 위한 교육 공간 부지를 행복한 마음으로 구입할 수 있었다.

보통의 장로들은 담임목사가 예산이 들어가는 일을 하자고 하면 반대부터 한다. 이것은 교회에서 장로가 아니면 담임목사를 막을 사람이 없다는 생각에서 비롯된 것이다. 장로는 담임목사를 막는 사람이 아니다. 담임목사와 함께 교회를 세워나가는 사람이다. 따라서 현재 고착된 장로들의 의식이 바뀌어야 목양장로 사역이 올바로 정착되고 성공하여 건강하고 행복한 교회가 될 수 있다.

10장 목양장로 사역 시작하기

목양장로 사역은 복잡한 시스템을 필요로 하지 않는다.
또한 많은 인력과 행정적인 절차를 요구하지도 않는다. 목양장로 사역은 성경적인 장로의 본질을 회복하고 바른 장로의 모습을 찾으며, 올바로 성도를 섬기겠다는 의지의 표현이자 실천이다.

목양장로 사역을 위한 전제조건

목양장로 사역은 단순한 시스템이 아니라 교회 본질의 회복이며, 성도의 본질 회복을 위한 사역이기 때문에 장로를 목양장로화 하는 일은 매우 중요하다. 이를 통해 교회는 체질이 개선되고 건강해진다. 그러므로 어떤 장로를 세워, 어떻게 목양사역을 하느냐에 그 교회의 사활이 걸렸다고 해도 과언이 아니다. 어떤 장로를 목양장로로 세울 것인가는 참으로 중요한 문제인 것이다. 앞에서도 목양장로 제도를 세우기 위해서는 반드시 제자훈련이 선행되어야 한다는 것을 강조했다. 따라서 목양장로를 세울 때도 훈련되지 않은 사람은 배제해야 한다는 것을 다시 한 번 말하고 싶다.

특히, 제자훈련을 통해 교회 자체가 먼저 체질개선 되어야 한다. 나는 지난 이십여 년 동안 전통적인 기성교회를 맡아서 제자훈련으로 한 우물을 파왔다. 해를 거듭할수록 제자훈련은 해도 되고 안 해도 되는 사역이 아니라 하지 않으면 죄가 된다는 생각이 들었다. 왜냐하면 제자훈련은 성도의 본질을 찾게 해주고 행복한 신앙생활을 할 수 있도록 성도를 성숙시켜주기 때문이다. 성도가 주님께 헌신하며 사는 것이 행복한 삶이라는 것을 목사가 깨닫게 해주지 못한다면 그것이야말로 죄가 아니고 무엇이겠는가?

제자훈련은 예수님의 지상명령으로 구원받은 모든 성도가 이 명령에 순종하지 않으면 죄가 된다는 말이다. 제자훈련은 단지 오늘날 유행처럼 번져 있는 교회 내의 소그룹모임을 이야기하는 것이 아니다.

마태복음 28장 18-20절 말씀을 보자.

"예수께서 나아와 말씀하여 이르시되 하늘과 땅의 모든 권세를 내게 주셨으니 그러므로 너희는 가서 모든 민족을 제자로 삼아 아버지와 아들과 성령의 이름으로 세례를 베풀고 내가 너희에게 분부한 모든 것을 가르쳐 지키게 하라 볼지어다 내가 세상 끝날까지 너희와 항상 함께 있으리라 하시니라."

왜 제자를 삼으라고 하셨는가? 복음을 전해서 구원받은 사람들에게 세례를 베풀고 또 그들에게 예수님의 말씀을 가르쳐 지키게 하기 위해 제자를 삼으라고 하셨다. 이 말은 예수님이 그 당시 주변에 몰려 있던 많은 군중과 무리에게 하신 말씀이 아니라 부활 후 오직 예수만을 따르기로 작정한 제자들에게 명령하신 말씀이다.

예수님은 자신을 따르는 사람들을 무리와 제자로 구별하셨다. 오합지졸의 무리로서는 주님의 뜻을 이룰 수 없음을 누구보다 잘 아셨던 것이다. 제자들도 무리도 모두 자신들은 주님을 따르는 사람들이라고 말했다. 하지만 무리는 예수님을 따르는 것이 자신에게 불이익이 된다고 생각하면 언제든지 피하고 도망가기 일쑤였다. 떡이나 얻어먹기 위해 모여든 군중, 자신의 필요만을 위해 예수님께 찾아왔던 무리는 하나같이 위험에 노출되면 줄행랑을 쳤다.

세상을 변화시키는 사람들이 누구인가? 무리인가? 아니면 예수처럼 살고 예수처럼 죽겠다고 고백한 제자들인가? 오늘날 교회 안에서도 종종 무리에 속한 사람들이 교회를 오래 다녔다는 이유로 리더가 되기도 한다. 이런 사람이 리더가 되면 어떻게 될까?

성도는 교회에 다니면서 은혜를 받는 동시에 시험도 많이 받는다. 그러면 주로 누가 그런 시험을 주는가? 초신자들인가, 아니면 오래된 성도인가? 주로 오래된 성도, 그 중에서도 리더에 해당되는 목사와 장로그룹으로부터 시험당할 때가 많다. 그렇게 시험을 주는 교회의 리더들 중 대부분은 제자훈련을 제대로 받지 않은 사람이다. 따라서 교회의 리더인 장로와 교역자는 반드시 주님의 제자로 훈련된 사람이어야 한다.

목양장로를 세우기 위한 필수조건은 다음과 같다.

첫째, 거듭 반복되는 말이지만 목양장로 사역을 적용하기 전에 제자훈련이 교회 안에 전반적으로 이루어져 있어야 한다. 제자훈련을 받고 사역자 훈련까지 받아서 제자를 키워낼 수 있는 사람이 장로가 되어야 하며, 그런 장로와 함께 목양사역을 해야 올바른 교회로 성장할 수 있다.

둘째, 소그룹 리더활동을 통해서 목양에 대한 노하우를 익혀야 한다. 목양장로 사역은 목양이다. 따라서 소그룹 리더를 하면서 목양의 방법들을 구체적으로 익혀 나가야 한다.

셋째, 담임목사의 비전을 나누어야 한다. 목양장로가 되기 위해서는 담임목사가 가지고 있는 비전을 공유해야 한다. 따라서 담임목사는 늘 장로들과 함께 자신에게 주신 하나님의 비전을 나누기 위해 노력해야 한다. 소그룹 리더들과 비전을 나눌 때보다 더 구체적이고 깊은 교제 안에서 나누어야 하는 것이다. 그저 정기 당회에서나 얼굴을 마주 대하는 정도로는 깊이 있는 대화가 어렵다. 좀 더 적극적인 장로들과의 관계를 통해 온전히 담임목사의 비전이 이해되고 체계화되도록 해야 한다.

목양장로 사역 준비하기

장로 임직_시무목양장로와 시무행정장로

당연한 말 같겠지만 목양장로 사역을 시작하기 위해서는 장로를 임직해야 한다. 그런데 장로를 세우는 일은 교회가 단독적으로 처리할 수 없는 문제다. 노회에 장로 증원을 청원하여 승낙을 얻어야 임직할 수 있다. 그런데 중, 소형 교회뿐 아니라 많은 숫자의 장로를 필요로 하는 대형 교회라 하더라도 장로를 임직하는 데 노회법이나 규정이 걸림돌이 되지는 않는다. 노회에서의 법과 규정은 약간의 차이가 있긴 하지만 대부분 세례교인 25인당 장로 1인을 임직할 수 있도록 명시되어 있다. 즉 250명의 성도라면 10명의 장로를, 2,500명의 성도면 100명의 장로를, 5,000명이라면 200명의 장로를 임직할 수 있는 것이다.

그런데 대형 교회의 경우 선출된 장로 수백 명이 모두 시무장로로 당회원을 할 수 있는 것은 아니다. 목양뿐 아니라 행정과 치리에 있어서도 사명을 감당해야 하는 것이 장로이긴 하지만 그렇다고 모든 장로를 당회에 참여시킬 수는 없다. 교회의 원활한 행정이 어려워지고, 시간적으로나 질적으로 합리적인 당회 운영이 힘들어지기 때문이다.

이런 이유로 호산나교회는 선출된 전체 장로들 중에서 20명 정도만 행정을 담당하는 당회원이 되도록 규정했다. 이를 시무행정장로라고 한다. 그리고 당회에 참석하지 않고 목양만을 전담하는 시무장로들을 시무목양장로라고 한다. 이와 같은 목양장로 시스템에 대해 교회는 장로들을 피택하기 전에 미리 숙지시키고 목양에만 전무하는 시무목양장로가 될 수도 있다는 것에 대한 동의 서약을 받아야 한다. 행정 외에 교회 대표기도, 주일 봉사, 성도를 영접하는 일 등, 기타 교회를 섬기는 일에 있어서는 모든 시무장로들이 동일한 순서를 따라 섬긴다.

교회는 정관을 통해 행정을 담당하는 당회원은 누구이며 어떤 기준으로 선발되는지, 목양만을 담당하는 장로는 누구이며 어떤 기준으로 정해지는지를 각각 규정해 놓아야 한다.

호산나교회의 정관은 이런 사항들을 밝히고 있는데, 예를 들어

[호산나 교회의 장로역활]

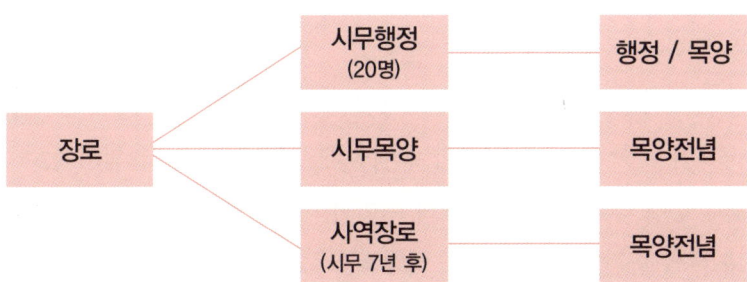

시무장로(행정, 목양)는 임기가 7년이다. 7년 임기가 끝나고 나면 사역장로라는 칭호가 붙으며 65세까지 목양만을 하게 된다. 65세가 넘으면 은퇴장로로 물러나게 된다. 그리고 20명의 시무행정장로 중에 공석이 생기면 당회(시무행정)를 통해 시무목양장로 중에서 투표로 채운다.

물론 장로가 20명 이하인 중형 교회에서는 시무행정과 시무목양을 나눌 필요가 없다. 장로 전체가 행정과 목양사역을 동시에 진행하면 될 것이다.

목양장로 배치하기

장로로 임직한 후에는 장로가 목양을 할 수 있도록 적절한 곳에 배치하여 교구교역자와 동역하게 한다. 호산나교회에서는 목양장로 1명당 15-20명의 순장을 배치한다. 순장이 맡은 다락방의 순원들이 평균 10명이라고 한다면 목양장로 한 사람에게 약 150-200명의 성도가 배정되는 셈이다. 그들의 가족까지 생각하면 300-500명 정도가 된다. 이것은 웬만한 중형 교회 담임목사의 책임과 맞먹는다.

목양사역을 담당하고 있는 호산나교회의 장로 한 분은 이런 말을 했다.

"우리는 모두 주일이면 교회에 모여 예배드리고 영적 행위를 하지만 교회 문을 나서면 바로 세상과 부딪히는 존재들입니다. 이튿날부터 당장 생업 현장에서 뛰어야 하지요. 그렇다 보니 목양장로 사역을 감당하려면 성도 이상의 노력은 당연합니다. 우선 각종 심방을 위해 성도를 돌아보려면 많은 시간이 필요한데, 다행히 저는 개인사업을 해서 좀 자유로운 편이지만 많은 분들이 그 점을 어려워합니다. 또 사역을 하다 보면 생각 외의 사역비가 드는데, 심방하며 소요되는 경비나 경조사비 등이 만만치 않습니다. 장로라면 당연히 감당해야 할 부분이지만 현실적으로는 힘겨운 점들이 있습니다.

목양사역 2년째 들어오면서 제일 아쉬웠던 부분은 준비된 기도의 동역자가 필요하다는 것입니다. 예를 든다면 제가 맡은 다락방이 23개인데 총 순원 수가 170여 명이고 딸린 가족 수를 합하면 500명이 훨씬 넘습니다. 그중에는 신체적, 경제적으로 어려운 분들도 있지만 영적으로 어둠의 영에 사로잡힌 이들도 있습니다. 저와 담당교역자 둘이서 그분들을 감당하기란 쉽지 않지요. 물론 순장들도 함께 힘을 합쳐 사역하고 있지만 특별히 기도로 도와줄 기도특공대 같은 것이 필요함을 강하게 느낍니다. 목양장로 사역은 가끔 생각날 때 한두 번 기도하는 것이 아니라, 지속적으로 기도해야 할 사역이기 때문에 더욱 그렇습니다.

약 500명의 성도를 섬긴다는 것은 웬만한 중형 교회를 섬기는 것과 마찬가지지요. 그래서 많은 책임감을 느끼고 있는데, 그 책임감을 통해 담임목사님의 목양을 많이 이해하게 되었습니다. 목양장로 사역을 하기 전에는 느끼지 못했던 담임목사님의 고충과 어려움을 직접 경험하게 되면서 목양사역자로서 담임목사님이 동역자로 느껴집니다."

목양장로 사역을 시작할 무렵 호산나교회는 크게 장년 4개 지구, 젊은이 1개 지구로 구성되어 있었다. 각 지구는 다시 4-5개 교구로 나뉘고, 각 교구는 1-5개의 지역으로 구성된다. 한 지역은 여러 개의 순(소그룹)으로 이루어져 있으며, 한 개의 순은 약 10명의 인원으로 구성된다.

따라서 대부분의 목양장로들은 10-20여 개의 순을 맡게 되고 교구교역자들은 세 분 정도의 목양장로들과 동역하게 된다.

물론 호산나교회의 배치는 한 사람의 장로로서는 감당하기 버거운 숫자였다. 그래서 앞으로 한 명의 목양장로에게 약 60-100명 정도를 목양하도록 사역을 배치할 계획이다. 교회마다 성도의 숫자와 목양장로의 능력에 따라 배치는 달라질 수 있다.

목양사역 전담 교역자 배치하기

목양사역을 위하여 전담하는 행정 담당 교역자를 세워야 한다.

2008년 교구(청·장년)편성

지구	지역	담당 목양장로	담당교역자
1	하단2동B(동대 앞), 해운대(명지 극동101-105)	최○○(해운대), 권○○(하단1)	손○○
	북구, 모라, 양산, 아래당리(명지 극동 106-111)	조○○(아래당리), 박○○(양산), 정○○(북구모라)	김○○
	엄궁, 감전, 괘법, 삼락(명지 극동 112-116)	박○○(감전, 괘법, 삼락), 강○○(엄궁2), 양○○(엄궁1)	김○○
	하단2동A, 연제구(명지 극동 117-121)	김○○(하단1), 김○○(하단2), 강○○(연제구)	정○○
	사랑마을	정○○	한○○
	SK, 김해, 장유(명지 영조1 101-111)	전○○(SK), 이○○(김해, 장유)	송○○
2	하단1동, 수영, 남구(기장)(명지 영조1 201-214)	김○○(하단1동), 안○○(수영, 남구)	최○○
	위 당리(명지 영조1 201-214)	김○○(위당리2), 류○○(위당리1), 신○○(위당리3), 김○○(위당리4)	한○○
	괴정, 감천(명지 영조1 310-317)	김○○(괴정), 서○○(감천)	양○○
3	다대1, 학원, 동구(명지 롯데 101-105)	임○○(다대2), 이○○(다대1), 이○○(학원, 동구)	금○○
	강서, 영도, 중구(명지 롯데 106-111)	김○○(중구), 이○○(영도), 김○○(강서)	김○○
	장림, 구평, 다대2, 가락1(명지 롯데 112-116)	김○○(가락1), 강○○(다대2), 송경○○(장림,구평)	강○○
	갈렙, 마리아	이○○(마리아), 김○○(갈렙)	홍○○

지구	지역	담당 목양장로	담당교역자
4	학장, 주례, 진구 (영조2 501-514)	이○○(진구2), 박○○(학장), 엄○○(주례, 진구1)	김○○
	가락2, 3, 서구 (명지 영조2 401-408)	이○○(가락2), 이○○(서구), 김○○(가락3)	배○○
	신평, 금정구, 동래구 (명지 영조2 601-614)	권○○(신평1), 도○○(신평2, 금정구, 동래구)	정○○
	용원, 마산, 창녕 (명지 영조2 409-417)	김○○(용원1), 박○○(용원2), 성○○(용원3)	김○○
젊은이	청년부	윤○○, 안○○	이○○
	대학부	이○○, 노○○	이○○

목양장로 사역 시작하기

목양장로의 배치가 끝나면 드디어 목양장로 사역이 시작되는데 목양장로 사역에 대한 전반적인 체제에 대해서는 제시된 흐름도를 보면서 구체적으로 설명하겠다.

목양 내용 발생

교구교역자는 순장이나 교인들로부터 발생한 목양 내용을 접수한다. 목양 내용이 접수되면 바로 담임목사와 목양장로, 목양사역 담당교역자에게 상세한 내용을 담은 이메일을 발송하고 주보에 게재할 내용은 따로 정리하여 교회 행정 사무실로 보낸다.

목양 조치

목양장로는 교구교역자로부터 목양대상의 성도에 관한 이메일을 받으면 1차적으로 전화나 문자 등으로 목양사역을 신속히 진행한다. 그리고 자신이 취한 목양내용을 담당 교역자에게 알린다. 다시 말하면 교역자가 해당 성도에 대한 내용을 이메일로 장로에게 알리면 장로는 즉시 그 성도에게 전화 또는 문자로 자신이 그 성도의 목양장로임을 밝히고 내용에 따라 환영, 축하, 위로, 격려를 한다. 이 과정에서 구체적 케어가 필요하면 교구 교역자와 상의하면서 심방 또는 상담등을 진행하며 호흡을 맞춘다. 필요하면 교회에 구체적인 도움을 요청할 수 있다.

사역 결과 보고

목양장로는 발생한 목양의 사역 조치 후 그 내용을 교구 교역자에게 보내고 교구 교역자는 다시 목양사역 전담 교역자에게 보낸다.

교구 교역자는 자신의 목양 조치 내용과 목양장로에게 받은 사역 내용을 통합 정리하여 인터넷상의 교적 프로그램의 심방 메모에 기록한다. 담임목사는 교적 프로그램에 담긴 모든 성도의 정보를 열람한다. 목양장로도 자신에게 관련된 성도의 정보를 열람할 수 있다. 열람 목적은 목양을 위해서만 가능하다.

담임목사의 신속한 목양 조치

교구 교역자가 목양장로에게 보내는 메일을 동시에 받은 담임목사는 목양 대상 성도에게 상황에 따라 담임목사로서의 전화나 문자 등을 통해 신속히 대처하게 된다. 대형 교회일수록 담임목사는

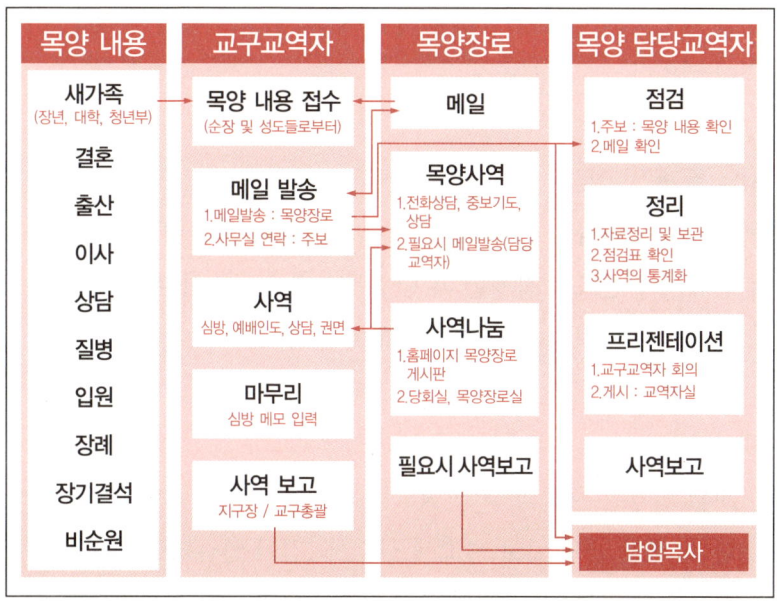

성도에게 일어나는 사소한 부분을 알기 어렵고, 교구에서 일어나는 일들을 목양하기 쉽지 않다. 그러나 목양장로 사역을 통해서는 충분히 가능하다. 하루 중 성도에게 일어나는 거의 모든 일을 수시로 들어오는 이메일을 통해 상세히 알 수 있기 때문이다. 그래서 호산나교회에서는 전혀 예기치 못한 상황에서 성도가 담임목사의 위로와 권면을 받을 때가 많다. 그럴 때마다 성도는 담임목사가 늘 양들에게 관심을 갖고 있으며, 위하여 기도하고 있음을 깨닫고 고마워한다.

특히 나는 이메일을 휴대전화로도 들어오도록 조치해 놓았었다. 해외 사역이나 지방 사역을 위해 교회를 잠시 비우거나 컴퓨터로 이메일을 확인할 수 없는 곳에서도 교회의 목양사역을 보고받기 위해서였다. 내가 어디에 있든지 수시로 들어오는 목양 관련 이메일을 확인하고 목양이 필요할 때 즉시 그 필요를 채울 수 있는 이점이 있었다.

사역 통계 및 점검

목양 담당교역자는 한 주에 발생한 목양 내용과 진행된 사항들을 취합해서 점검표를 작성한 후 담임목사에게 보고하고, 교역자 회의 시간에 점검표 내용을 전 교역자에게 공개한다.

점검표의 항목은 사역 발생, 진행, 완료로 구분되며 백분율로 표시한다.

사역 발생은 주보와 교회 광고를 통해서 발생된 목양사역을 의미한다. 예를 들면 주보 광고에 결혼식 1건이 언급되면 사역 발생이 1건이 되는 것이다. 만약 결혼식 1건, 장례 1건이 광고되면 사역 발생은 2건이 된다. 물론 사역 발생은 주보와 교회 광고를 통해서만 발생하지는 않는다. 개인적인 비밀을 보장해 줘야 하는 사역이나 주중에 긴급하게 발생하는 사역들이 있기 때문이다.

진행은 사역이 발생한 목양과, 주보에 광고되지 않았지만 지역별로 진행되고 있는 목양사역까지 포함하여 보고하는 것을 말한다. 따라서 사역 발생이 2건이어도 진행은 3건이나 5건, 혹은 10건이 될 수도 있다.

완료는 진행된 사역 중에서 몇 건이 완료되었는지를 표기한다. 완료는 목양장로에게 사역에 대한 답신을 받은 경우를 의미한다.

백분율은 목양 발생 건수와 진행 건수로 백분율을 계산하는 것이다. 점검표를 통해서 볼 때 각 지역의 목양은 적어도 100%는 해

[○○지구 목양사역 통계표]

교역자	목양장로	사역발생	진행	완료	백분율
○○○	최○○(해운대)	3	3	0	100%
	권○○(하단1)	5	6	3	120%
	양○○	2	1	0	50%
	소계	10	10	3	100%
○○○	조○○(당리)	3	3	0	100%
	박○○(양산)	2	3	3	150%
	정○○(모라)	6	7	0	117%
	양○○	3	3	0	100%
	소계	14	16	3	114%
○○○	박○○(감전외)	1	7	0	700%
	강○○(엄궁2)	4	12	6	300%
	양○○(엄궁1)	9	17	5	189%
	소계	14	36		257%
○○○	김○○(하단)	2	3		150%
	권○○(하단1)	1	0		0%
	김○○	0	4		400%
	강○○(연제)	1	2		200%
	소계	4	9		225%
○○○	정○○(사랑)	0	7		700%
1지구 소계		42	78	17	186%

야 기본을 했다고 할 수 있다.

목양장로 사역은 흐름도를 통해 목양 정보의 흐름을 잘 이해하고, 사역 이후의 보고 절차를 잘 숙지해야 한다. 또한 점검표를 성실하게 작성하고 발표함으로써 목양사역에 대한 동기를 유발하고

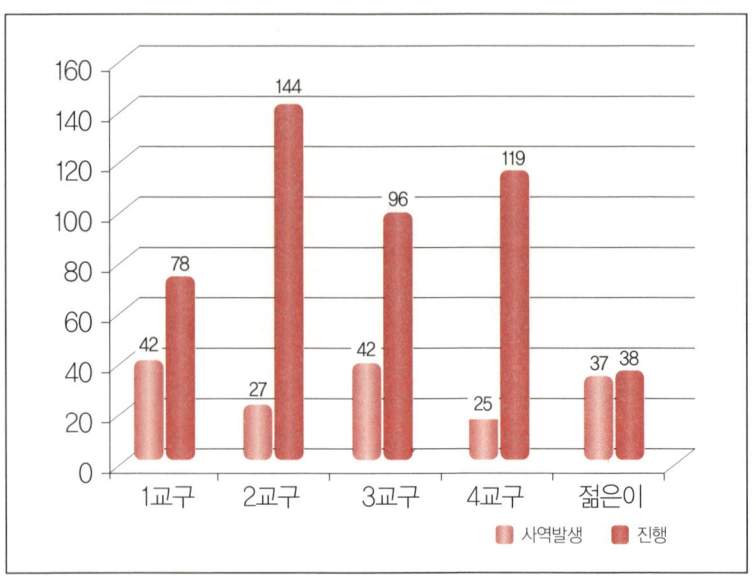

[목양사역 월별 그래프]

독려할 수 있도록 한다. 특히 초기 진행시 교역자들의 점검표 작성이 원활하지 않을 수도 있으므로 목양장로 사역 전담 교역자의 특별한 관리가 필요하다.

점검표는 일주일 동안 교회가 얼마나 많은 양의 목양 관련 사역을 진행했는지를 알게 하는 중요한 자료이다. 또한 이것은 성실한 점검을 통해 목양장로 사역을 꾸준히 진행하도록 하고 교회의 토양에 맞게 정착시키는 역할을 한다.

목양장로 사역은 복잡한 시스템을 필요로 하지 않는다. 또한 많은 인력과 행정적인 절차를 요구하지도 않는다. 목양장로 사역은 성경적인 장로의 본질을 회복하고 바른 장로의 모습을 찾으며, 올바로 성도를 섬기겠다는 의지의 표현이자 실천이다.

11장 목양장로 사역을 위한 역할들

목양장로 사역은 모든 목양을 장로들에게 맡기고
담임목사는 다른 일을 더 많이 하라는 개념이 아니다.
오히려 담임목사는 목양장로 사역을 하기 전보다 더 부지런히 목양사역에 전념해야 한다.

목양장로 사역은 아름다운 사중주의 연주처럼 협연되어야 한다. 이에 따라 각자의 위치에서 어떤 역할을 감당해야 하는지 살펴보도록 하겠다.

담임목사의 역할

담임목사의 역할 중에 가장 중요한 것은 동기 부여다. 이것은 목양장로 체제가 운영되고 유지되는 데 중요한 위치를 차지한다.
　담임목사는 목양장로 사역을 전체적으로 총괄하고 조절하며 운영해야 한다. 매일 목양 관련 이메일을 꼼꼼히 살펴보고 상황에 따라 필요한 조치들을 신속히 취해야 한다. 목양장로 사역은 모든 목양을 장로들에게 맡기고 담임목사는 다른 일을 더 많이 하라는 개념이 아니다. 오히려 담임목사는 목양장로 사역을 하기 전보다 더 부지런히 목양사역에 전념해야 한다.

목양장로 사역을 시작하면 담임목사는 특별한 보고 절차 없이도 교회가 어떻게 돌아가는지 한눈에 파악할 수 있다. 그 이유는 담임목사에게 부교역자들과 목양장로들의 목양사역 현황과 성도의 상태가 메일을 통해 전달되기 때문이다. 따라서 담임목사는 전체적으로 목양이 어떻게 진행되고 운영되는지를 파악하고 순발력 있게 목회를 해나갈 수 있다.

또한 담임목사는 정기적인 목양장로 관련 교육을 통해 목양사역의 신념과 열정이 흐려지지 않도록 재충전하고 동기화해야 한다. 따로 시간을 할애해서 교육하는 것도 중요하지만 말씀을 전할 때 수시로 언급하여 전 교회가 목양장로의 철학을 공유하고 체계화할 수 있도록 해야 한다.

목양사역 전담교역자의 역할

교회 사정에 따라 다르겠지만 중형 교회 이상에서는 목양장로 사역 행정 업무가 효과적으로 운영되도록 지원하고 보조할 수 있는 전담 교역자를 배치해 주는 것이 필요하다.

목양장로 사역 담당 교역자는 목양장로 사역이 효과적으로 운영되도록 지원하고 협력한다. 목양장로 사역 담당 교역자는 일차적으로 교구교역자들과 동일하게 목양사역을 담당하면서 자신의 역할을 추가적으로 감당한다. 따라서 교회 사정에 따라 다르겠지만 중형 교회 이상에서는 행정 업무를 보조할 스태프를 배치해 주는 것이 필요하다.

목양장로 사역 전담 교역자는 주보에 올라온 목양 내용을 정리해서 일차 점검표를 작성한다. 이후 메일이 도착하면 그것도 정리해서 점검표를 마무리한다. 점검표가 작성되면 거기서 얻은 정보들을 토대로 통계표를 만든다. 그런 다음 점검표와 월별 통계표를 담임목사에게 보고하고 프레젠테이션을 준비해 전체 교역자 회의 때 보고한다.

이러한 과정은 교구교역자들로 하여금 목양장로들과 함께 합력하도록 동기 부여하며 목양에 집중할 수 있게 돕는다. 이때 목양장로 사역 전담 교역자가 주의해야 할 사항은 교구교역자들의 목양 내용을 판단해서는 안 된다는 것이다. 단지 객관적으로 정보를 수집해서 통계하고 보고하는 역할까지만 하는 것이 좋다. 나머지 판단은 보고자인 교구 교역자가 스스로 하거나 담임목사가 계획을 갖고 개선점과 보완점에 대한 판단을 내리는 것이 좋다.

교구교역자의 역할

목양장로 사역에서 교구교역자의 역할은 매우 중요하다. 교구교역자는 목양 정보가 들어오면 일차적으로 담임목사, 목양장로, 목양사역 전담 교역자에게 이메일로 발송한다. 그 후 공유한 정보를 토대로 계획을 세워서 목양사역을 조정해서 목양장로에게 목양을

각 층에 마련된 목양사역 공간들

요청한다. 다시 말하면 교구교역자가 목양사역을 진행한 결과에 따라 목양장로가 어느 수준에서 목양을 해야 하는지를 결정하고 요청한다. 예를 들면 전화로 심방할지 직접 방문할지, 주일예배 후 교회에서 대상자를 만나 목양할 것인지를 판단해서 목양장로에게 구체적으로 요청한다. 이처럼 교구교역자의 목양 요청에 의해 목양장로의 사역이 이루어지므로 교구교역자의 목양사역 조정은 중요할 수밖에 없다.

 목양사역을 마치게 되면 교구교역자는 목양사역의 내용을 교적에 정리하고, 동일한 내용을 담임목사, 목양장로, 목양 전담 교역자에게 메일로 전송한다.

 이때 심방 받은 성도가 교역자 이외에 알리기 원치 않는 부분이 있다면, 교구교역자는 정보를 공개해서는 안 된다. 물론 담임목사는 예외이다. 성도의 개인적인 요청과 더불어 정보 수준을 신중히 고려해 목양장로에게 목양을 요청할 것인지 아닌지를 판단해야 한다. 교구교역자의 이러한 판단력은 매우 정확하고 지혜로워야 한다. 궁극적인 목양사역을 요청하는 것이 바로 교구교역자의 역할이기 때문이다.

목양장로의 역할

교구교역자에게 목양 내용을 메일로 받은 목양장로는 그 내용을 신속히 파악하고 목양사역에 들어가야 한다. 목양장로들이 목양을 한다고 해서 늘 심방을 통한 목양을 해야 하는 것은 아니다. 전문 교역자들과는 달리 따로 생업이 있는 장로들은 시간 내기가 힘들기 때문이다. 따라서 목양장로와 교역자가 목양 내용을 적당히 조율해서 결정한다. 주중 심방을 못하더라도 주일날 만나거나 전화로 격려하거나 문자 혹은 이메일을 통해서도 목양사역이 가능하다. 맡은 목양사역을 마치면, 목양장로는 목양사역의 결과를 교적에 기록하여 교구교역자에게 알린다. (호산나교회의 경우 교적에서 목양의 결과를 알릴 수 있는 시스템이 마련되어 있다.)

호산나교회는 주중 심방을 하지 못하는 목양장로들을 위해 주일에 교회 카페나 각층 공간마다 예배 후 목양할 수 있도록 장소를 마련해 놓았다. 책상과 의자, 자판기 등을 곳곳에 배치해 어디서든 앉아서 목양장로와 성도가 기도하고 상담할 수 있도록 꾸며 놓은 곳이 있다.

성도의 역할

성도 중에는 같은 평신도인 장로가 목양사역 하는 것을 인정하지 못하는 사람이 가끔 있다. 그러므로 성도는 장로의 본질에 관한 성경적인 가르침을 잘 이해해야 한다. 또한 장로의 리더십을 인정하고 따르는 것도 중요하다. 특히 자신뿐 아니라 주위의 성도와 가정에서 목양 받아야 할 내용이 발생하면 지체 없이 교구교역자에게 목양 내용을 전달해 주어야 한다. 이런 신속한 성도의 목양 내용 보고는 목양장로들에 대한 신뢰가 높아질수록 자연히 증가된다.

아래 내용은 이미 170여 년 전 미국 장로교에서 성도에게 권면한 내용인데 우리들에게 시사해 주는 바가 크다고 생각한다.

"여러분들의 장로들이 여러분들의 가정을 방문할 때에, 그것이 주제넘은 일이 아니라는 것을 기억하시기 바랍니다. 그것이 바로 그들의 의무입니다. 그들을 존경과 진심으로 맞아주시기 바랍니다. 여러분들이 장로 만나는 것을 즐거워하며, 여러분이 교회에 더 큰 유익을 끼치기 위해서는 그들의 위로와 권면, 용기 북돋움이 필요하다고 확신시키며, 그들의 성실함으로 인한 여러분의 존중히 여김을 보여 주시기 바랍니다. 여러분들의 자녀를 그들이 볼 수 있도록 기회를 주며, 여러분들의 가정살림이 기독교적인 생활에서 진보하고 있음을 보여 주십시오. 여러분의 자녀들을 장로님들의 지도 아래 두어서 개인적인 관계를

맺게 하여 장로님의 자애로운 관심과 적절한 권면과 경건한 기도의 대상이 되도록 자녀들을 격려하시기 바랍니다. 아버지와 하듯 장로님들과 편하게 상의하시기 바랍니다. 이분들에게는 자녀들이 진리 안에서 행하는 것을 보는 것 이상의 기쁨이 달리 없습니다. 우리는 그들로 하여금 그들의 직분이 존경스러웠고, 그들의 자애로운 의도들이 적절하게 평가되었으며, 그들의 수고가 '주 안에서 헛되지 않았다'는 것을 확신하면서 은퇴할 수 있도록 도와야 합니다. 모든 선한 시민은 나라의 법을 공정하게 시행한 신실한 관원의 손을 높이 들면서 그의 충성스러움을 확신하듯이, 모든 선한 그리스도인들도 주님께 대한 의무를 지키는 것과 마찬가지로 양심과 명예에 있어서도 하나님을 두려워하는 가운데 교회의 순결과 성숙을 명백히 도모한 영적 통치자들의 손을 높이 들고 격려해 주어야 합니다."

12장 목양장로 사역을 위한 지침

호산나교회 목양장로의 조건을 다시 정리하면 사역자 훈련을 마칠 것,
순장 경험이 있을 것, 자녀들이 신앙생활을 잘해야 할 것,
그리고 물질의 헌신과 인격적으로 좋은 평판이 있을 것 등이다.

목양장로의 조건

각 교회마다 목양장로의 조건이 다를 수 있다. 호산나교회에는 헌법이 정한 기준 외에도 다음과 같은 조건들이 있다.

호산나교회 시무장로는 모두 목양장로다. 장로의 본질은 목양에 있으므로 모든 시무장로는 목양장로여야 마땅하다. 그러므로 장로 선출 시 목양을 감당할 수 있는 자격에 대해 철저히 분별한다.

호산나교회 장로의 자격은 제자훈련과 사역훈련을 받은 평신도로서 그 정체성과 소명이 확실한 사람이어야 한다. 또한 소그룹

인도자로서의 경험이 충분히 검증된 사람이어야 한다. 이런 기준으로 추천된 후보를 당회에서 다시 검증하는데, 목양할 사람으로서의 인품과 삶을 살고 있는가라는 기준에도 합격해야 한다. 추가적으로 자녀의 신앙도 고려한다. 장로가 가정의 신앙을 잘 다스리는 것이 기본적 덕목이기 때문이다. 또한 교회에 대한 헌신도도 중요한 기준이 되는데 물질적인 헌신 역시, 장로 자격의 중요한 기준으로 삼고 있다.

 목양장로의 조건에서 제자훈련은 큰 비중을 차지한다. 목양장로는 목양이라는 영역에서 교역자의 영역과 겹친다. 그래서 제자훈련을 통해 바른 가치관이 정립되지 않으면 교역자와 마찰을 일으킬 여지가 다분히 생긴다. 하지만 사역자 훈련까지 마친 장로는 인격의 성숙을 통해 교역자와 함께 목양사역에 진심으로 동역하게 되며 교역자와 파트너십을 잘 이루어 교회를 섬기려고 최대한 협력한다. 따라서 장로가 제자훈련, 특히 사역자 훈련을 통해서 올바로 훈련되지 않으면 목양장로 사역은 성공할 수 없다.

 또한 순장을 한 경험이 있어야 한다. 순장 사역을 통해 목양에 대한 실제적인 훈련을 받는 것이다. 순장에게는 소그룹 다락방 하나가 맡겨지는데 이를 통해 목양에 대한 개념을 배우고 여러 종류의 상담을 경험하여 목양장로로서의 자질을 겸비하게 된다.

 간혹 제자훈련을 하는 교회 가운데 이런 말을 하는 교회가 있다.

 "우리 교회는 목양장로가 없어도 평신도들이 워낙 목양을 잘하고 있어요. 특히 제자훈련을 받은 순장들은 '작은 목사'로서 목양사역을 잘 감당하고 있기 때문에 굳이 장로님들까지 나서서 목양사역을 하지 않아도 괜찮습니다."

얼핏 들으면 맞는 말일 수 있다. 하지만 이런 생각은 장로의 본질인 목양사역이 제자훈련과 순장제도로 원천 봉쇄당하고 있는 것과 다름없다.

교회 가운데 이런 말을 하는 곳도 있을지 모르겠다.

"우리 교회는 순장만 목양하는 것이 아니라 장로님들도 순장으로 소그룹을 맡아 목양하고 있습니다. 그러니 자연스레 목양장로 사역을 한다고 볼 수 있지 않을까요?"

이런 교회는 훌륭한 장로를 둔 교회다. 하지만 한 교회 안에서 5-6명의 성도를 맡아서 소그룹을 인도하는 순장의 역할은 목양과 얼마든지 겸할 수 있다. 그런데 성경은 장로를 '엘더'(Elder)라고도 표현하지만 '오버씨어'(Overseer)라고도 표현한다. 즉 세부적인 것을 뛰어넘어 전체를 바라보는 눈을 가지는 것이 장로의 역할이라는 의미이다. 이렇게 장로와 순장은 성도를 돌보는 측면에서는 같지만, 장로가 교회를 목양의 관점으로 바라보며 사역해야 한다는 점에서는 다르다. 군대로 말하자면 순장은 소대장이고, 장로는 중대장이나 대대장인 것이다.

호산나교회 목양장로의 조건을 다시 정리하면 제자훈련과 사역자 훈련까지 마칠 것, 순장 경험이 있을 것, 자녀들이 신앙생활을 잘해야 할 것, 그리고 물질의 헌신과 인격적으로 좋은 평판이 있을 것 등이다. 이렇게 모범이 되는 성도가 장로가 되어야 효과 있는 목양이 진행될 수 있다.

시무목양장로와 시무행정장로의 역할 조정하기

같은 시무장로지만 당회원이 아닌 시무목양장로들은 상대적으로 시무행정장로보다 직급이 낮은 일을 한다고 오해할 수 있다. 또한 시무목양장로도 시무행정장로와 똑같은 시무장로인데 당회에서 결의된 사항이나 추진할 교회 사역에 대해 모르고 있으면 자존감이 상할 수 있다. 실제로 호산나교회 목양장로 사역 초기에 이런 갈등과 오해가 야기됐었다.

한 장로의 가정에서 교회 시무장로로 장립하고 축하를 받았다. 장로의 부인도 영예스럽게 권사로 임직했다. 권사는 남편이 시무장로가 되었으니 당연히 교회의 돌아가는 모든 일과 정보들을 가장 먼저 알게 될 것이라 생각했다. 자신의 남편보다 먼저 시무장로가 된 친구 권사에게 늘 교회의 이런저런 소식들을 전해 들으면서 내심 친구가 부러웠던 것이다. 그러던 어느 날 친구 권사와 통화를 하는데 느닷없이 이렇게 물었다.

"오늘 교회 당회에서 이런저런 이야기가 있었다는데, 그것에 대해 어떻게 생각해?"

하지만 질문을 받은 권사는 아는 바가 없어 대충 둘러댔다.

"아직 남편에게 어떤 내용인지 구체적으로 듣지 못해서 잘 모르겠어."

그 후 저녁 때 남편 장로에게 물었다. 남편 장로는 시무목양장로로서 당회에 참여하지 않기 때문에 당연히 모르고 있었다.

"아니, 당신은 시무장로면서 그것도 몰라?"

어찌 보면 아주 작은 일 같지만 이것이 불씨가 되어 갈등의 원인이 될 수도 있다. 따라서 이런 상황을 막기 위해 당회에서 결정되고 논의되는 모든 내용을 당회가 끝나자마자 목양장로들에게 이메일로 보내 준다. 사역 초기에 이런 불씨가 더 커지지 않도록 조치를 취한 것이 얼마나 다행인지 모른다. 시무행정장로와 시무목양장로 사이의 보이지 않는 갈등이나 문제는 장로의 본질을 바로 이해하는 데서 해소 될 것이라 확신한다. 호산나교회의 경우 혹목양 장로들 중에 시무행정에 대한 불만은 있을 수 있다고 본다. 행정에 있어서 불만족스러울 수 있기 때문이다. 그런 면을 제외하고 "나도 시무장로인데 왜 행정에 참여할 수 없는가?"라고 불평하는 사람은 없다고 본다. 왜냐하면 목양사역을 하지 않았다면 장로로 뽑히지 않았을 것을 알기 때문이다. 일반적으로 대형 교회를 보면 시무행정을 위해서만 장로를 선출하기 때문에 장로의 수가 교인에 비해 극히 제한되어 쉽게 빈자리가 나오지 않는다. 그러므로 호산나교회에서는 오히려 목양장로 사역을 하기 때문에 장로의 수가 많을 뿐 아니라 하나님 앞에서 목양하고 있음을 감사하는 분들이 더 많을 것이다.

리더십 조정하기

목양장로와 교역자는 함께 목양을 감당하는 동역자이지만, 역할에 있어서 완전히 동일하지는 않다. 그리하여 리더십과 관련된 서로의 역할분담을 담임목사가 잘 조정해 주지 않으면 마찰과 갈등이 생기기 쉽다. 만약 성도가 장로의 리더십은 인정하지 않고 교역자의 리더십만 인정한다든지, 반대로 장로의 리더십은 인정하면서 교역자의 리더십은 인정하지 않는다면 어떻게 될까? 교회는 심각한 위기에 빠질 것이다. 따라서 교역자와 장로의 사역을 성도가 동일한 리더십으로 받아들일 수 있도록 교육하는 것이 중요하다. 그런데 사실 이런 경우는 목양장로 사역 초기 때나 생길 수 있는 문제다. 제자훈련으로 잘 준비된 목양장로라면 교역자와 훌륭한 파트너십을 유지할 수 있다. 또한 성도도 목양사역이 진행됨에 따라 점차 목양장로에게 마음의 문을 열 것이다.

단 목양사역에 베테랑인 목양장로라 할지라도 교역자와 상의 없이 스스로 목양 계획을 세우거나 독단적으로 목양사역을 진행하는 일은 용납될 수 없다. 아무리 목양장로가 철저히 제자훈련을 받았다 하더라도 목양장로 자신도 예기치 못한 문제가 발생할 수 있기 때문이다. 그러므로 모든 목양 정보와 계획과 사역의 조율은 담임목사의 철저한 책임 하에 진행되어야 한다. 목양장로는 교회 목회방침과 담당 교역자들의 적절한 보호와 지도를 겸손하게 받으면서 목양사역을 감당해야 할 것이다.

13장 목양장로 적용을 위한 세 가지 질문

교회의 장로들이 제자훈련으로 변화되고 장로의 본질을 회복하면
성도 또한 장로들을 진심으로 존경하고 따른다.
이를 통해 목양장로 사역이 효과적으로 이루어진다.

첫 번째 질문_제자훈련이 정착되어 있는가?

제자훈련은 교회가 건강하게 세워지도록 교회의 근본을 든든히 만들어 준다. 그러므로 제자훈련을 통해서 사람이 구축되어야 한다. 또한 제자훈련을 하면 교회 안에 상호 신뢰가 형성되며 서로 간에 동역자 정신이 강해진다. 제자훈련이 밑받침되지 않으면 목양장로 사역은 성공적으로 이루어질 수 없다.

하지만 교회가 제자훈련 프로그램을 도입해 실시했다 해도 제자훈련이 정착된 것이라고 보기는 힘들다. 중요한 것은 제자훈련을 통해서 장로, 집사, 성도가 제자로서의 열매를 맺는 것이다. 물론 교역자들도 제자가 되어야 한다. 흔히 신학을 전공하고 교역자

[목양장로 적용을 위한 질문표]

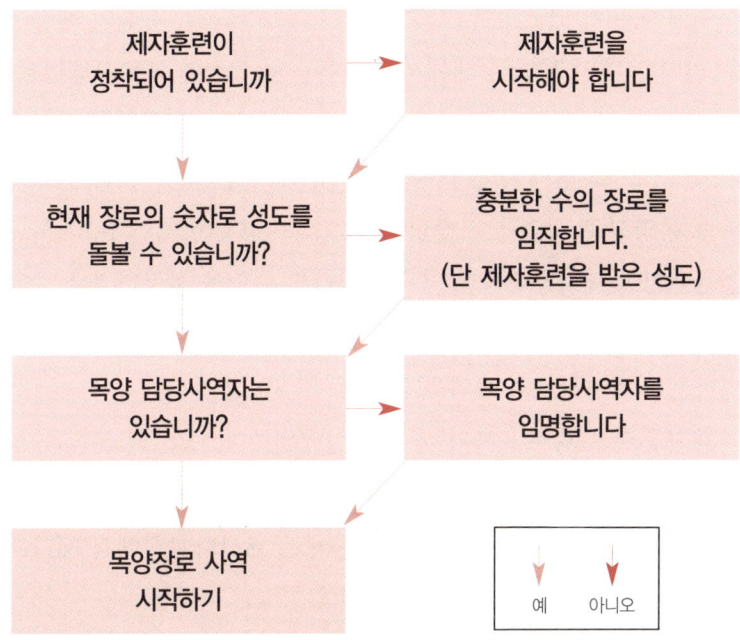

가 되면 제자훈련쯤은 받지 않아도 된다고 생각한다. 하지만 이것은 잘못된 생각이다. 교역자 자신이 진정으로 예수님의 제자로 훈련되어야 성공적인 제자훈련 목회를 할 수 있다. 매년 많은 목회자들이 사랑의교회 안성수양관에서, 그리고 미주 사랑의교회에서 제자훈련세미나를 수료한다. 수료한 목회자들 중에는 성공적으로 자신의 교회에 제자훈련을 접목하여 훌륭한 목회를 하는 분들이 많다. 하지만 시도에 그치고 마는 교회도 적지 않다. 제자훈련을 하고 있는 미국의 한 목사님이 내게 이런 질문을 한 적이 있다.

"다 똑같은 세미나를 수료하고 굳은 결심으로 제자훈련을 교회에 접목하지만 적지 않은 교회들이 실패하고 중도에 포기하고 맙니다. 그 이유가 뭐라고 생각하십니까?"

여러 이유가 있겠지만, 가장 중요한 이유는 목사 자신이 제자다운 열매를 맺지 못한 상태에서 제자훈련의 껍질인 프로그램만 갖고 제자훈련을 했기 때문이다. 교역자 자신이 먼저 진정한 제자가 되어야 제자훈련에 성공할 수 있으며, 제자 된 교회가 되어야 비로소 목양장로 사역을 시작할 수 있다고 본다. 하지만 1부에서도 언급했지만 제자훈련을 받지 못했다해도 주님을 사랑하고 장로의 본질인 양들 즉 성도를 사랑으로 돌보겠노라고 결단 한 장로라면 얼마든지 목양장로의 사역을 감당할 수 있다고 본다.

제자훈련은 장로로서의 본질을 일깨워준다. 장로의 본질은 성도를 섬기고 사랑하는 것에 있다. 다시 말하면 대접을 받는 것이 아니라 대접을 해야 하는 것이다. 실제로 호산나교회에서 제자훈련을 받은 한 장로는 이런 고백을 했다.

"처음에는 앞에서 대접받거나 대우받기를 원했는데, 제자훈련을 통해 장로의 본질을 배우게 되면서 섬기고 대접하는 것이 당연하다는 것을 깨닫게 되었습니다."

교회의 장로들이 제자훈련으로 변화되고 장로의 본질을 회복하면 성도 또한 장로들을 진심으로 존경하고 따른다. 이를 통해 목양 장로 사역이 효과적으로 이루어진다.

두 번째 질문_성도를 돌보기에 충분한 장로의 수는 얼마인가?

한 명의 장로가 60-100명을 돌보는 것이 적당하다. 따라서 성도 수와 비교해서 장로의 숫자가 모자라면 추가적으로 더 임직을 해야 한다.

세 번째 질문_목양사역의 전담 교역자가 있는가?

목양장로 사역의 행정을 전담하는 것은 교역자가 하는 것이 가장 좋다. 하지만 교회 사정에 따라 일단 영적으로 성숙한 간사를 담당자로 임명할 수 있다. 행정 전담 교역자는 목양장로 사역에 있어서 교구교역자와 담임목사 사이에서 역할을 잘 수행해야 한다. 중요한 목양 정보를 종합적으로 정리하고 목양장로 사역의 전체적인 흐름을 끊임없이 담임목사에게 보고해야 한다.

사역의 결과를 통계화해서 서식으로 만들고 담임목사와 수시로 공유하면서 정기적인 보고를 하는 것도 행정 전담 교역자의 일이다. 또한 전체적인 목양사역을 파악하고 담임목사의 질문에 대답하고 보충 설명을 할 수 있어야 한다. 따라서 담임목사가 신뢰할 수 있고, 분석과 점검, 관찰과 통계 등 효율적인 재능을 겸비한 자를 목양장로 사역의 전담 교역자로 임명하는 일은 매우 중요하다.

14장 행복한 교회 꿈꾸는 목양장로

성도를 직접 돌보면서 성도와 장로 사이의 벽이
허물어지고 그 관계가 긴밀해짐을 느낍니다. 목양장로 사역이 아니었다면
어떻게 성도와 장로들의 사이가 가까워질 수 있었겠습니까?

성도를 행복하게 하다

목양장로 사역을 하면 구체적으로 교회 안에 어떤 유익이 있을까? 먼저 성도의 입장에서는 체계적인 목양을 받을 수 있어 행복할 것이다.

호산나교회 성도 중에 신체적으로 약간의 결함이 있는 자매가 있다. 그 자매는 그리스도 안에서 아름다운 형제를 만나 결혼했다. 그런데 그 형제가 직장을 옮기는 과정에서 불미스러운 일이 발생하면서 급작스레 구속되는 어려움을 당하게 되었다. 이 소식이 교구 교역자를 통해 자매의 담당 목양장로와 담임목사에게 전달되었다. 그 소식을 전달받은 목양장로는 목양사역을 즉각 시작했다.

동시에 담임목사였던 나 역시 자매에게 전화해서 위로하고 목양을 했다. 자매는 자신의 일에 장로와 목사가 세심한 관심을 보이자 매우 감동했다.

이렇듯 목양장로 사역은 대형 교회 체제에서도 담임목사가 성도의 개인적인 필요까지 살필 수 있게 된다는 점에서 성도에게 행복을 느끼게 한다. 게다가 교구교역자, 목양장로, 순장들까지 사겹줄로 목양이 연결되어 있어 그 안에서 돌봄 받는 성도는 행복할 수밖에 없다. 성도의 이야기를 직접 들어보면 그 행복감이 얼마나 큰지 알 수 있다.

병상에서 위로 받은 성도

"장로님이 계셔도 저와는 상관없는 분이라고 생각했습니다. 그런데 근래 들어 몸이 아파 수술하면서 마음이 불안할 때 함께 기도해 주시고 좋은 말씀으로 위로해 주셔서 정말 마음이 짠했습니다. 장로님들이 이렇게 한 사람 한 사람을 위해 시간을 내고 찾아주고 기도해 준다는 것에 매우 감사했습니다."

삼촌 같은 장로님의 심방

"처음 장로님이 찾아오셨을 때는 어찌할 바를 몰라 당황했습니다. 저처럼 신앙생활을 한 지 얼마 안 된 사람들은 중직자분을 대할 때 마치 높은 곳에 있는 분을 올려다보는 기분이 들고 눈높이가 맞지 않아 거리감을 느끼기가 쉽습니다. 그런데 막상 장로님을 만나고 보니 어릴 때부터 허물없이 지내던 삼촌 같은 느낌이 들어 참 좋았습니다."

같은 생활전선에 있는 장로님들의 심방으로 위로받은 성도

"평소 신앙생활을 하면서 담당 목사님들의 방문은 자주 받고 또 당연한 것으로 여겼는데, 우리 교회에서는 장로님들이 이런 사역을 한다는 것이 새롭게 다가왔습니다. 또한 직접 심방을 받아 보니 굉장히 신선했고, 목양장로 제도가 적극적으로 활성화되면 좋겠다고 생각했습니다. 장로님들의 경우 목사님들과는 다르게 우리들처럼 생활 전선에서 뛰고 있어서 동질감으로 더 친밀해질 수 있기 때문입니다."

청년부에도 격의 없으신 장로님

"처음에 나이 지긋한 장로님으로부터 전화를 받았을 때는 좀 어색했습니다. 장로님이 청년부 예배 전에 잠깐 만나자고 하셨는데, 나 같은 젊은 청년과 만나서 무슨 이야기를 하시려나 하는 부담과 걱정이 앞섰습니다. 그런데 막상 장로님과 마주 앉아 제 삶과 신앙을 나누다 보니 그런 편견과 걱정이 싹 사라졌습니다. 저를 위해 기도해 주시는 모습을 보면서 참으로 예수님처럼 한 사람 한 사람을 사랑하고 아끼신다고 느꼈습니다. 물론 목사님도 좋으시지만 장로님들은 우리 성도처럼 초신자 시절이 있어서 신앙적인 고민이나 문제들을 더 잘 나눌 수 있고 실질적으로 도움이 되는 말씀들을 많이 해주셔서 좋습니다."

담임목사를 행복하게 하다

목양장로 사역을 하면 담임목사는 부교역자와 장로들이 어떻게 목양사역을 하는지 전체적으로 볼 수 있다. 왜냐하면 교구교역자의 목양정보와 장로들의 목양결과에 대한 보고가 실시간 이메일로 전달되기 때문이다. 나는 담임목사로서 추가적인 활동 없이도 부교역자들의 전체 사역을 한눈에 파악 할 수 있었다. 따라서 부교역자들의 사역 활동을 특별한 형식과 행정 절차를 통해서 별도로 보고받을 필요가 없다.

흐름도에 따라 이메일로 보고되는 목양 정보와 점검표를 통해서 담임목사는 교구교역자들이 어떻게 사역을 하는지 정확하게 판단할 수 있다. 이러한 정보들을 토대로 더욱 정확하게 부교역자를 평가하고 지도할 수 있게 된다.

또한 놓치기 쉬운 성도 개개인의 목양 정보에 대해서 꼼꼼히 살펴볼 수 있다. 더군다나 이메일을 통해서 신속하게 정보를 받으니 목양을 재빠르게 처리할 수 있는 유익이 있다.

담임목사는 성도의 상황과 본교회의 목양활동이 담긴 이메일을 확인하고 그중에서 특별히 자신이 직접 관여해야 할 목양을 선별하여 신속히 조치한다. 이렇게 목양사역 상황이 담임목사에게 늘 실시간 보고되기 때문에 부교역자들 역시 목회에 집중하지 않을 수 없다.

예전에 내가 미국에 있을 때 그곳에서 목양관련 메일을 받고 한 집사에게 직접 전화해서 위로와 기도를 해드렸더니 굉장히 감격해 하셨다. 그 많은 성도 가운데 자신의 처지를 알고 미국에 있는 담임목사가 직접 전화했다는 사실이 큰 감동으로 다가온 것이었다.

이런 목양사역을 통해 꾸준히 성장하는 성도를 대할 때마다 담임목사인 나는 행복감에 젖곤 했다.

장로를 행복하게 하다

장로들의 유익은 말로 할 수 없다. 행정에만 중점을 두고 목숨을 거는 장로는 늘 교회 안에서 긴장하기 쉽다. 특히 당회에서 거론되는 의제가 무거울 때는 영적인 일임에도 불구하고 스트레스를 받기 일쑤다. 왜냐하면 행정을 할 때는 선택을 해야 하고, 선택을 할 때는 늘 반대 의견이 있으며, 반대 의견이 있다는 것은 갈등과 다툼이 있다는 것을 의미하기 때문이다.

갈등과 다툼은 대인관계에서의 스트레스를 동반한다. 그래서 행복한 당회가 아닌 고난의 당회가 되기 마련이다. 그런데 목양장로 사역을 통해 장로의 본질을 회복하면 장로는 행복해진다. 성도를 영적으로 돌보는 목양에 목숨을 걸기 때문이다. 목양장로 사역으로 늘 행복해 하는 호산나교회 장로들의 이야기들을 직접 들어 보자.

"목양장로 사역을 하기 전까지만 해도 단순히 교회의 행정 업무에 충실하게 임하는 것이 모범된 장로의 모습이라고 여겼습니다. 그런데 지금은 성도를 돌보는 목양사역이야말로 장로가 해야 할 일이라는 것을 확신합니다. 특히 성도와의 교제가 활발해진 것이 목양장로 사역을 하면서 가장 보람 있게 여기는 일 중 하나입니다. 예전에는 그저 장로라는 위치에서 성도에게 받으려고만 했었는데, 지금은 먼저 성도를 섬기고 관심을 주게 되었습니다. 제가 먼저 관심을 가지고 성도를 대하다 보니 성도도 제게 쉽게 다가와서 자신의 일을 의논하고 삶을 나눕니다. 또한 성도와 깊이 있는 교제를 하면서, 조그마한 행동 하나에도 조심하고 절제할 필요가 있음을 깨닫게 되었습니다. 성도 앞에서 덕을 세우려고 노력하는 삶은 저에게 있어서 큰 수확입니다." – 이철희 장로(시무행정)

"개인적으로 목양장로는 일반적인 목양과 전문적인 목양으로 나뉜다고 생각합니다. 예를 들어 일반적인 목양은 아픈 성도가 있으면 병문안을 가거나 심방을 하는 것, 권면하고 위로하는 것 등을 말합니다. 하지만 전문적인 목양은 장로가 자신의 전문영역에서 실제적인 조언과 도움을 주는 것입니다. 제 직업은 대학교수인데, 이 교수라는 직업이 목양사역을 감당하는 데 많은 힘이 되고 있습니다. 특히 청소년 자녀를 둔 성도가 자녀들의 학업과 진학, 군 입대, 졸업 후의 진로를 놓고 고민할 때 구체적이고 실질적인 도움을 줄 수 있어 좋습니다. 또한 그 자녀들을 만나 지속적으로 관리해 주는데, 그 아이들에게 도움이 되고 있다는 사실만으로도 보람을 느낍니다.

우리 교회의 경우 교회가 크다 보니 성도 한 명 한 명을 개인적으로 돌보는 데 한계가 있었습니다. 그런데 목양장로 사역을 통해서 그런 한계를 극복하게 되었습니다. 왜냐하면 목양장로들이 자신이 맡은 성도를 개인적으로 돌보기 때문입니다. 이로 인해 성도의 마음이 따뜻해지고 교회에 대한 좋은 이미지를 얻게 되는 것 같습니다." - 강영무 장로(시무행정)

"저는 장로가 교회 행정을 맡아 관리하는 사람이라고 생각했습니다. 그런데 목양장로 사역을 하면서 장로들에게 있어서 성도를 세우고 돌보는 사역이 얼마나 중요한지 깨닫게 되었습니다. 성도를 직접 돌보면서 성도와 장로 사이의 벽이 허물어지고 그 관계가 긴밀해짐을 느낍니다. 목양장로 사역이 아니었다면 어떻게 성도와 장로들의 사이가 가까워질 수 있었겠습니까? 교회 안에서 긴밀하게 교제하며 행복한 한 가족이 된 것이 목양장로 사역이 가져다 준 큰 변화라고 생각합니다." - 권순재 장로(시무행정)

"저는 행정장로로 섬길 때에도 바른 장로상은 성도를 돌아보고 품는 것이라고 생각했습니다. 그러나 현실적으로 행정을 하다 보면 목양할 시간을 내기가 어려웠습니다. 또한 교회 조직적으로도 장로가 목양을 할 수 있는 기회가 없어서 못내 아쉬웠습니다. 그런데 목양장로 사역이 시작되자 제게 목양의 기회가 주어졌습니다. 저는 생각해 왔던 바른 장로의 모습을 실천하려고 노력했습니다.

행정을 할 때는 행정의 계획을 세우는 관점에서 성도를 바라보았습니다. 하지만 목양사역을 하면서는 개인 대 개인으로 만나 서로의 삶을 나누고 그들을 돌보며 편안한 관계가 이루어졌습니다. 이 얼마나 감사한 일입니까.

목양을 하면서 장로들은 자신을 내세우기보다 성도를 더 잘 섬기고 겸손해지려고 애썼습니다. 또한 교역자님들과 목양사역을 함께하다 보니 그분들과도 친밀해졌습니다.

대부분의 장로들은 장로와 일반 성도가 다르다고 생각할 것입니다. 그러나 목양장로 사역을 통해 성도와 장로가 다 같은 교회의 지체요 하나라는 생각을 공유하게 되었습니다. 예전에는 장로가 교회 일만 잘 섬기면 되지 각각의 성도에 대해 알 필요는 없다고 생각했습니다. 하지만 이제는 목양을 하며 성도 한 명 한 명에게 관심을 갖고 그들을 위해 구체적으로 기도하고 섬길 수 있게 된 것이 저의 큰 기쁨이자 유익입니다." – 류병일 장로(시무행정)

"예전에는 장로직분을 성도가 감히 가까이할 수 없는 위치라고 여겼는데, 목양장로 사역 이후에는 그런 생각이 완전히 바뀌었습니다. 먼저 성도를 찾아가 위로하고 함께 예배드리며 기도해 줄 수 있게 되어 참으로 기쁩니다. 성도를 돌아보면서 나 자신이 위로를 받고, 또 성도가 회복되고 행복해 하는 것을 보면서 저도 행복해집니다. 순장으로 사역할 때는 십여 명의 성도를 돌보았는데, 지금은 백 명이 넘는 성도를 돌보고 있습니다. 그렇다 보니 성도의 기도제목들을 놓고 기도하는 시간이 늘 부족합니다. 그만큼 기도의 깊이와 범위가 달라진 것입니다.

교회 내에도 하나 됨의 의식이 강해진 것을 느끼게 됩니다. 교역자와 장로, 성도가 서로 간에 친밀해지며 하나가 되었습니다."

— 이현덕 장로(시무행정)

"목양장로 사역으로 인해 교회 분위기가 많이 변했습니다. 예전에 행정을 주로 할 때는 성도와 장로 사이에 높은 벽이 느껴졌습니다. 그런데 지금은 그런 벽이 느껴지지 않습니다. 성도도 장로들을 스스럼없이 대하고 우리 장로들도 성도에게 부담 없이 다가갈 수 있게 됐습니다. 특히 여성 성도가 남편 문제로 고민할 때, 막상 목사님께 그 문제를 꺼내 놓기란 쉽지 않습니다. 그러나 목양장로 사역 이후 그런 문제를 장로에게 편하게 내놓고 상의할 수 있게 됐습니다. 더군다나 장로가 직접 남편을 만나 같은 성도의 입장에서 이끌어 줄 수 있어서 좋은 결과가 나타나고 있습니다."

— 김복철(사역장로)

"목양장로 사역은 교회의 본질을 회복시키는 사역입니다. 장로의 특권 의식에서 벗어나 성도를 섬기게 된 것이 큰 변화인데, 목양장로는 수평적 관계로의 변화를 가져와 교회 공동체가 하나 되는 데 큰 동력을 제공하고 있습니다. 저는 목양장로로 임직을 받고 1년차 사역 중인데, 예전에는 시무행정장로님들을 부러워하기도 했습니다. 그러나 차츰 이 사역을 감당하면서 생각이 바뀌었습니다. 직접 현장에서 성도와 부딪치며 그들이 힘들어하는 것을 끌어안고 함께 기도하면서 참다운 목양장로가 무엇인지 깊이 깨달았습니다. 권위를 내세우고 다스리려고 하는 것보다 먼저 섬기고 나누고 희생하는 것이 더 가치 있는 일임을 알게 된 것입니다."

— 김종길 장로(시무목양)

"목양 장로 사역으로 성도와 친밀해지고 바른 장로상에 다가갈 수 있어서 은혜롭습니다. 특히 목양장로 사역은 교회 분위기를 긍정적으로 조성하는 데 많은 역할을 했습니다. 성도가 가지고 있던 장로에 대한 인식이 바뀌었고 장로들과 유대감을 형성하면서 이웃집 아저씨 같은 편안함을 주게 됐습니다. 이렇게 성도를 돌보며 나타난 변화는 장로에게 있어서는 장로의 본질이 회복된 것을 의미하며, 교역자에게 있어서는 동역자를 확보했다는 것을 의미합니다. 따라서 교회 전체적으로 목양장로 사역은 플러스 효과를 가져 오는 좋은 사역입니다." — 성흥모 장로(시무목양)

"한번은 우리 교구의 권사님을 심방했습니다. 처음에는 20-30분 정도의 시간을 예상하고 방문했는데, 최근에 사랑하는 아들을 잃은 권사님은 태몽 이야기부터 시작하여 유치원, 초중고, 대학시절 한 번도 부모 속을 썩이지 않은 착한 아들, 평소 기도대로 좋은 직장에 입사하고 결혼 준비까지 성실히 한 기특한 아들에 대한 이야기를 2시간 가까이 털어놓으셨습니다. 이런 아들이 갑자기 사고로 세상을 떠났으니 그 부모의 심정이 오죽했으랴 싶었습니다.

시간 가는 줄 모르고 아들을 생각하며 자랑하듯 말씀하신 권사님께 위로의 말씀을 드리고 기도하는데 어찌나 눈물이 흐르던지 도저히 기도를 이어갈 수 없었습니다. 위로하러 갔던 저는 오히려 권사님의 이야기를 통해 하나님이 주시는 위로와 은혜를 받았습니다.

직업상 주중에는 지방대학에서 강의를 하느라 멀리 떠나 있지만 그래도 시간을 쪼개어 교구를 목양할 수 있다는 것이 참으로 감사할 따름입니다." – 권종현 장로(시무목양)

"금년에 젊은이 분과를 맡은 저는 근무하는 대학교에 캠퍼스 모임이 없다는 것을 알고 대학부 다락방 모임을 만들기로 마음먹었습니다. 이 일을 위해 몇 차례 대학부 형제자매들을 만나 캠퍼스 모임의 필요성을 함께 나누며 캠퍼스를 하나님의 나라로 바라보는 시각을 공유하게 되었습니다. 또한 전공에 대한 하나님의 뜻도 함께 나누는 뜻깊은 시간을 가졌습니다.

이러한 목양사역을 통해 각 분야에서 힘들어하는 성도와 함께하며 그들이 삶의 현장에서 하나님 나라를 실천할 수 있도록 권면하고 기독교 세계관을 나눌 수 있다는 사실이 감사하고 기뻤습니다. 앞으로 이 목양사역이 효과적으로 잘 실행되어 교회를 온전히 세우는 데 귀한 역할을 하기 바랍니다. 그리고 한국 교회의 체질을 개선하는 획기적인 사역이 되기를 간절히 바랍니다."

– 이용권 장로(시무행정)

부교역자를 행복하게 하다

목양장로 사역을 통해 부교역자들이 얻는 유익 또한 크다. 부교역자는 대형 교회일수록 조직화된 일상 속에서 자칫 매너리즘에 빠져 형식적인 사역을 할 위험이 크다. 또한 중, 소형 교회는 부교역자 한 사람에게 부과된 일이 너무 많아 이것저것 닥치는 대로 하다 보면 어떤 것이 중요한지 제대로 배우지 못한 채 시간을 보내다가 담임목사 청빙을 받기 일쑤다.

하지만 목양장로 사역 속에서는 형식적인 매너리즘에 빠져 있을 시간이 없다. 또한 일을 처리할 때 급한 일 위주로 처리하는 행위도 감히 상상할 수 없다. 따라서 나태해지려는 자신을 채찍질하며 참된 목회와 목양을 배울 수 있다. 아무리 바쁜 일들이 겹친다 해도 교역자로서의 가장 중요한 목양사역을 우선순위에 놓고 일하는 훈련을 받게 되면서 하나님이 기뻐하시는 주의 종으로 성장하게 된다.

물론 목양장로 사역을 하면 그 전보다 더 많은 헌신을 해야 하는 것이 사실이다. 그러나 그것은 하나님의 부르심에 대한 본질적인 헌신이므로 진정한 소명을 받은 부교역자라면 당연히 행복하게 받아 누릴 것이다.

또 하나, 기성교회의 부교역자들은 장로들과 공감대를 이루며 사역할 기회가 별로 없다. 단지 자신이 맡은 부서나 교구에서 필요한 행정적인 결재를 위해 만나는 것이 고작이다. 그래서 담임목사가 되었을 때 장로들과 어떻게 관계를 형성하고 대화해야 할지 난감해 하는 경우가 허다하다. 게다가 대부분 장로들이 부임한 담임목사보다 나이가 많기 때문에 장로들과의 세대 차이나 목회철학의 차이로 인해 과격하게 장로들을 대하거나 다분히 인간적인 관점에서 조용히 고개 숙이고 때를 기다리기도 한다.

목양장로 사역을 하면 부교역자는 그 체제 안에서 수시로 목양장로들과 '목양'이라는 주제로 만나게 된다. 이메일이나 전화를 통해서, 또는 주일날 교회에서 서로 마주칠 수밖에 없다. 호산나교회의 부교역자들은 목양장로들과의 긴밀한 동역을 통해 장로들과의 바른 관계를 형성해 나간다. 더불어 자신들보다 나이 많은 장로들과 아름다운 관계를 맺어 목양사역을 발전시켜 나가기 위해 애쓴다.

처음 목양장로 사역을 시작할 때는 부교역자의 준비되지 못한 면들 때문에 어려움을 토로하는 하소연이 들리기도 했다. 그러나 목양장로 사역이 자리 잡으면서부터는 부교역자들이 오히려 이전에는 도저히 배울 수 없었던 훈련 영역이 계발되는 것에 행복해 한다.

"저는 이전 교회에서 5년간 사역 했고, 호산나교회에서 사역한

지는 약 4개월 정도 되었습니다. 5년보다 4개월이 물리적인 시간으로는 짧지만 목회에 대한 것은 호산나교회에서 더 많이 배운 것 같습니다. 누군가 저에게 목양이 무엇인지 묻는다면 밑그림을 그려줄 수 있을 정도로 말입니다.

기존에 사역했던 교회에서는 장로상의 정립이 전혀 없었습니다. 장로님은 마땅히 목양사역을 해야 함에도 불구하고 그것이 잘 안 되었습니다. 장로님들 때문에 젊은 사람들이 비일비재하게 상처 받았습니다. 사역자의 입장에서는 장로님들이 매우 귀한 분들임에는 틀림없습니다. 그런데 목사님과 장로님들 사이에 생긴 많은 갈등과 다툼으로 비기독교인 들에게 좋지 않은 모습을 보여 주는 것이 오늘날의 현실인 것 같습니다. 하지만 호산나교회에서는 예전 교회에서 받았던 상처들이 아물 정도로 장로님들에 대한 생각이 긍정적으로 바뀌었습니다. 그러다 보니 교회의 바른 일에 집중할 수 있게 되어 행복합니다." – 정혁찬 목사

"목양장로 사역을 하면서 목양 정보가 발생하면 이메일로 장로님들과 공유하고 장로님들을 동기화시키는 사역이 많아졌습니다. 자연스럽게 장로님들과 협동하는 시간도 늘어났지요. 그전에는 장로님들과 만날 일이 별로 없었습니다. 그런데 요즘 장로님들과의 만남이 자주 생기다 보니 그분들을 잘 상대할 수 있는 기술이나 능력이 필요하다고 느꼈습니다. 그래서 장로님들과의 관계를 더욱 돈독히 하는 것이나 갈등을 해결하고 균형을 잡는 방법들을 터득하고 있습니다. 이후에 제가 담임목회를 할 때에나 배울 수

있는 것을 목양장로 사역을 통해 미리 배우고 있는 것입니다. 부교역자 시절인 지금 진정한 목회를 배울 수 있어서 너무 좋습니다. 장로님들과의 소통이 점점 원활해지고 이해의 폭이 넓어졌습니다. 그러다 보니 자연히 사역의 폭도 넓어지고 성도를 돌보는 데 더욱 효과적인 목회자의 모습을 갖춰 나가는 것 같습니다."

— 정동훈 목사

"호산나교회는 목양 장로 사역으로 인해 기성교회와는 다른 점이 있습니다. 바로 새신자가 왔을 때 교역자, 목양 장로, 순장 등이 여러 번 돌본다는 것입니다. 그래서 성도가 너무 좋아합니다. 처음에 새 신자는 목사님은 한 번쯤 만나야 할 분이라고 생각하지만 장로님은 아니라고 생각합니다. 그러나 호산나교회는 목회자와 장로, 순장 등이 여러 차례 새신자와 접촉하여 관심과 사랑을 쏟습니다.

목양장로 사역을 진행하면서 장로님들과 어떻게 하면 목회적으로 공유하고 좋은 관계를 세워나갈 수 있을지 고민하게 됐습니다. 그래서 대화의 기술이나 올바른 동역 관계를 배우기 위해 더 노력하고 있습니다.

개인적으로 목양장로 사역을 통해 장로님들에 대한 인식이 많이 바뀌었습니다. 장로님들이라면 주로 관리형 사역을 하셨는데, 호산나교회 장로님들은 성도를 돌보고 비전을 공유하는 것에 힘을 모아 주십니다. 그래서 장로님들도 목회자적 심정을 가지고 있다는 것을 느끼고 목회적 고민을 나눌 수 있게 됐습니다. 특히 교회 입장에서는 엄마들이 많이 늘어났다고 생각합니다. 엄마의 손길이 한 번 갈 아이에게 두세 번의 손길이 갈 정도로 좋게 변화했습니다. 목회자들도 비록 행정적인 업무는 늘었지만 대신 성도를 돌보는 부담은 한층 덜었습니다.

이제 저에게는 장로님들에 대한 비전이 새롭게 생겼습니다. 그리고 앞으로 담임목회를 할 때 목양장로 사역을 접목시킬 것입니다. 목양장로야말로 장로님들이 스스로 사역할 수 있게 만들고 교역자와 하나 되게 하는 방법입니다." - 한상우 목사

"호산나교회에서 교육전도사부터 전임까지 10년간 섬겼습니다. 평신도로 7년간 섬긴 시간까지 더하면 17년이라는 세월을 이 교회에서 보낸 셈입니다. 평신도 시절부터 호산나교회 담임목사님을 통해 늘 교회 장로님들에 대한 칭찬을 들었습니다. 훈련받은 자로서 모범적인 섬김을 하고 늘 새로운 것에 대한 탄력성을 가진 장로님들이라는 말씀을 하시면서 목사님의 사역에 큰 동력이 된다고 하셨습니다.

그러나 그때는 목사님의 말씀이 가슴에 와 닿지 않았습니다. 개인적으로 장로님들이 나의 사역에 어떤 연관이 있는지, 주일이 아닌 평일에 나의 삶과는 무슨 관련이 있는지, 섬기는 리더인 장로님들이 진정 나를 어떻게 섬기고 있는지에 대한 생각들로 마음이 복잡했습니다.

그러나 목양장로 사역이 이루어지면서 그런 의문들이 눈 녹듯 사라졌습니다. 특히 교회를 섬기는 여자 전도사로서 느끼는 부분

들이 남달랐습니다.

첫째, 훈련된 든든한 남자 동역자가 생겼다는 생각이 듭니다.

호산나교회 여 교역자는 부목사와 동일한 수준에서 교구를 맡아 사역합니다. 그런데 가끔 남자의 협력이 필요한 상황이 생겼을 때 목양장로님의 사역은 정말 힘이 됩니다. 예를 들면 갑자기 사업에 실패한 남편이 교회를 안 다니겠다고 해서 걱정하는 집사님을 위해 남편분과 상담을 해야 할 때, 갑자기 장례가 났는데 남자 교역자가 함께 갈 수 없을 때, 새신자 중에 사회에서 고위직에 있는 분이라 여 교역자가 혼자서는 상대하기가 부담스러울 때 장로님과 함께 심방하면 든든한 마음이 들었습니다.

둘째, 장로님들은 순장을 돌보는 데 매우 큰 힘이 됩니다.

순장들과 교구 계획을 위해 모임을 가질 때 장로님과 함께 참여하면 참석율도 높고 의욕도 높아집니다. 어떤 때는 순원들 때문에 힘들어하는 순장이 있으면 장로님의 사역 노하우를 나누고 그 순원을 대신 만나 주셔서 회복된 경우도 있습니다. 그리고 장로님들이 물질로 섬기는 모습을 본받아 순장들도 순원들을 정성껏 섬기게 됩니다.

셋째, 사역의 분배가 일어남으로 인해 사역에 대한 중압감이 덜어지는 효과가 있습니다.

모든 일을 혼자 처리하다 보면 자신의 역량을 넘어서는 일들과 마주하게 됩니다. 그럴 때마다 시간적으로나 심리적으로 부담이 컸습니다. 그런데 남자 목양장로님이 그런 부분들을 맞추어 주시면서 일에 대한 부담이 훨씬 줄어들었습니다. 특히 남자 순장이나 남자 성도들을 대할 때는 더욱 장로님의 도움이 절실합니다.

넷째, 혼자가 아니라 장로님과 함께하는 사역이므로 사역 방향의 폭이 넓어질 뿐 아니라 교역자로서 전문가가 되어야 한다는 긴장감을 갖게 됩니다.

사회생활을 하는 장로님들은 자신의 분야에서 전문가입니다. 그래서 교역자에게도 그 전문성이 요구됩니다. 또 장로님들을 목양 전문가로 이끌어 함께 동역하기 위해서는 교역자가 더 훌륭한 목양 마인드를 가져야 합니다. 단순한 교구전도사가 아니라 그분의 팀 동료가 되어야 하기 때문입니다. 또한 장로님들은 교역자의 사역 현황을 잘 알고 있으며 사역의 영향력 또한 가늠할 수 있습니다. 때문에 교역자는 늘 긴장하지 않을 수 없습니다.

목양장로님들과 협력한 구체적인 사례를 몇 가지 이야기해 보겠습니다.

첫째, 주○○ 성도의 새가족 등록심방 – 이분은 초등학교 교장 선생님이신데 성격이 매우 까다롭고, 그분의 부인은 불교 신자였습니다. 그래서 교회 등록을 매우 꺼려하다가 담임목사님과 면담 후 등록을 한 분입니다. 새가족반에 편성된 그분은 심방 역시 부담스러워했습니다. 그런데 심방 설명 후 장로님과 함께 간다고 했더니 그제야 승낙을 하셨고, 장로님의 간증과 안수기도 후 지금은 교회에 잘 적응하고 계십니다.

둘째, 이사 예배에 함께 심방 – 타 교회에서 신앙생활을 하다가 본 교회에 등록한 김 모 집사님 가정에 담당 장로님과 함께 심방을 갔습니다. 그분은 10년이나 교회를 다니고 있지만 장로님과 이렇게 마주앉은 적은 처음이라고 했습니다. 그러면서 장로님의 선물까지 받으니 참 행복하다고 했습니다.

셋째, 전도의 모범 – 가락1단지는 전도가 매우 약한 곳이었습니다. 그런데 담당 장로님 부부가 전도를 열심히 하고 장기결석자였던 분들을 계속 돌봐 순장들에게 많은 도전을 주었습니다. 작년에 비해 가락1단지의 등록률은 거의 2배 가까이 증가했습니다.

넷째, 장기결석자 심방 부탁에 대한 탁월한 해결력 – 장○○, 한○○ 성도는 등록한 지 3년, 10년이 된 분들이었는데 등록 후 잘 다니다가 가정의 반대와 개인적인 일로 교회를 조금씩 빠지고 있었습니다. 그러다가 목양 정보를 받으신 장로님이 심방을 하셨습니다. 그 후 장로님 부부는 그분들이 예배에 참석하는지를 매주 확인하고 어려운 부분들은 상담해 주었습니다. 현재는 두 분 모두 다락방 참석과 주일 참석을 잘하고 있습니다. 뿐만 아니라 장로님 부부를 통해 두 가정의 남편도 교회에 등록하게 되었고 신앙생활을 잘 하고 계십니다.

이렇게 목양장로 사역을 하면서 장로님에 대한 인식이 확 바뀌었습니다. 행정에 집중하거나 의무적인 보고를 받는 분이라는 생각에서, 성도와 함께 고민을 나누는 친밀한 분들이라는 생각으로 변화되었습니다. 그리고 교회 지도자는 언제나 성도의 삶과 가까운 곳에 있는 분들이라는 인식을 분명히 갖게 되었습니다."

– 강석분 전도사

"목양장로 사역을 하면서 많은 장점들을 발견하고 있습니다.

첫째, 교역자의 심방을 부담스럽게 생각하는 분들이 장로님들의 방문은 편안해 합니다. 그래서 장로님들께 대신 심방 요청을 자주 했습니다. 교인들은 전화를 통한 만남도 장로님들을 더 편안하게 생각했습니다.

둘째, 교역자보다 직접적이고 실제적인 도움을 줄 수 있습니다. 예를 들면 인맥을 통해 일자리를 알아봐 준다든지, 전문분야에 관한 상담을 해주는 경우입니다.

셋째, 교역자는 한두 사람에게 집중하여 지속적으로 돌보는 것이 어렵습니다. 그러나 장로님들이 대신 지속적인 관리를 해줌으로 인해 사역에 대한 부담을 덜 수 있습니다.

이런 귀한 목양장로 사역을 통해 배운 점들도 많습니다. '두 사람이 한 사람보다 낫다'는 성경말씀처럼 동역자들과의 파트너십에 대해 긍정적인 마인드를 갖게 되었습니다. 또한 교구 교인들에 대해 더 깊은 관심과 시기적절한 사역을 위해 노력하게 되었습니다.

목양장로 사역으로 인해 교회 내에서도 많은 변화가 일어났습니다. 성도 한 사람 한 사람에 대한 관심이 매우 높아졌고, 사역 네트워크를 통해 누수가 되거나 양육 밖에 놓이는 성도가 많이 줄었습니다. 그리고 성도를 돌보는 장로님들의 목양사역을 경험하면서 그전까지 퍼져 있던 부정적인 장로상은 사라지고 성경적인 장로상을 세우게 되었습니다.

목양장로 사역이 저의 목회관에 끼친 영향도 큽니다. 성경적인 장로상, 성경적인 장로교회에 대해 직접 경험하면서, 무엇이든 성경적으로 해나가면 분명한 성령의 열매가 맺어진다는 사실을 확신하게 되었습니다.

저에게 있어서 목양장로 사역을 통한 가장 큰 보람과 열매가 있다면 다음과 같습니다. 지금까지 장로님들은 저의 사역요청에 두 배, 세 배의 열심을 가지고 겸손히 동참해 주셨습니다. 한 번도 거절하지 않고 '목사님, 뭐든지 말씀만 하십시오' 하면서 목양의 파트너가 되어주었습니다. 그래서 저는 성경적인 장로상에 대한 분명한 인식을 갖게 되었습니다.

저는 성경적인 제도를 잘 실천하기만 한다면 제도를 통해 지속적이고 체계적인 사역 지원이 가능하다고 확신합니다."

— 김재정 목사

1. 목양장로 사역을 하면 새롭게 요구되는 능력이나 기술

성도의 상황에 대해 신속하게 메일을 작성해 목양장로에게 보내고, 인터넷에 올라온 목양장로의 메일을 수시로 확인하고 답신을 보내는 것이 가장 신경 써야 할 부분입니다. 그래서 다른 사역으로 바쁘다 할지라도 틈틈이 목양장로에게 메일을 보내 그 내용이 살아 있는 내용으로 전달될 수 있게 하는 것이 중요한 능력이자 기술입니다.

2. 목양장로 사역의 장점

대부분의 성도는 여러 문제와 고통을 가지고 있습니다. 성도 가운데는 장기 투병을 하는 자, 정신질환자, 알코올중독 가족이 있는 자, 경제적 어려움을 호소하는 자, 자녀문제나 인간관계 문제, 시험에 든 자, 이단에 빠진 자들이 많습니다. 이런 성도의 아픔을 들을 때마다 어떻게 도울 수 있을지 고민하며 노력합니다. 하지만 그들의 문제를 해결해 주지 못한 채 고민만 하다가 끝나는 경우가 허다합니다. 그들의 문제에 함께 공감하고 해결책을 모색할 새도 없이 또다시 발생하는 다른 문제들로 교역자는 바빠집니다. 그러기에 성도는 늘 교역자의 관심에 목말라 합니다.

그런데 이런 사역의 문제들을 목양장로와 함께 나누면 성도의 목마름을 해갈하는 데 큰 도움이 됩니다. 목양장로는 장기 투병생활 하는 자를 지속적으로 위로하고, 경제적 필요를 요구하는 자에게 도움이 될 수 있습니다. 정신질환자의 가정을 방문해 기도해 주고, 알콜중독자 가족에게 지속적인 관심을 가지고 위로하며, 자녀나 부부 관계를 조언하고 가정을 올바로 세울 수 있도록 도와줍니다.

이렇게 교역자 한 사람이 감당해야 했던 일을 목양장로가 함께 함으로써 교역자의 심리적 부담이 많이 줄었고, 성도가 건강하게 신앙생활 할 수 있게 됐습니다. 또한 처음에는 교회를 낯설어하던 새가족들이 장로님들의 지속적인 관심과 적극적인 돌봄에 친근감을 느끼고 교회생활에 잘 적응합니다.

3. 구체적인 사례

첫째, 몇 달 전 새가족이며 말기암 환자였던 한 성도를 목양장로 부부가 지극한 정성으로 간호했습니다. 장로님 부부는 시간이 날 때마다 병실로 찾아가 통증이 있는 곳을 만져주며 신앙으로 그를 세워주었습니다. 환자는 목양장로를 통해서 심한 고통 가운데서도 하늘의 소망을 가질 수 있었고, 웃음과 감사를 잃지 않았습니다. 그분은 병실을 방문하는 모든 사람들에게 예수님 때문에 구원 얻은 감격을 전했습니다. 그리고 세상을 떠나기 전 자신에게 예수님의 사랑을 보여 주었던 장로님 부부의 섬김에 이루 말할 수 없는 감사를 표했습니다. 성도가 소천한 후 남편분이 호산나교회에 등록하고 예수님을 믿게 되었고, 현재는 새가족반도 이수하고 교회에 잘 정착하고 있습니다. 이렇듯 한 성도를 소중히 여기는 목양장로 사역은 한 가정을 주님께로 인도하는 사역이라 할 수 있습니다.

둘째, 췌장암에 걸린 한 젊은 남자 성도는 서울까지 올라가 항암치료를 받다가 얼마 전부터 부산에 있는 병원으로 내려와 치료를 받고 있었습니다. 이 사실을 전해들은 목양장로는 즉시 병원에 전화해서 환자의 상태를 설명 듣고 그 병원에서 가장 권위 있는 의사를 연결해 주면서 특별한 관심을 부탁했습니다. 그뿐만 아니라 목양장로는 그 환자의 세 살배기 아들이 폐렴으로 입원했을 때 자신의 아내를 보내 어려움에 처한 그의 가정을 돌보고 위로금을 전했습니다. 이와 같이 목양장로는 고통 중에 있는 환자와 그 가정을 위해 자신의 희생을 마다하지 않고 섬기기를 계속하는 존재입니다.

셋째, 현재 우리 교구에는 정신분열증 자녀를 둔 두 가정이 있는데, 어머니 혼자서 장성한 환자 아들을 감당하기가 너무 힘든 상태입니다. 목양장로는 그 가정을 수시로 방문하여 환자를 위해 계속 기도하고 있습니다.

제가 받는 목양장로의 메일들을 읽으면 장로님들이 얼마나 열심히 사역에 임하고 있는지를 느낄 수 있습니다. 한 장로님의 메일을 간단히 소개합니다.

"저에게 개인적인 욕심이 있다면, 기왕에 목양장로 사역에 임한 이상 더욱 철저하고 완벽하게 하고 싶다는 것입니다. 그것은 담당교역자인 전도사님과의 공조가 지금처럼 확실하게 이루어져야 가능한 일입니다. 앞으로도 지속적으로 작은 정보까지 소상히 알려 주시면 고맙겠습니다.

문모 집사님에 대해서는 전화는 물론 수술 전이나 후에 직접 심방할 것입니다. 대상자가 여자 집사님인 관계로 저의 아내와 동행할 생각입니다. 언제가 좋을지 전도사님이 정해 주시면 따르겠습니다. 혼자서 힘겹게 사시는 집사님이 힘든 수술을 받게 되어 마음이 불안하겠지만, 저의 아내 또한 십 수 년 전에 이미 자궁적체 수술과 유방암 수술을 받은 적이 있어서 집사님께 큰 위로가 될 것입니다.

부족한 저를 통해 연약한 성도를 위로하는 사역자로 삼아주신 하나님의 은혜를 생각하며 밤이나 낮이나 변함없이 사역에 임하겠습니다. 매일 새벽기도에 문모 집사님에 대한 기도를 더할 것입니다. 전도사님, 감사합니다."

　넷째, 몇 달 전 교구의 박모 집사님이 유방암 수술을 받고 입원했습니다. 담당 목양장로는 유방암 수술을 받고 항암치료를 한 경험이 있는 자신의 아내와 함께 그 환자를 방문했습니다. 목양장로는 박모 집사님은 물론 같은 병으로 투병 중인 다른 환자들에게도 유방암에 대한 지식과 항암 치료의 후유증 등을 이야기하며 그들의 고통을 함께 나누었습니다. 박모 집사님은 목양장로님의 섬김을 통해 큰 위로를 받았고 희망을 가지게 되었습니다.

4. 목양장로 사역을 통한 부교역자의 삶의 변화

　목양장로에게 성도의 상황을 구체적으로 전달하는 것이 부교역자의 일입니다. 그래서 부교역자는 성도의 문제를 좀 더 상세히 파악하려고 애쓰게 됩니다. 목양 정보를 더욱 철저히 기록하고 메일로 전송하기 위해 시간도 알뜰하게 사용합니다.

5. 목양장로 사역 후 교회의 변화

　교인들의 문제를 목양장로에게 구체적으로 전달하기 위해 상황을 더욱 섬세하게 파악하려고 노력하며, 기억하고, 철저히 기록하는 습관을 가지게 되었습니다. 이렇게 파악된 사건을 목양장로에게 메일로 혹은 전화로 언제 알려야 할지 틈새 시간을 이용함으로써 하루하루의 시간을 더욱 알차게 사용할 수 있게 된 것이 변화된 생활이라고 할 수 있습니다.

6. 목양장로 사역이 목회관에 끼친 영향

예전에는 장로의 사역과 교역자의 사역이 그리 직접적인 관계에 있다고 생각하지 않았습니다. 그러나 목양장로 사역을 하면서 이러한 생각이 바뀌었습니다. 목양장로 사역은 저의 사역에 있어서 갑절의 효과를 거두게 하는, 반드시 필요한 동역관계 사역이라는 것을 깨닫게 되었습니다.

7. 제가 얻은 가장 큰 보람과 열매

모태신앙으로 자란 저는 오랜 세월 동안 교회 장로님을 언제나 먼 존재로 느꼈고, 무섭고 엄격하며 담임목사님과 잘 다투는 분이라고 여겼습니다. 아마 많은 성도가 이런 생각을 가지고 있을 것입니다. 그러나 목양장로 사역을 통해서 장로님은 한없이 자상하고 인자하며, 성도를 이해하고 도울 수 있는 풍족한 경험의 소유자임을 느끼게 됐습니다. 자신의 것을 아끼지 않고 성도를 위해 기꺼이 헌신하는 주님의 동역자였던 것입니다. 이렇게 변한 교회를 생각하면 행복하고, 더욱 교회를 사랑하며, 더 잘 섬겨야겠다는 책임감이 생겼습니다. 이것이 저에게 있어서 가장 큰 소득이 아닐까 싶습니다."

— 양숙란(교구교역자)

| 에필로그 |

성도가 누리는 행복의 다른 이름, 목양장로

당장 헤어지자고 소리치던 부부가 막상 이혼서류에 도장을 찍을 때는 매우 망설이게 된다. 여기에는 여러 이유가 있겠지만 그중 가장 큰 이유는 역시 자식일 것이다. 그래서 자식의 장래를 생각해 이혼하지 않고 살기로 작정하는 부부들이 적지 않다. 목양 장로 사역은 장로와 목사가 부모의 마음으로 자식을 돌보듯 성도를 돌보는 사역이다. 그러니 당연히 장로들이 성도를 자식처럼 생각한다. 때에 따라 교회에 갈등이 있고 어려운 일이 있어도 장로와 목사는 자식을 생각해서 참는다. 그리고 섣불리 교회를 떠나지 못한다. 자신이 키운 자식이 있는데 어떻게 그 교회를 떠날 수 있겠는가?

보통 제자훈련을 하는 교회에서는 평신도 훈련을 통해 순장들을 잘 세우면 그들이 작은 목사로서 교회를 든든히 지키기 때문에 목양 장로 사역은 굳이 필요 없다고 생각한다. 호산나교회도 제자훈련을 통해 성장한 교회이기에 그런 생각에 충분히 공감한다.

교회가 제자훈련으로 한창 성장하던 때의 일이다. 성도에게 신임을 얻은 한 여자 전도사가 문제를 일으키고 자기 동생 목사를 데리고 나가 다른 곳에 교회를 개척한 적이 있었다. 하지만 교회가 제자훈련을 통해 성숙해 있었기에 큰 동요는 없었다. 그 후 하단에서 지금의 명지비전센터를 건축하는 과정에서 두 명의 장로가 뜻이 맞지 않는다는 이유로 교회를 떠났다. 그때도 교회는 큰 흔들림 없이 잘 견뎠다.

이렇게 제자훈련을 통해 영적으로 건강한 성도가 배출되면 교회는 여러 시험들을 이겨내고 일어설 수 있다. 하지만 목양 장로 사역을 하게 되면 교회는 모든 면에서 더 건강하고 성숙하여 큰 힘을 발휘하게 된다. 호산나교회가 바로 그 증거다. 그래서 나는 제자훈련의 정점이 바로 목양장로 사역이라고 당당히 외칠 수 있다.

장로들이 목양을 하게 되면 생각이 많이 바뀐다. 우선 행복해진다. 본질이 회복되니 불만이 사라지고 행복할 수밖에 없다. 현재 호산나교회는 60명이 넘는 장로들이 교회를 섬기고 있다. 만약 당회 중심의 시무행정장로만을 뽑았다면 호산나교회도 장로 20명을 넘기기가 어려웠을 것이다. 그렇게 되면 목양 장로로 충분히 섬길 수 있는 많은 분들이 아직도 집사로서 제한된 섬김을 하고 있었을지 모른다.

성도 중에는 무엇을 하든지 순종하며 잘 따라오는 사람이 있는가 하면, 이유 없이 거절부터 하는 사람도 있다. 거절이 진심인지, 아니면 자신에게 관심을 가져달라는 또 다른 표현인지 알 수 없지만 목회자의 입장에서는 자꾸만 어긋나려고 하는 성도를 대할 때마다 당혹스러워진다.

언젠가 병원에 입원한 성도를 심방할 때였다. 당시 입원한 남자 성도는 예수님을 영접하기 전이었고 부인만 교회에 나오고 있었다. 그는 젊은 부목사가 심방하겠다고 하니 대뜸 이렇게 말했다.

"필요 없소. 당신같이 어린 사람이 무얼 안다고 내게 설교하려 드는 거요? 절대 찾아오지 마시오!"

부목사는 고민 끝에 장로에게 부탁해 그 성도에게 전화를 걸게 했다. 그런데 어찌된 일인지 젊은 부목사에게는 매몰차던 그가 나이 든 장로에게는 깍듯이 예의를 차리면서 반가워하는 것이 아닌가. 그 후로 그 성도는 지금 누구보다 열심히 신앙생활을 하고 있다.

또 한 번은 지독히도 목회자의 말을 안 듣는 여자 성도 때문에 고민하던 때가 있었다. 그분은 신학을 공부하고, 신앙의 연수도 길었으며, 목회자들만큼 성경지식이 풍부했다. 그래서인지 교회 일에 사사건건 시비를 걸곤 했다. 목회자로서 평신도와 맞설 수도 없고 어찌해야 좋을지 걱정이 되었다. 그런데 하루는 그 여자 성도를 눈여겨보던 한 장로가 조용히 그분과 대화를 가졌다. 놀랍게도 서서히 변화가 생겼다. 늘 불만이 가득했던 그녀의 얼굴이 환하게 밝아졌고, 교회 일에도 잘 순종하는 성도가 된 것이다.

이런 경험을 재차 겪으면서 나는 목양 장로에 대한 비전을 더욱 확고히 다질 수 있었다. 하나님은 우리에게 여러 가지 달란트와 맡은 바 해야 할 일을 허락하신다. 그렇다면 과연 교회 안에 세워진 장로들에게 허락하신 달란트와 맡은 바 소임은 무엇일까? 바로 이 물음에서 목양장로가 시작된다.

하나님께서 장로직분을 세우셨다면, 마땅히 그 소임을 펼칠 수 있는 장을 만들어주는 것이 교회의 할 일이다. 인생의 뒤안길에 있는 많은 장로들을 우리가 또다시 교회의 뒷방으로 내몰지는 않았는지 반성해야 한다. 그리고 그분들이 마지막까지 해야 할 소임을 펼칠 수 있도록 도와야 한다. 왜냐하면 그들의 장로직분은 사람에게서 나온 것이 아니라 하나님으로부터 나온 것이기 때문이다.

호산나교회 내부에서 목양장로 사역이 시스템화 되었고 은퇴 후에는 교회 밖에 국제목양사역원을 설립하였다. 목양장로 사역원은 다른 교회도 목양장로 사역이 뿌리내릴 수 있도록 지원할 센터역할을 위한 목적으로 설립된 것이다. 내가 2010년 은퇴 하기 전 2009년부터 이 땅의 교회들을 섬기기 위해 목양장로 컨퍼런스를 시작하여 국내뿐만 아니라 세계 각 곳에 퍼져있는 디아스포라 교회를 섬기려 하고 있다. 2011년부터 필리핀 1차례 그리고 미주는 벌써 5년차 컨퍼런스를 진행해 오고 있다.

한국에 있는 교회든 외국에 있는 한인교회든 그 뿌리가 같다고 본다. 구조상 장로의 본질인 목양에서 출발한 것이 아니라 행정이 주 업무가 되어 있다는 것이다. 때문에 본질로 돌아가도록 하는 사역이 목양장로 사역인 것이다.

또한 이 책을 통해서도 목양 장로 사역이 잘 알려지기를 원한다. 많은 목회자와 장로, 성도가 함께 세미나와 워크숍 등을 거치면서 더 나은 목양 장로 사역을 위해 동역하기를 원한다.

> "여호와는 나의 목자시니 내게 부족함이 없으리로다 그가 나를 푸른 풀밭에 누이시며 쉴 만한 물가로 인도하시는도다"(시 23:1-2).

시편 23편은 어릴 때부터 내가 가장 좋아하는 말씀이다. 하나님께서 자신과 함께하심을 신뢰하며 언제나 감사로 노래한 다윗. 그는 자신의 연약함을 알았던 사람이기에 늘 어떤 상황에 처하든지 양과 같은 자신을 목자 되신 하나님께 내어 맡겼다. 특히 시편 23편은 각 구절의 행간마다 하나님과 함께하는 평안이 담겨 있다.

내가 좋아하는 또 하나의 성경구절이 있다. 바로 로마서 8장 28절 말씀이다.

> "하나님을 사랑하는 자 곧 그의 뜻대로 부르심을 입은 자들에게는 모든 것이 합력하여 선을 이루느니라."

하나님께서는 그분의 자녀들을 시련을 통해 연단하시고, 어떤 때는 사탄의 시험까지 허용하신다. 그러나 그 모든 것은 궁극적으로 선을 이루기 위해서다. 고난도, 질병도, 슬픔도 우리에게 유익을 주기 위해서 베푸신다. 이 말씀은 그런 하나님의 약속을 잘 담고 있다.

좋아하는 말씀으로 손꼽는 이 두 구절은 하나님을 향한 나의 마음이기도 하다. 목회자로 살아온 삼십여 년 동안 하나님은 잠시도

쉬지 않으시고 나를 인도해 주셨다. 내가 가난에 처할 때나 부요할 때나, 병들 때나 아플 때나, 좋을 때나 나쁠 때나, 강건할 때나 연약할 때나 언제든 나와 함께 하시며 지켜주셨다. 때문에 나는 앞으로의 남은 인생도 하나님과 동행하고 있음을 안다. 그분이 늘 나와 함께하시기에 나는 모든 것으로 선을 이루실 주님을 기대하며 다윗처럼 평안함으로 남은 길을 달려갈 것이다.

그리고 나는 믿는다. 주님께서 성도를 행복하게 하고, 장로를 행복하게 하고, 목회자를 행복하게 하여 결국 온 교회에 행복 바이러스가 넘치게 할 목양 장로 사역을 이 땅의 모든 교회가 동참하기를 원하심을… 그리고 성도의 본질을 깨우치는 목양 장로를 통해 앞으로도 계속 보람과 가치와 축복을 경험케 하실 것임을…. 그러므로 나의 남은 생애 동안 힘을 다해 이 사역을 더욱 발전시킬 것을 다짐한다.

목양장로, 그것은 바로 성도가 누리는 행복의 또 다른 이름이다.

| 부록 |

목양장로 사역을
풍성하게 만드는 재료들

1) 이메일과 스마트폰 사용하기

2) 목양사역 점검표

3) 목양을 위한 상담
용어 설명 | 효과적인 상담을 위한 지침들 | 효과적인 대화를 위한 지침들

4) 목양을 위한 예배 인도법
가정을 방문해서 예배드릴 때
개인 사업장을 방문해서 예배드릴 때
분주한 사업장을 방문해서 예배드릴 때
환자를 병문안해서 예배드릴 때

5) 목양을 위한 상황별 심방 메시지
개업 | 결혼 | 사업 확장 | 졸업 | 진학 | 출산 | 교회 출석을 등한시 하는 성도
교회에 불평하는 성도 | 근심하고 염려하는 성도 | 믿음이 연약한 성도
새로 믿기 시작한 성도 | 세상을 사랑하는 성도 | 시험당하는 성도 | 병문안
임종 | 장례 | 직장을 잃거나 사업에 실패한 성도 | 취직

1) 이메일과 스마트폰 사용하기

목양사역을 원활하게 하기 위해서는 이메일을 효과적으로 사용해야 한다. 신속한 정보 공유가 목양사역을 생동감 있게 만들기 때문이다. 목양사역을 시작할 당시 휴대전화에서도 이메일을 확인할 수 있도록 하여 더욱 효과적으로 목양사역을 감당할 수 있게 되었다.

그런데 요즘은 스마트폰을 이용하여 담임목사와 교역자, 그리고 목양장로가 문자나 카톡 또는 밴드 등으로 얼마든지 공유할 수 있어 사역이 더 편리해졌다고 본다.

교회가 조금만 커지면 담임목사들은 휴대폰 번호나 개인 이메일을 공개하지 않고 의도적으로 성도와 거리를 두거나 교인들이 쉽게 다가갈 수 없도록 차단하는 것을 당연시 여긴다. 물론 중, 대형 교회 담임목사가 시시콜콜 걸려오는 전화에 일일이 답변하다 보면 정작 중요한 일을 못하는 경우가 생길 것이다. 더구나 이메일로 성도가 수시로 질문하거나 상담요청을 하면 곤란한 경우도 종종 발생한다.

그러나 담임목사는 말씀 준비를 위한 개인 시간을 확보하면서도 성도를 향해 언제나 열려 있는 낮은 종의 모습을 가져야 한다. 담임목사가 성도와 마주 앉아 사랑을 나누고 그리스도 안에서 교제하는 것이 주님의 뜻이기 때문이다. 하지만 중, 대형 교회 담임목사가 되면 현실적으로 그렇게 하기가 힘들다. 그런 면에서 이메일을 통한 목양은 대형 교회일수록 담임목사에게 절실히 필요하다. 특히 목양장로 사역에 있어서는 장로들이 이메일을 사용하는 것은 기본이다.

2) 목양사역 점검표

항목에 보면 매주 목양할 성도의 이름, 담당교역자, 목양장로, 지구장의 이름과 목양 내용이 있다. 성도의 이름에 쓰여진 숫자 '0'은 사건 발생이고 '1'은 메일을 보내 사역이 진행되고 있는 것이며, '2'는 사역이 완료된 것을 말한다. '3'은 목양장로가 사역 후 답신 보낸 것을 이야기한다.

이러한 점검표는 매주 교역자실에 게시된다. 또한 한 달에 한 번 그 달 통계를 게시하고 교역자 회의 시간에 브리핑을 한다.

월별 통계에는 그 달의 기본 사역 발생 수와 목양사역이 진행된 수를 적고 그것을 백분율로 표기한다.

1지구	사역발생	진행	백분율
손○○	10	10	100%
김○○	14	16	114%
김○○	14	36	257%
정○○	4	9	225%
한○○	0	7	700%
합 계	42	78	186%

2지구	사역발생	진행	백분율
송○○	3	34	(1133%)
최○○	5	24	480%
한○○	9	(43)	478%
양○○	10	(43)	430%
합 계	27	144	(533%)

〈1,2지구의 월별통계 샘플〉

2009년 4월 목양 점검표

- 기간: 4월 14일 ~ 4월 20일
- 범례: 0 사역 발생 / 1 사역 진행 / 2 사역 완료 / 3 목양장로 담당
- '노란색 바탕'은 주보 내용이 외의 메일입니다.

〈주간목양사역 점검표〉

성도이름	교역자	목양장로	지구장	등록	새가족 주보	새가족 이메일	새수료	이사 이메일	출산 이메일	개업 이메일	상담/심방 이메일	장례 이메일	군입대 이메일	임원 이메일	결혼/애축 이메일	통계 메일
이○○/하○○○(주○○)	김○○	강○○	금○○													
김○○B	금○○	이○○	금○○				2									
김○○	금○○	이○○	금○○				0									
이얀○○B	금○○	이○○	금○○				0									
김○○E	금○○	이○○	금○○	1												
성○○	금○○	이○○	금○○								1					
신○○	금○○	이○○	금○○	1				0								
성○○현(노○○)	금○○	이○○	금○○	1												
박○○G	금○○	임○○	금○○	1												
손○○B	금○○	이○○	금○○	3												
윤○○	김○○	박○○	손○○				2									
김○○	김○○	정○○	손○○				2									
정○○G	김○○	정○○	손○○				0									
심○○/옥○○(주○○)	김○○	정○○	손○○								1					
김○○(모친수술)	김○○	정○○	손○○				0									
정○○(모친수술)	김○○	정○○	손○○											1		
김○○B	김○○	조○○	손○○				0									
채○○/우○○(주○○)	김○○	박○○	김○○										2			
이○○	김○○	염○○	김○○													
박○○	김○○	염○○	김○○								1					
정○○	김○○	염○○	김○○								1					
손○○	김○○	염○○	김○○								1			1		
김○○(김○○故김○○)	김○○	이○○	김○○									0				
김○○/정○○(주○○)	김○○	정○○	손○○					3								
강○○(배○○)	김○○	강○○	손○○					1							1	
유○○(박○○)	김○○	강○○	손○○													

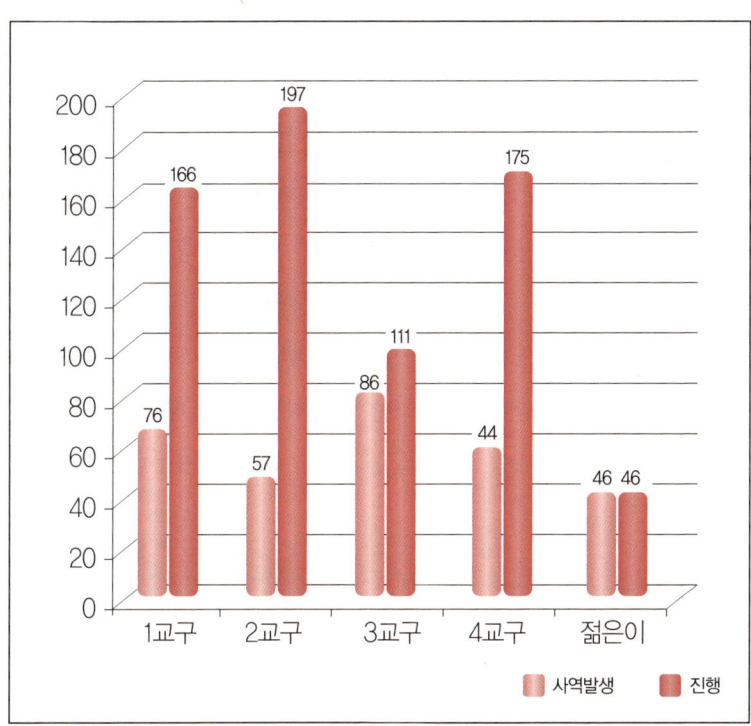

〈각 지구별 목양사역 상황 그래프〉

　장년 1-4지구까지와 젊은이 분과의 목양사역을 그래프화한 것이다. 이러한 브리핑과 게시는 교역자들이 사역 진행을 한눈에 볼 수 있게 하며 자극제 역할도 한다.

3) 목양을 위한 상담

목양사역을 하면 가장 빈번한 일이 사람을 만나고 돌보는 것이다. 잘 돌보기 위해서는 어느 정도의 상담 관련 지식과 방법을 갖고 있어야 한다. 왜냐하면 목양사역을 할수록 사람을 상대하는 능력이나 기술이 부족함을 절실히 느끼기 때문이다. 그렇다면 다양한 성격과 직업을 가진 사람들을 만날 때 어떻게 하면 편안히 대할 수 있고 상담을 주도해 나갈 수 있을까? 여기서는 상담에 필요한 것들과 상담 가운데 해야 할 일들, 그리고 상담의 마무리까지 상세히 알아보도록 하겠다.

용어 설명

- 내담자 : 상담을 받아야 할 사람
- 상담자 : 상담을 주도하는 사람
- 화자 : 말을 하는 사람
- 청자 : 말을 들어주는 사람

효과적인 상담을 위한 지침들

① **성급한 판단을 하지 말라**

상담을 시작하면서 상담자들이 쉽게 범하는 실수는 내담자가 처음에 하는 말만 듣고 그의 문제에 대해 성급한 판단을 내리는 것이다. 대부분의 내담자들은 충분한 신뢰 없이 처음부터 자신의 상처와 문제를 솔직하게 드러내지 않는다. 내담자는 상담하면서 다른 이들에게 말하지 않은 정보들을 상담자에게 말해 준다. 이럴 때 상담자는 내담자가 자신에게 중요한 비밀을 공개했다고 생각한다. 하지만 그것은 내담자의 문제를 정확히 파악하는 데 유용한 정보는 아니다. 상담자가 내담자의 문제를 정확히 파악하고 내담자의 솔직한 고백을 들으려면 적지 않은 시간이 필요하다.

따라서 상담 초기에는 상담자가 내담자에 대한 구체적이고 광범위한 정보를 얻기 위해 객관적 자세를 유지해야 한다. 그리고 충분한 시간을 갖고 내담자에 대한 정보를 수집해 면밀히 검토하고 분석해서 문제를 파악해야 한다.

② 개인적인 감정을 배제하라

정확하게 문제를 파악하기 위해서는 상담자가 내담자에게 개인적인 감정을 가져서는 안 된다. 예를 들면 불쌍히 여기는 마음이나 불편하게 생각하는 마음, 연민, 귀찮아하는 마음 등 개인적인 감정을 멀리해야 한다. 이것은 내담자가 제공하는 정보를 왜곡시키고 비언어적 메시지를 무시하게 만든다. 결국 상담자가 합리적으로 정보 내용을 파악하거나 분석할 수 없게 만드는 것이다. 따라서 상담자는 최대한 내담자에게 객관적이며 이성적인 태도를 유지해야 한다.

③ 비언어적 메시지에 민감하라

내담자들은 상담할 때 비언어적 메시지를 많이 사용한다. 비언어적 메시지는 언어를 사용하지 않고 자신의 상황이나 심리적인 상태를 상대방에게 전달하는 도구를 말한다. 예를 들면 불안할 때 시선을 피하거나 눈을 마주치더라도 오래 마주하지 못하는 경우들이다. 또는 손을 어디에 둘지 몰라 당황해 하거나 잦은 실수를 하는 경우도 비언어적 메시지에 해당된다. 거짓말을 할 때는 물건을 만지작거리거나 대화가 두서없는 경우들이 있다. 과잉 행동을 하거나 진땀을 흘리는 경우도 마찬가지다. 반대로 심적으로 안정된 경우에는 의자에 몸을 깊숙이 누이거나, 손동작이 대화 내용과 상황에 적절히 움직인다. 또한 눈빛은 안정적이고 흔들림이 없으며 상담자와 오랜 시간 마주하게 된다.

내담자가 몸을 앞으로 기울여 상담자와 물리적인 거리를 좁히는 것은 적극적으로 대화하고 싶다는 의지를 나타내는 것이며, 반대로 상체를 뒤로 젖히거나 몸을 상담자에게서 돌려 앉는 것은 대화를 나누기 싫다는 것을 비언어적 메시지로 전달하는 것이다. 이외에도 내담자는 비언어적 메시지를 끊임없이 상담자에게 보낸다. 따라서 상담자는 내담자가 보내는 비언어적 메시지를 잘 파악해야 내담자가 말하고자 하는 진짜 의도를 찾아 낼 수 있다.

④ 권위적인 태도를 버리라

상담자는 내담자에게 심각한 문제가 있고 자신의 도움이 없으면 안 된다는 권위적인 태도를 버려야 한다. 자신이 내담자의 모든 것을 알고 있고 내담자는 상담자의 지시를 반드시 따라야 한다는 권위적인 태도는 내담자의 인격에 큰 상처를 줄 수 있다. 또한 내담자에게 자신이 무시당하고 있다는 오해를 불러일으킬 수도 있다. 그러므로 지시하고 억압하고 고압적인 자세로 권면하지 않도록 주의해야 한다.

내담자는 처음부터 상담자를 의지하는 낮은 자세와 마음을 갖고 있다. 이런 상황에서 상담자가 권위적인 태도를 보이면 상담의 효과는 급격히 떨어진다. 물론 효과적인 상담을 위해 적정 수준의 주도권이 필요할 수 있다. 하지만 상담자는 기본적으로 내담자를 섬기고 돌보는 자세를 유지해야 한다. 그래야 내담자가 자신이 섬김을 받고 있다고 느낄 수 있는 것이다.

상담을 진행할 때는 내담자의 반응에 따뜻하고 수용적인 태도를 보이고, 권면할 때에는 지시적인 언어보다 동의를 구하는 언어를 사용하는 것이 효과적이다. 단, 상담 일정을 조정하거나 시간을 지키는 부분에 있어서는 단호하고 엄격해야 한다.

⑤ 내담자를 잘 돌볼 수 있는 에너지를 확보하라

여러 내담자들을 상대하다 보면 상담자는 금세 지치고 힘들어진다. 상담이라는 것이 많은 정신적, 육체적 에너지를 필요로 하기 때문이다. 만약 상담자 자신의 상태가 내담자를 돌볼 수 있는 상태가 아니라면 무리하게 상담을 진행하지 않는 것이 좋다. 상담자가 지친 상태에서 상담하면 내담자에게 적절한 반응과 권면을 해줄 수 없고 무성의한 태도를 보일 수 있다. 그래서 상담자는 자신의 정신적, 육체적 상태를 고려해 상담 스케줄을 조절해야 한다.

상담자가 내담자를 충분히 돌볼 수 있는 에너지를 확보한 상태에서 상담하면, 내담자는 자신이 성의 있는 돌봄을 받고 있다고 느낄 수 있을 것이다. 상담자는 내담자가 하나님이 자신에게 보내

주신 영혼이자, 자신의 돌봄이 필요한 영혼이라는 사실을 늘 기억하고 최선을 다해야 한다.

⑥ 상담자의 치명적인 약점을 공개하지 말라

상담 과정 중에 공감대 형성을 위해, 혹은 격려나 위로 차원에서 상담자 자신의 경험을 이야기할 때가 있다. 그런데 이때 범하는 가장 빈번한 실수가 자신의 약점을 내담자에게 공개하는 것이다. 그런 정보를 공개하는 순간 상담자와 내담자의 관계는 급속도로 친밀해진다. 왜냐하면 그 누구와도 공유하지 않은 비밀을 함께 나누었기 때문이다.

상담자와 내담자의 관계는 기본적으로 친밀함이 있어야 하지만 객관적인 관계를 유지하는 것 또한 중요하다. 상담자가 내담자와 자신의 약점이나 비밀을 공유하고 이로 인해 친밀감을 느끼면 주관적인 상담 자세에 빠지기 쉽다. 이렇게 되면 효과적인 상담이 이루어질 수 없다. 그리고 상담자의 주도권이 필요한 결정적인 순간에 내담자가 상담자의 권위를 인정하지 않는 경우가 발생할 수 있다.

⑦ 내담자의 말을 충분히 들어주라

상담자는 내담자가 하는 말을 충분히 듣고 결론적인 권면을 해야 한다. 간혹 내담자가 두서없이 말해도 상담자는 그의 이야기를 인내심을 갖고 들어주어야 한다. 이것이 상담자의 기본자세이다. 만약 내담자의 말을 중간에서 끊고 자신의 의견을 말한다면 내담자가 인격적인 모멸감을 느낄 것이다.

내담자가 횡설수설 하는 것은 자신의 문제를 정확히 이야기하려는 의지가 없기 때문이다. 바꿔 말하면 내담자가 상담자를 전적으로 신뢰하지 못해 자신의 문제를 드러낼 의지가 없다는 것이다. 따라서 상담자는 진지하게 내담자의 이야기를 들어줌으로써 신뢰감을 쌓고, 내담자의 이야기에서 부분적으로 드러나는 문제들을 잘 끄집어내 문제의 윤곽을 잡아야 한다. 또한 내담자의 말이 다 끝났을 때는 상담자가 파악한 문제를 제시하고 추가적으로 필요한 정보를 수집해야 한다.

형식적인 상담에서 벗어나 신뢰 가운데 효과적인 상담을 하려면 상담자는 인내를 가지고 내담자의 이야기를 끝까지 들어주어야 함을 꼭 기억해야 할 것이다.

효과적인 대화를 위한 지침들

① 허용적인 분위기를 조성하라

효과적으로 대화하기 위해서는 먼저 허용적인 분위기를 조성해야 한다. '나는 당신의 이야기를 들어줄 준비가 되어 있습니다.'라는 수용적인 자세를 보여 주어야 한다. 이때 청자는 화자 쪽으로 상체를 돌리고 앉음으로써 적극적으로 이야기를 듣겠다는 마음이 화자에게 전달될 수 있게 해야 한다. 의자에 몸을 깊숙이 누이거나 다리를 꼬고 앉는 자세는 피하는 것이 좋다.

화자가 긴장을 풀 수 있도록 약간의 다과를 준비하자. 표정은 너무 웃지 말고 약간의 미소를 띤 상태가 좋다. 화자의 이야기를 들으며 적절한 때에 가볍게 웃어주면서 반응을 해주자.

대화 초반에는 일상적인 이야기들을 나누면서 서로의 공감대가 있는지를 찾아보고 공감대가 형성될 만한 것이 있으면 그것을 주제로 삼아 허용적인 분위기를 만든다.

② **경청하라**
대화가 진행되면 화자의 말을 경청해야 한다. 무성의하고 무관심한 태도를 보이면 원활한 대화가 진행될 수 없다. 화자의 대화에 집중하기 위해 방해가 될 만한 요소들을 미리 제거해 두는 것이 좋다. 예를 들면 휴대폰 전원을 꺼놓는다든지, 전화기 벨소리를 줄여 놓는 것 등이다. 경청을 위해서는 마음의 준비도 중요하지만 경청할 수 있는 물리적인 조건을 마련해 놓는 것도 중요하다.

③ **반응해 주라**
화자의 말에 간단하게 반응해 주는 것이 좋다. 예를 들면 "아!", "음!", "그래서요?", "아, 그랬군요.", "그런 일이 있었군요" 와 같은 언어적 반응과 고개를 끄덕이거나 손바닥을 가볍게 마주치거나 깊은 시선을 던져 주는 것과 같은 신체적 반응이 그것이다. 화자가 대화를 진행할 때 언어적 반응과 신체적 반응을 적절히 해주면 화자는 더욱 편안한 분위기에서 이야기를 할 수 있다.

④ **질문은 짧고 간결하게 하라**
청자는 대화중에 궁금한 점이 생기면 짧고 간결하게 핵심 질문을 던져야 한다. 그렇지 않으면 대화의 맥이 끊어질 수 있고, 질문의 내용을 잘 이해하지 못해서 대화가 엉뚱한 방향으로 흘러갈 수

도 있다. 따라서 청자는 화자에게 던질 질문을 머릿속으로 미리 정리하여 명확히 준비해야 한다.

⑤ 대화 내용을 확인하라

화자가 한 단락의 언어적 메시지 전달이 끝나면 청자는 한 문장에서 두 문장 정도로 화자가 전달한 메시지를 정리해서 확인하는 것이 좋다. 이렇게 하면 메시지의 손실 없이 정확하고 효과적인 대화가 이루어질 수 있다. 단, 정리를 너무 길고 장황하게 하지 않도록 주의하자.

⑥ 중간에 대화를 끊지 말라

정말 시급한 사항이 아니면 화자의 말을 중간에 끊어서는 안 된다. 이것은 청자가 지켜야 할 가장 기본적인 자세이다.

⑦ 대화 수준을 맞추라

대부분의 청자들이 화자의 이야기를 듣고 대화를 이끌어 나갈 때 화자의 수준을 고려하지 않는다. 청자는 화자의 교육 수준, 전문적 지식, 생활 형편, 신앙생활 기간, 연령 등의 차이를 고려하여 대화 수준을 맞추어야 한다. 어려운 전문용어나 외국어 등을 무분별하게 사용하면 안 된다. 청자들 가운데 화자에게 자신의 전문성이나 권위를 보이고 싶어서 전문용어와 외국어를 남발할 때가 있는데 이는 원활한 대화를 막는 요소가 된다.

또한 화자의 연령에 맞게 적정한 어휘를 사용해야 하며, 화자의 감정 상태에 따라 어휘 강도도 조절해야 한다. 화자의 감정이 격한 상태인데 강한 어휘나 감정을 상하게 하는 단어를 사용해서는 안 된다. 청자가 화자의 수준을 적절히 고려하여 배려할 때 효과적인 대화가 될 것이다.

지금까지 효과적인 목양사역을 위한 상담과 대화 방법에 대해 알아보았다. 대화는 인간관계 속에서 의사소통하는 가장 기본적인 도구이며 기술이다. 그러므로 이러한 대화의 방법을 익혀서 능숙하게 대화하는 것이 중요하다. 하지만 무엇보다 제일 중요한 것은 예수 그리스도의 사랑을 가지고 대화하는 것이다. 누구와 어떤 대화를 하든지 예수 그리스도의 마음으로 한다면 가장 성공적인 대화가 될 것이다. 특히 목양장로 사역에 있어서 장로들이 겸손한 마음과 섬기려는 태도를 갖고 성도와 대화한다면 아름다운 열매가 교회 가운데 풍성히 맺힐 것이다.

4) 목양을 위한 예배 인도법

심방 시에는 상황과 형편에 따라 예배를 구분해서 드리는 것이 좋다. 여유를 갖고 예배드릴 수 있는 곳(바쁘지 않은 시간대의 개인 사업장, 가정집)과 간단히 예배드려야 할 곳(분주한 사업장, 병원)이 있다. 지금부터 상황별로 어떻게 예배를 인도해야 하는지 간략하게 살펴볼 것이다. 다음에 제시된 자료들은 목양장로가 좀 더 묵상하고 교회 상황에 맞게 정리한다면 훨씬 유용하게 쓰일 수 있다.

가정을 방문해서 예배드릴 때

가정을 방문해서 예배를 드릴 때는 시간과 공간의 제약을 덜 받는다. 따라서 다음과 같은 순서를 따르면 좋다.

① **기도제목 기록** : 가족 전체의 기도제목과 각 구성원별 기도제목을 기록한다.
② **찬송** : 찬송가 278장 "사랑하는 주님 앞에"(개정 220장)
　심방을 받는 성도가 선호하는 찬송을 물어서 진행해도 좋다.
③ **성경 봉독** : 미리 준비한 성경 본문을 찾아서 읽어 준다.
④ **말씀 선포** : 가정에 권면이나 위로가 되는 말씀을 선포한다.
⑤ **말씀의 예**

제목 : 복 주시기를 원하시는 하나님
본문 : 민수기 6장 22-27절

"여호와께서 모세에게 말씀하여 이르시되 아론과 그의 아들들에게 말하여 이르기를 너희는 이스라엘 자손을 위하여 이렇게 축복하여 이르되 여호와는 네게 복을 주시고 너를 지키시기를 원하며 여호와는 그의 얼굴을 네게 비추사 은혜 베푸시기를 원하며 여호와는 그 얼굴을 네게로 향하여 드사 평강 주시기를 원하노라 할지니라 하라 그들은 이같이 내 이름으로 이스라엘 자손에게 축복할지니 내가 그들에게 복을 주리라."

오늘 말씀은 여호와께서 모세에게 명하여 이스라엘 백성들에게 전하라고 하신 말씀입니다. 이는 우리들 가정에도 전하시는 하나님의 말씀일 것입니다. 하나님께서 우리에게 주시고자 하는 것은 무엇입니까? 말씀을 통해 하나님께서 이 가정 가운데 이루고자 하는 것을 살펴보겠습니다.

첫째로 하나님께서는 우리를 지키시며 복 주시기를 원하십니다. 그 이유는 우리를 너무나 사랑하시기 때문입니다. 하나님께서는 독생자 예수 그리스도까지 주시면서 우리를 사랑하셨습니다. 그런 분이 우리에게 무엇을 아끼시겠습니까? 이 가정 가운데 하나님의 복 주심과 지키심이 늘 함께 하기를 바랍니다. 하나님께서 이 가정 가운데 복 주시기로 작정하셨다면 복을 받을 수밖에 없습니다. 하나님께서는 복의 근원이시며, 복 그 자체이시기 때문입니다. 따라서 우리가 하나님과 함께할 때 복을 누리는 것입니다. 하나님께서 사랑하시는 이 가정 가운데 그분이 함께해 주시는 복을 누리시기 바랍니다.

둘째로 하나님께서는 우리에게 얼굴을 비추셔서 은혜를 베풀기 원하십니다. 그래서 우리들 가정에 빛을 비추어 주십니다. 빛이 있는 밝은 곳에는 희망과 기쁨과 소망이 있습니다. 하나님께서 얼굴을 환하게 만드셔서 우리에게 비추신다는 것은 우리에 대한 자신의 사랑을 드러내신 것을 의미합니다. 우리가 하나님의 사랑을 받는다면 행복할 수밖에 없고, 평안할 수밖에 없습니다. 그래서 하나님의 영광의 빛이 비추는 곳에는 하나님의 은혜와 사랑과 평안이 가득합니다. 이 가정 가운데도 하나님의 영광의 빛과 은혜가 가득하기를 바랍니다.

마지막으로 하나님께서는 그 얼굴을 우리에게로 향하여 돌리사 평강 주시기를 원하십니다. 얼굴을 돌려 서로 마주한다는 것은 관계의 회복, 관계의 친밀함을 의미합니다. 하나님께서 우리를 향해 얼굴을 돌리시겠다는 것은 우리와의 관계를 회복하시겠다는 의미입니다. 하나님과의 관계가 어그러져 있을 때 우리는 불안과 두려움, 삶의 피폐함을 경험합니다. 하지만 하나님께서 우리를 향해 얼굴을 돌리셔서 관계가 회복될 때에는 진정한 평화와 평안을 맛볼 수 있습니다. 이 가정이 하나님과의 관계를 회복함으로써 진정한 평화와 평안을 누리기를 바랍니다.

⑥ **마무리 기도** : 말씀을 전한 후 마무리 기도와 나눈 기도제목을 위해서 기도한다.

> "이 가정과 우리에게 복 주시고, 영광의 빛으로 행복과 평안을 주시며, 죄와 사망으로 멀어졌던 우리에게 예수 그리스도를 보내 주심으로 친밀함을 회복시켜 주신 하나님, 감사드립니다. 오늘 이 가정 가운데 함께 나눈 말씀의 은혜가 가득하게 하시고, 이 가정이 늘 주님 안에서 동행함으로 말씀을 통해 약속된 모든 은혜들을 누리게 하소서. 이 가정 가운데 기도의 제목들이 있습니다. (심방 가정의 기도제목들을 간단하게 소개한다.) 아버지 하나님께서 귀를 기울이셔서 이 가정의 기도 소리에 응답하시기를 원합니다. 말씀에 순종하는 삶을 통해 살아 계신 하나님의 영광을 드러내며 은혜 가운데 사는 가정이 되기를 바라며, 예수 그리스도의 이름으로 기도드립니다. 아멘."

⑦ **찬송** : 찬송가 302장 "주님께 귀한 것 드려" (개정 575장)
함께 나눈 말씀이나 기도제목과 관련된 찬송을 드린다.
⑧ **주기도문 및 교제**: 주기도문으로 예배를 마무리하고, 상황과 필요에 따라 교제한다.

개인 사업장을 방문해서 예배드릴 때

개인 사업장을 방문해서 예배드릴 때는 시간과 공간의 제약이 있다. 따라서 가정 심방보다 간략하게 축소하여 진행해야 한다.

① 기도제목 기록 : 사업에 대한 기도제목과 가족 관련한 기도제목을 기록한다.
② 찬송 : 찬송가 93장 "예수는 나의 힘이요" (개정 93장)
　심방을 받는 성도가 선호하는 찬송을 물어서 진행해도 좋다.
③ 성경 봉독 : 미리 준비한 성경 본문을 찾아서 읽어 준다.
④ 말씀 선포 : 개인 사업장에 권면이나 위로가 될 수 있는 말씀을 선포하는데, 가정에서 말씀을 전할 때보다 간략화 한다.
⑤ 말씀의 예

> 제목 : 정직한 손에 정직한 복
> 본문 : 신명기 25장 13-15절
>
> "너는 네 주머니에 두 종류의 저울추 곧 큰 것과 작은 것을 넣지 말 것이며 네 집에 두 종류의 되 곧 큰 것과 작은 것을 두지 말 것이요 오직 온전하고 공정한 저울추를 두며 온전하고 공정한 되를 둘 것이라 그리하면 네 하나님 여호와께서 네게 주시는 땅에서 네 날이 길리라."
>
> 하나님께서는 말씀에서 부정한 저울추를 가지고 있는 것조차 금지하셨습니다. 그 이유는 부정한 저울추를 소유할

경우, 그것을 사용하고 싶은 강렬한 유혹을 받기 때문입니다. 그래서 물건을 살 때는 큰 저울추로 싸게 사고, 팔 때는 작은 저울추로 비싸게 팔아서는 안 됩니다. 이러한 속임수는 사악한 것이며, 하나님의 백성들에게 피해를 주는 행동입니다. 하나님께서는 정직한 자녀들에게 복을 주십니다. 정의와 공평은 하나님의 축복이 우리에게 내려오는 통로가 됩니다. 반면에 부정과 불의는 하나님의 저주를 받게 하는 요소들입니다. 따라서 하나님께서 주신 이 귀한 사업체는 정직해야 할 것입니다.

먼저는 하나님과의 관계에서 정직하기를 원합니다. 하나님께서 볼 때 거리낌이 없기를 바랍니다. 하나님과의 관계에서 성공하기를 원합니다. 하나님과의 관계가 친밀해지고 가까워지기를 원합니다. 이후에 사람과의 관계에서도 정직하기 원합니다. 절대 속이는 일 없이 정직하게 거래하고 공평하게 사람을 대한다면, 하나님께서 정직과 공평이라는 축복의 통로를 열어서 이 사업장 가운데 은혜와 축복을 넘치도록 부어주실 것입니다.

하나님의 말씀에 순종함으로써 그분이 주시는 축복을 받아 누리는 귀하고 복된 사업체가 되기를 바랍니다.

⑥ 마무리 기도 및 주기도문 : 말씀을 마친 후 기도하고 주기도문으로 마친다.

> "하나님, 감사드립니다. 하나님께서 사랑하는 귀한 사업체에 심방케 하심을 감사드립니다. 귀한 사업장이 늘 공평과 정의를 통해서 하나님이 주시는 새로운 축복과 은혜를 매일 매일 누리기를 원합니다. 주님이 말씀으로 약속하신 은혜와 축복이 임하기를 소원합니다. 이와 함께 ○○○ 집사님이 (   )을 기도제목으로 내어 놓았습니다. 아버지 하나님께서 그 마음과 생각을 아시오니 속히 이루어 주시기를 바랍니다. 언제나 주님의 인도하심을 따라 성공하는 삶을 살기를 바라며 예수 그리스도의 이름으로 기도드립니다. 아멘."

분주한 사업장을 방문해서 예배드릴 때

분주한 사업장을 방문해서 예배드릴 때는 시간과 공간의 제약이 많다. 특히 시간적 제약을 많이 받는다. 그래서 심방 예배를 매우 간소화 해야 한다.

① **기도제목 기록** : 사업에 대한 기도제목을 기록한다.
② **찬송** : 찬송가 489장 "세상 모든 풍파 너를 흔들어" (개정 429장) 심방을 받는 성도가 선호하는 찬송을 물어서 진행해도 좋다. 만약 심방 장소가 공공장소이거나 많은 사람들이 근무하는 곳이라면 찬송은 생략하자.

③ 성경 봉독 : 미리 준비한 성경 본문을 찾아서 읽어 준다.
④ 말씀 선포 : 분주한 사업장에 권면이나 위로가 될 수 있는 말씀을 선포하는데 성경 본문을 읽고 간략하게 말씀을 전한다.
⑤ 말씀의 예

> 제목 : 믿음으로 순종하는 자의 복
> 본문 : 창세기 12장 1-4절
>
> "여호와께서 아브람에게 이르시되 너는 너의 고향과 친척과 아버지의 집을 떠나 내가 네게 보여 줄 땅으로 가라 내가 너로 큰 민족을 이루고 네게 복을 주어 네 이름을 창대하게 하리니 너는 복이 될지라 너를 축복하는 자에게는 내가 복을 내리고 너를 저주하는 자에게는 내가 저주하리니 땅의 모든 족속이 너로 말미암아 복을 얻을 것이라 하신지라 이에 아브람이 여호와의 말씀을 따라갔고 롯도 그와 함께 갔으며 아브람이 하란을 떠날 때에 칠십오 세였더라."
>
> 아브라함에게 임했던 형통의 축복이 이 사업장과 ○○○에게도 임하기를 바랍니다. 먼저 아브라함이 받은 축복이 무엇입니까?
> 첫째는 번영함의 축복입니다. 아브라함은 가나안 땅 인근에서 존경받을 만한 족장으로 성장했습니다. 전쟁을 치를 수 있도록 훈련받은 젊은이만 300명이 넘을 정도였습니다.
> 둘째로 아브라함은 형통함의 축복을 누렸습니다. 그는 하는 일마다 모두 형통하였습니다. 척박한 가나안 서편을

선택해 거주했어도 그의 재물은 줄지 않고 오히려 거부가 되는 축복을 누렸습니다.

이 사업장도 아브라함이 누렸던 축복을 동일하게 누리기를 바랍니다. 그런데 아브라함이 이런 축복을 받은 이유가 있습니다. 오늘 말씀은 아브라함이 복 받은 이유를 설명합니다.

첫 번째 이유는 순종함의 축복입니다. 아브라함은 하나님이 가라 하시니 떠났습니다. 어떤 이유도, 어떤 핑계도 없었습니다. 오로지 하나님의 말씀에 순종했습니다.

두 번째 이유는 하나님을 철저하게 의지한 것입니다. 아브라함은 본토와 친척과 아비의 집을 의지하지 않았습니다. 철저하게 하나님만 의지했습니다. 그는 세상에서 말하는 조건을 의지하지 않고 오직 하나님만 의지했습니다.

사랑하는 ○○○님, 아브라함처럼 하나님의 말씀에 철저하게 순종하고 오직 하나님만을 의지하시기 바랍니다. 세상의 많은 사람들이 세상적인 성공 방법과 조건들을 따르라고 속삭이고 있습니다. 그러나 이 모든 유혹들을 다 물리치고 오직 하나님의 말씀에 순종하고 의지할 때 아브라함과 같은 번영과 형통의 축복이 있을 줄 믿습니다.

⑥ 마무리 기도 및 주기도문 : 말씀을 마친 후 기도하고 주기도문으로 마친다.

> "하나님 아버지, 감사드립니다. 하나님께서 사랑하시고 복 주시는 사업장을 방문하여 함께 말씀을 나누고 예배하게 하시니 감사를 드립니다. 하나님, ○○○이(가) 아브라함의 결단과 믿음을 본받게 하시고, 아브라함처럼 믿음의 행함이 있게 하셔서 그가 누렸던 번영과 형통의 축복을 허락해 주시기를 소원합니다. 그리고 이 사업장과 ○○○에게 기도제목이 있습니다. (   )을 하나님께서 들으시고 가장 적절한 때에 응답해 주시기를 바랍니다. 하나님의 도우심과 선하심이 이 사업장 가운데 늘 함께하기를 바라며 예수 그리스도의 이름으로 기도드립니다. 아멘."

환자를 병문안해서 예배드릴 때

환자를 병문안해서 예배드릴 때는 각별히 주의해야 한다. 병원은 공공장소이며 환자들이 안정을 취해야 할 곳이기 때문이다. 특히 예배를 드릴 때 주위 사람들을 배려하지 않고 큰소리로 이야기하거나 찬송을 부르는 것은 피하는 것이 좋다.

ㄱ. 1인실이나 2인실인 경우

1인실이나 2인실인 경우에는 개인적으로 확보되는 공간과 시간이 비교적 많으므로 여유 있게 심방할 수 있다.

① 기도제목 기록 : 질병과 치료 과정에 대해 잠시 이야기를 나눈 후 기도제목을 기록한다.
② 찬송 : 찬송가 197장 "이 세상 험하고" (개정 263장)
  심방을 받는 성도가 선호하는 찬송을 물어서 진행해도 좋다. 찬송은 1절과 2절 정도까지만 부르고, 작은 소리로 불러야 한다.
③ 성경 봉독 : 미리 준비한 성경 본문을 찾아서 읽어 준다.
④ 말씀 선포 : 환자에게 위로가 될 수 있는 말씀을 전한다. 환자는 안정을 취해야 하므로 긴 시간 동안 말씀을 전하거나 교제하는 것은 피해야 한다.
⑤ 말씀의 예

> 제목 : 하나님을 경외하는 자
> 본문 : 말라기 4장 2절
>
> "내 이름을 경외하는 너희에게는 공의로운 해가 떠올라서 치료하는 광선을 비추리니 너희가 나가서 외양간에서 나온 송아지 같이 뛰리라."
>
> 성도에게 찾아온 위기는 기회의 때입니다. 왜냐하면 우리에게는 하나님이 계시기 때문입니다. 하나님께서 우리에게 위기를 주셨다는 것은 성장하기 원한다는 것이고 하나님께 더욱 가까이 다가오기를 원하신다는 의지적인 표현입니다. 사랑하는 성도님, 질병 때문에 낙망하거나 실망하지 마시고 하나님이 주시는 은혜와 위로를 받으시기 바랍니다.

오늘 말씀을 보면 하나님께서 회복과 치유의 은혜를 부어주시는 축복을 말씀하십니다. 그런데 이 축복은 하나님을 경외하는 자들에게 임하는 축복입니다.

하나님을 경외한다는 것은 무엇을 의미할까요? 그것은 하나님을 두려워하고 공경한다는 뜻입니다. 다시 말해 하나님을 삶의 주인으로 모시고, 그분의 말씀을 삶의 기준으로 삼아 경청하고 따르며 살아가는 것을 의미합니다.

사랑하는 ○○○ 성도님도 하나님을 경외하는 자로서 지금의 어렵고 힘든 상황을 하나님께 아뢰시기 바랍니다. 그럴 때 오늘 말씀처럼 하나님의 은혜로 육신의 질병과 아픔에서 해방되고 건강이 회복될 줄로 믿습니다.

⑥ 마무리 기도 및 주기도문 : 말씀을 마친 후 기도하고 주기도문으로 마친다.

"사랑의 하나님, 오늘 질병으로 인해 고통 받는 ○○○님을 말씀으로 위로하는 시간을 가졌습니다. 오늘 약속의 말씀대로 은혜의 비추심을 통해 건강을 회복시켜 주시고, 하나님을 경외하는 성도로서 하나님의 영광을 위해 살아갈 수 있도록 도와주옵소서. 마음속에 두려움과 슬픔이 생기지 않도록 굳건히 잡아 주시고, 늘 함께 계셔서 위로의 손길로 어루만져 주옵소서. 성도님을 회복시켜 주시기를 간절히 바라며, 예수 그리스도의 이름으로 기도드립니다. 아멘."

ㄴ. 6인실이나 공동 병실인 경우

6인실이나 여러 명의 환우들이 공동으로 사용하는 병실은 개인적인 공간과 시간을 확보하기 어렵다. 사적 공간이기보다는 거의 공공장소나 다름없기 때문에 심방할 때 매우 조심해야 하며, 대화나 진행도 조용히 해야 한다.

① 기도제목 기록 : 질병과 치료 과정에 대해 잠시 이야기를 나눈 후 기도제목을 나눈다.
② 성경 봉독 : 미리 준비한 성경 본문을 찾아서 읽어 준다.
③ 말씀 선포 : 환자가 위로 받을 수 있는 말씀을 전해 준다. 환자는 안정을 취해야 하므로 긴 시간 동안 말씀을 전하거나 교제하는 것은 피해야 한다.
④ 말씀의 예

제목 : 믿음은 기적을 부릅니다
본문 : 열왕기하 5장 10-14절

"엘리사가 사자를 그에게 보내 이르되 너는 가서 요단 강에 몸을 일곱 번 씻으라 네 살이 회복되어 깨끗하리라 하는지라 나아만이 노하여 물러가며 이르되 내 생각에는 그가 내게로 나와 서서 그의 하나님 여호와의 이름을 부르고 그의 손을 그 부위 위에 흔들어 나병을 고칠까 하였도다 다메섹 강 아마나와 바르발은 이스라엘 모든 강물보다 낫지 아니하냐 내가 거기서 몸을 씻으면 깨끗하게 되지 아니하랴 하고 몸을 돌려 분노하여 떠나니 그의 종들이 나아와서 말하여 이르되 내 아버지여 선지자가 당신에게 큰 일을 행하라 말하였더면 행하지 아니하였으리이까 하물며 당신에게 이르기를 씻어 깨끗하게 하라 함이리이까 하니 나아만이 이에 내려가서 하나님의 사람의 말대로 요단 강에 일곱 번 몸을 잠그니 그의 살이 어린 아이의 살 같이 회복되어 깨끗하게 되었더라."

아람의 나아만 장군은 당시로서는 사망선고와도 다름없는 나병에 걸렸습니다. 그는 엘리사를 찾아가 병 고쳐주기를 요구했지만, 엘리사는 나오지도 않은 채 사환을 통해 요단강에 가서 일곱 번 몸을 씻으라는 지시만 했습니다. 나아만은 화가 치밀어 올랐지만 엘리사의 말을 따랐습니다. 한 번, 두 번, 이렇게 여섯 번까지 했지만 아무 변화도 일어나지 않았습니다. 아마도 나아만은 이를 갈며 속으로 이런 생각을 했을지 모릅니다. '치료만 안 돼 봐라! 가만두지 않겠다.' 그런데 놀랍게도 일곱 번째 씻고 나오니 몸이 정말 깨끗해져 있는 것이 아니겠습니까!

나아만에게 이런 기적이 어떻게 일어날 수 있었을까요? 이제부터 그 기적의 비밀을 살펴보겠습니다.

첫째, 하나님의 말씀에 귀를 기울여야 합니다. 나아만은 주어진 하나님의 말씀을 듣지 않고 자신의 방법과 생각대로 행동하려 했습니다. 그러나 주변의 만류와 함께 하나님의 말씀에 귀를 기울였을 때 기적이 시작된 것입니다.

둘째, 철저한 순종이 필요합니다. 나아만은 하나님의 말씀에 귀를 기울이고 그 말씀에 철저히 순종했습니다. 그 결과가 어떠했습니까? 치유의 역사가 일어났습니다.

> 사랑하는 ○○○님, 본문 말씀을 통해서 하나님의 음성을 듣기 원합니다. 지금 이 순간 ○○○께 들려지는 하나님의 음성이 무엇입니까? 귀를 기울이기 원합니다. 하나님께서 들려주시는 음성을 듣기 원합니다. 그리고 철저한 순종을 하시기 원합니다. 그럴 때 하나님께서 나아만에게 베풀어주신 기적을 ○○○에게도 베풀어주실 줄 믿습니다.

⑤ 마무리 기도 및 주기도문 : 말씀을 마친 후 기도하고 주기도문으로 마친다.

> "믿음과 순종의 사람들에게 은혜를 베풀어 주시는 하나님, 감사합니다. 이 시간 ○○○을 위해서 기도합니다. 하나님의 말씀에 귀를 기울이고 순종하여 육신의 질병과 연약함이 사라지고, 건강함이 회복되기를 원합니다. 또한 하나님의 뜻이 무엇인지, 인도하심이 무엇인지 알 수 있도록 지혜를 주시기 원합니다. 주님이 주시는 위로와 평안이 늘 함께하기를 바라며, 예수 그리스도의 이름으로 기도드립니다. 아멘."

지금까지 언급한 경우 외에도 여러 가지 환경과 상황이 생길 수도 있다. 그러나 대부분 앞에서 제시한 범주에 해당되는 경우가 많을 테니, 내용을 적절히 참조하고 활용하라. 이렇게 준비하여 예배를 인도하면 효과적인 심방이 될 것이다.

5) 목양을 위한 상황별 심방 메시지

목양을 하다 보면 다양한 상황을 만나게 된다. 그럴 때 상황에 맞게 말씀으로 위로하고 권면하는 것이 필요하다.

개업

- 제목 : 부지런하여 하나님께 드릴 것
- 성경 본문 : 마태복음 25장 14-18절

"또 어떤 사람이 타국에 갈 때 그 종들을 불러 자기 소유를 맡김과 같으니 각각 그 재능대로 한 사람에게는 금 다섯 달란트를, 한 사람에게는 두 달란트를, 한 사람에게는 한 달란트를 주고 떠났더니 다섯 달란트 받은 자는 바로 가서 그것으로 장사하여 또 다섯 달란트를 남기고 두 달란트 받은 자도 그같이 하여 또 두 달란트를 남겼으되 한 달란트 받은 자는 가서 땅을 파고 그 주인의 돈을 감추어 두었더니."

하나님께서 새로운 사업의 장을 열어주심을 감사드리며 말씀을 통해서 함께 은혜를 나누고자 합니다. 먼저 오늘 본문 말씀은 우리가 잘 알고 있는 '달란트 비유' 입니다. 주인이 먼 길을 떠나면서 종들에게 각각 다섯 달란트, 두 달란트, 한 달란트를 맡겼습니다. 긴 세월이 지나고 주인이 돌아와서 결산합니다. 다섯 달란트 받은 종과 두 달란트 받은 종은 주인이 맡긴 달란트를 가지고 열심히 수고하고 노력해서 각각 다섯 달란트와 두 달란트를 더 남겨 주인께 드렸습니다. 그러자 주인은 이 종들을 칭찬하고 노력과 수고의 결과에 대해 상을 베풀었습니다. 오늘은 다섯 달란트 받은 종과 두 달란트 받은 종을 통해서 사업장을 어떻게 운영해야 하나님께서 기뻐하실지 생각해 보도록 하겠습니다.

첫째는 모두가 하나님의 것임을 인정해야 합니다. 다섯 달란트 받은 종과 두 달란트 받은 종은 자기에게 있는 소유가 하나님의 것임을 알았습니다. 오늘 이 사업장을 준비하고 개업하기까지 많은 노력과 수고가 있었을 줄 압니다. 그러나 이 모든 것을 하나님께서 주셨다는 사실을 잊지 마시기 바랍니다. 내 것이 아니라 하나님의 것임을 기억하시기 바랍니다.

둘째는 최선을 다해서 수고해야 한다는 것입니다. 두 종은 성심껏 일할 때 배의 이익을 얻을 수 있었습니다. 성실하지 않고 게으르면 결코 이익이 늘어나지 않습니다. 잠언 13장 4절 말씀을 보면 "게으른 자는 마음으로 원하여도 얻지 못하나 부지런한 자의 마음은 풍족함을 얻느니라"고 했습니다. 하나님을 믿는 성도에게도 수고와 노력이 있어야 결과를 얻을 수 있다는 법칙은 동일한 것입니다.

셋째로 가장 중요한 것은 주님을 위해 수고해야 한다는 것입니다. 다시 말씀드리면 수고의 목적이 분명해야 합니다. 두 종은 열심히 수고했습니다. 그 목적은 주인에게 그 이익을 드려서 기쁨을 얻고자 한 것입니다. 따라서 우리가 하는 수고의 목적도 하나님의 기쁨을 위한 것이어야 합니다. 우리가 수고해서 얻은 이익은 하나님께 드려져야 마땅하며, 그 이익은 하나님의 기쁨을 위해 사용되어야 합니다.

오늘 하나님께서 귀한 성도님에게 값진 사업장을 허락하셨습니다. 달란트 비유의 충성된 일꾼처럼 모든 것이 하나님의 것임을 인정하고, 그분의 기쁨을 위해 부지런히 수고하십시오. 그러면 하나님께서 이 사업을 번창하게 해주시고, 하나님의 영광을 위해 사용하실 것입니다.

결혼

- 제목 : 하나님이 창조하신 가정
- 성경 본문 : 창세기 2장 24-25절

"이러므로 남자가 부모를 떠나 그의 아내와 합하여 둘이 한 몸을 이룰지로다 아담과 그의 아내 두 사람이 벌거벗었으나 부끄러워하지 아니하니라."

하나님이 이 세상에 창조하신 기관이 있습니다. 그 첫 번째는 가정이요, 두 번째는 교회입니다. 가정은 하나님이 매우 특별하게 생각하시는 기관입니다. 교회를 통해 하나님의 뜻이 세상 속에서 이루어지듯이 가정을 통해서도 하나님의 뜻이 이루어집니다. 교회가 사회 속에서 큰 움직임으로 하나님의 영향을 미치는 기관이라면, 가정은 사회 속에서 작은 움직임으로 하나님의 영향을 미치는 기관입니다. 따라서 가정은 작은 교회가 되어야 합니다.

신앙 안에서의 결혼은 매우 복된 것입니다. 이러한 결혼으로 이루어진 가정이 반드시 지켜야 할 것이 있는데, 바로 신의입니다. 결혼은 그 누구도 깰 수 없는, 하나님이 맺어주신 관계입니다. 따라서 서로에 대한 신의와 사랑을 지키고 가꾸며 아껴주어야 합니다. 또한 하나님의 말씀과 명령을 준행하며 신앙 안에서 가정을 잘 가꾸어야 합니다. 하나님이 명하신 생육하고 번성하는 명령, 즉 자녀를 낳고 신앙과 말씀 안에서 잘 양육하는 일도 신실하게 감당해야 할 것입니다. 마지막으로 하나님께서 귀한 가정을 세워주심을 다시 한 번 감사드리며, 주님의 지켜주심과 동행하심이 늘 함께하기를 축복합니다.

사업 확장

- 제목 : 하나님이 주시는 창대함을 누리라
- 성경 본문 : 욥기 8장 5-7절

"네가 만일 하나님을 찾으며 전능하신 이에게 간구하고 또 청결하고 정직하면 반드시 너를 돌보시고 네 의로운 처소를 평안하게 하실 것이라 네 시작은 미약하였으나 네 나중은 심히 창대하리라."

오늘 사업 확장을 감사하며 모든 영광을 하나님께 돌립니다. 앞으로도 계속 하나님이 주시는 은혜와 축복 속에서 그 지경이 확장되며, 영향력이 확대되기를 바랍니다. 그렇다면 사업이 점점 창대해지는 은혜를 누리기 위해 어떻게 해야 할까요? 오늘 본문 말씀 속에 점점 창대해지는 은혜의 원리가 담겨 있습니다. 말씀을 보면 "네가 만일 하나님을 찾으며 전능하신 이에게 간구하고 청결하고 정직하면 하나님이 너를 돌보시고 처소를 평안케 하고 점점 창대해지는 은혜를 주신다"고 하셨습니다.

창대해짐의 은혜를 받기 위해서는 먼저 하나님을 찾아야 합니다. 나의 계획과 능력과 판단력으로 무엇을 하는 것이 아니라 하나님의 지혜와 경륜을 의지하기 바랍니다.

하나님을 찾은 다음으로 간구해야 합니다. 앞으로의 행보에 언제나 평안함과 형통함만이 있지는 않을 것입니다. 그럴 때 하나님께 간구하시기 바랍니다. 하나님의 도움으로 굴곡과 어려움의 순간들을 뚫고 형통함과 창대함 가운데 나아가게 될 것입니다. 그런데 여기서 중요한 것은 창대함의 은혜를 얻기 위해서는 청결하고 정직해야 한다는 것입니다. 잠언 11장 1절 말씀에 "속이는 저울은 여호와께서 미워하시나 공평한 추는 그가 기뻐하시느니라"고 했습니다. 이처럼 하나님 앞에서의 청결과 사람 앞에서의 정직이 창대함의 조건이 됩니다. 이러한 조건들을 지켜 나갈 때 하나님께서 날마다 창대함을 허락해 주실 줄로 믿습니다. 또한 그 창대함을 통해서 하나님의 살아 계심과 영광을 드러내기 바랍니다.

📖 졸업

- 제목 : 심은 대로 거둔 축복의 날
- 성경 본문 : 고린도후서 9장 6절

"이것이 곧 적게 심는 자는 적게 거두고 많이 심는 자는 많이 거둔다 하는 말이로다."

먼저 학업을 마치고 졸업함을 진심으로 축하드리며 졸업 이후의 행보에도 하나님의 큰 은혜와 동행하심이 있기를 소원합니다. 오늘 본문을 보면 심은 대로 거둔다고 말씀하고 있습니다. 하나님의 백성들은 하나님 안에서 심은 대로 거둡니다. 그런데 그것 역시 하나님의 축복임을 기억하시기 바랍니다. 때로는 심은 대로 거두지 못하고 노력한 만큼의 결실을 얻지 못하는 경우가 허다합니다. 그럼에도 하나님의 자녀들에게는 더 풍성히 거두게 하심을 감사하기 바랍니다. 이번 졸업을 통해서 하나님이 많은 결실을 주신 줄로 믿습니다. 졸업 후에도 하나님이 늘 함께하시며 좋은 결실 맺도록 인도해 주실 것을 믿으며 감사하기 바랍니다. 혹 학업 기간 중에 아쉬움이 있었다면 그것도 감사하면서 앞으로 하나님이 주실 기회를 잘 활용하는 자녀가 됩시다.

📖 진학

- 제목 : 여호와를 경외하는 것이 지식의 근본이다
- 성경 본문 : 잠언 1장 7-8절

"여호와를 경외하는 것이 지식의 근본이거늘 미련한 자는 지혜와 훈계를 멸시하느니라 내 아들아 네 아비의 훈계를 들으며 네 어미의 법을 떠나지 말라."

　새로운 상급학교에 진학하게 됨을 축하드리며, 학업 과정 중에도 하나님의 은혜가 함께하기를 바랍니다.
　사람은 끊임없이 배워야 합니다. 그리고 배운 것을 실천해야 합니다. 배우기만 하고 실천이 없는 것은 반쪽짜리 배움밖에 되지 않습니다. 그런데 실천만큼 중요한 것이 무엇을 배우느냐 입니다. 그 이유는 배운 대로 행하기 때문입니다.
　배움의 자리에서 꼭 기억해야 할 것이 오늘의 본문 말씀입니다. 하나님께 영광을 돌려드리는 것을 배우는 일은 매우 중요합니다. 그러나 가장 중요한 것은 지식의 근본이 여호와를 경외하는 것임을 아는 것입니다. 세상의 모든 지식을 소유했다 해도, 똑똑하다는 칭찬을 수없이 듣는다 해도 그 사람이 여호와 하나님을 섬기고 복종하는 삶을 살지 않는다면 그 지식은 모두 헛된 것입니다. 이제 상급학교에서도 최선을 다해 공부하되 지식의 근본이신 여호와 경외함을 잊지 말고 더 아름다운 신앙 속에서 학업에 매진하기 바랍니다.

출산

– 제목 : 자녀에게 하나님의 도를 가르치라
– 성경 본문 : 신명기 6장 1-9절

"이는 곧 너희의 하나님 여호와께서 너희에게 가르치라고 명하신 명령과 규례와 법도라 너희가 건너가서 차지할 땅에서 행할 것이니 곧 너와 네 아들과 네 손자들이 평생에 네 하나님 여호와를 경외하며 내가 너희에게 명한 그 모든 규례와 명령을 지키게 하기 위한 것이며 또 네 날을 장구하게 하기 위한 것이라 이스라엘아 듣고 삼가 그것을 행하라 그리하면 네가 복을 받고 네 조상들의 하나님 여호와께서 네게 허락하심 같이 젖과 꿀이 흐르는 땅에서 네가 크게 번성하리라 이스라엘아 들으라 우리 하나님 여호와는 오직 유일한 여호와이시니 너는 마음을 다하고 뜻을 다하고 힘을 다하여 네 하나님 여호와를 사랑하라 오늘 내가 네게 명하는 이 말씀을 너는 마음에 새기고 네 자녀에게 부지런히 가르치며 집에 앉았을 때에든지 길을 갈 때에든지 누워 있을 때에든지 일어날 때에든지 이 말씀을 강론할 것이며 너는 또 그것을 네 손목에 매어 기호를 삼으며 네 미간에 붙여 표로 삼고 또 네 집 문설주와 바깥문에 기록할지니라."

하나님께서 오늘 이 가정 가운데 귀한 생명 주심을 감사드립니다. 자녀는 부모의 기쁨이자 행복이고, 하나님께서 주신 소중하고 귀한 선물입니다. 그런데 하나님께서는 자녀를 부모의 소유로 주신 것이 아니라 단지 부모에게 맡기셨을 뿐입니다. 따라서 부모는 자녀를 하나님의 뜻에 합당하게 양육해야 합니다. 그렇다면 어떻게 양육하는 것이 하나님의 뜻에 합당한 것일까요? 오늘 본문 말씀을 통해 살펴보면 다음과 같습니다.

첫째, 언제 어디서든 자녀에게 하나님의 말씀을 부지런히 가르쳐야 합니다. 이를 통해 자녀는 말씀을 배우고 인정하며, 말씀에 순종하는 삶의 태도를 가지게 될 것입니다.

둘째, 하나님의 말씀을 마음에 새겨야 합니다. 말씀을 단순히 아는 것만으로는 안 됩니다. 말씀을 따라 실천하고 훈련함으로써 말씀에 순종하는 삶을 생활화해야 합니다. 이것이 바로 마음에 새기는 것입니다.

셋째, 마음과 뜻과 힘을 다해 하나님을 사랑해야 합니다. 세상도 사랑하고 하나님도 사랑하는 것이 아니라 오직 하나님만을 사랑해야 합니다. 자녀들이 세상과 하나님 사이에서 고민하게 하지 말고 오직 하나님만을 사랑하는 자녀가 되도록 양육해야 합니다.

이와 같이 양육하는 것이 하나님의 뜻대로 양육하는 것입니다. 부모가 자녀를 하나님의 뜻대로 양육하는 것은 당연한 일입니다. 그럼에도 불구하고 하나님께서는 자녀를 그분의 뜻대로 양육하면 번성하는 은혜와 복을 주신다고 하셨습니다. 이 얼마나 감사한 일입니까?

사랑하는 성도님, 오늘 하나님께서 이 가정 가운데 주신 귀한 선물을 그분의 뜻대로 양육하시기 바랍니다. 그리고 하나님께서 약속하신 모든 축복과 은혜를 누리는 귀한 가정이 되기 바랍니다.

교회 출석을 등한시 하는 성도

- 제목 : 들어야 믿음이 생깁니다
- 성경 본문 : 로마서 10장 16-18절

"그러나 그들이 다 복음을 순종하지 아니하였도다 이사야가 이르되 주여 우리가 전한 것을 누가 믿었나이까 하였으니 그러므로 믿음은 들음에서 나며 들음은 그리스도의 말씀으로 말미암았느니라 그러나 내가 말하노니 그들이 듣지 아니하였느냐 그렇지 아니하니 그 소리가 온 땅에 퍼졌고 그 말씀이 땅 끝까지 이르렀도다 하였느니라."

사랑하는 성도님, 말씀으로 귀한 권면을 나누고자 합니다. 보통 사람들이 생각하기에 '왜 굳이 매 주일마다 교회에 출석해야 하고, 수요예배, 금요예배까지 드려야 하나? 나는 어차피 예수님을 믿었고 구원을 받았는데 적당한 시기마다 교회에 출석해서 은혜 받고 말씀 들으면 되지'라고 생각할 수 있습니다. 그런데 우리가 성도로 살아가기 위해 꼭 필요한 것이 있습니다. 그것은 바로 믿음입니다. 히브리서 11장 6절 말씀을 보면 "믿음이 없이는 하나님을 기쁘시게 하지 못한다"고 했습니다. 믿음을 통해서 우리는 구원을 받고, 삶이 견고해집니다. 그러기에 믿음은 성도가 성도답게 살아가는 데 꼭 필요한 원동력입니다.

다시 말씀을 보면 믿음은 하나님의 말씀을 들음에서 난다고 말합니다. 즉, 믿음은 하나님의 말씀을 들어야 생길 수 있고 자랄 수 있는 것입니다. 그러므로 매 주일 교회에 출석해서 말씀을 들어야 하는 이유가 바로 여기에 있습니다. 예배드리고 말씀을 들을 때 성령께서 우리 안에 믿음을 주십니다. 또한 계속 하나님의 말씀을 들음으로 믿음이 점점 성장하게 됩니다.

사랑하는 성도님도 말씀을 통해서 믿음을 키우고, 하나님을 기쁘게 해드리는 깊은 신앙의 삶을 통해 참된 평안을 맛보기 바랍니다.

교회에 불평하는 성도

- 제목 : 교회를 섬기는 기쁨
- 성경 본문 : 골로새서 1장 23-25절

"만일 너희가 믿음에 거하고 터 위에 굳게 서서 너희 들은 바 복음의 소망에서 흔들리지 아니하면 그리하리라 이 복음은 천하 만민에게 전파된 바요 나 바울은 이 복음의 일꾼이 되었노라 나는 이제 너희를 위하여 받는 괴로움을 기뻐하고 그리스도의 남은 고난을 그의 몸된 교회를 위하여 내 육체에 채우노라 내가 교회의 일꾼 된 것은 하나님이 너희를 위하여 내게 주신 직분을 따라 하나님의 말씀을 이루려 함이니라."

오늘 하나님께서 사랑하는 성도님께 위로와 평안 주시기 바랍니다. 예수 그리스도를 주님으로 영접하고 구원 받은 성도의 모임이 바로 교회입니다. 그런데 교회를 이루는 성도는 구원은 받았지만 예수 그리스도를 완전히 닮은 것은 아닙니다. 예수님의 모습을 닮아가기 위해 노력하는 사람들일 뿐입니다. 그래서 교회는 불완전한 사람들이 모여 있는 공동체라 할 수 있습니다.

그 누구도 교회를 통해 완벽한 만족을 얻을 수 없습니다. 교회에서도 실수가 있고, 부족함이 드러나고, 불합리함도 생기기 때문입니다. 그러나 교회의 연약함은 바로 성도인 우리의 연약함입니다. 그러므로 우리는 교회의 연약함을 불편해 하거나 실망하기보다는 바울과 같이 행동해야 합니다.

바울은 골로새 교회의 성도를 위해 받는 괴로움을 기뻐한다고 했습니다. 그리고 그리스도의 남은 고난을 교회를 위해서 채운다고 했습니다. 바울이 골로새 성도와 교회를 위해 고난 받을 수 있는 이유는 무엇입니까? 바울이 특별한 사도이기 때문입니까? 아닙니다. 23절 말씀을 보면, 바울은 자신이 복음의 일꾼으로서 믿음에 굳게 서서 흔들리지 않는 사명이 있음을 확신했습니다. 이를 이루기 위해서는 당연히 고난도 따른다는 사실을 알았습니다. 그래서 바울은 기뻐함으로 고난을 받을 수 있었던 것입니다.

사랑하는 성도님, 하나님께서 성도님에게도 바울과 동일한 믿음과 동일한 구원과 동일한 사명을 주셨습니다. 하나님께서는 성도님을 통해서 그분의 원대한 계획과 꿈을 이루기 원하십니다. 이제 공동체 안에서의 작은 소음과 문제만을 바라볼 것이 아니라 하나님이 성도님께 품고 있는 원대한 계획과 사명을 바라보시기 바랍니다. 바울처럼 교회를 위해 고난을 기뻐하며 감당하기 바랍니다.

근심하고 염려하는 성도

- 제목 : 하나님께 맡긴 삶
- 성경 본문 : 마태복음 6장 30-34절

"오늘 있다가 내일 아궁이에 던져지는 들풀도 하나님이 이렇게 입히시거든 하물며 너희일까보냐 믿음이 작은 자들아 그러므로 염려하여 이르기를 무엇을 먹을까 무엇을 마실까 무엇을 입을까 하지 말라 이는 다 이방인들이 구하는 것이라 너희 하늘 아버지께서 이 모든 것이 너희에게 있어야 할 줄을 아시느니라 그런즉 너희는 먼저 그의 나라와 그의 의를 구하라 그리하면 이 모든 것을 너희에게 더하시리라 그러므로 내일 일을 위하여 염려하지 말라 내일 일은 내일이 염려할 것이요 한 날의 괴로움은 그날로 족하니라."

이 세상에 근심과 염려가 없는 인생이 있다면 거짓말일 것입니다. 그리고 대부분의 근심과 염려는 직장문제, 학업문제, 자녀문제, 재정문제, 주택문제, 건강문제 등에서 비롯됩니다.

그런데 성경말씀에는 성도의 근심과 염려는 조금 달라야 한다고 말합니다. 세상 사람들은 무엇을 먹을까, 무엇을 마실까, 무엇을 입을까 염려하지만 성도는 이런 문제들로 근심하면 안 된다고 합니다. 그 이유는 하늘 아버지, 하나님이 계시기 때문입니다. 공중의 새도 먹이시고, 들의 풀도 입히시는 하나님께서 자녀 된 성도를 먹이지도 않고 입히지도 않으시겠습니까? 하나님께서는 먹고 마시고 입고 거하는 문제들을 모두 책임져 주겠다고 약속하셨습니다. 그럼에도 우리의 염려와 근심이 사라지지 않는다면 그 이유는 무엇일까요? 하나님께서 채워주심을 완전히 신뢰하지 못하기 때문입니다.

사랑하는 성도님, 하나님께서 염려와 근심을 내려놓고 무엇을 하라고 명하십니까? 33절 말씀을 보면 "너희는 먼저 그의 나라와 그의 의를 구하라 그리하면 이 모든 것을 너희에게 더하시리라"고 했습니다. 우리가 근심하고 염려해야 할 대상은 따로 있습니다. 하나님의 나라와 의가 어떻게 하면 더 크게 확장될지, 어떻게 하면 복음을 더 잘 전할 수 있을지, 어떻게 하면 교회를 더 건강하게 세울 수 있을지, 어떻게 하면 하나님께 영광을 돌릴 수 있을지를 근심해야 합니다. 그리고 근심과 염려만 할 것이 아니라 삶 속에서 행동하고 실천할 때 하나님께서 이 모든 것, 즉 먹을 것, 마실 것, 입을 것에 대한 문제를 다 해결해 주실 것입니다.

사랑하는 성도님, 우리의 근심과 염려의 수준은 세상 사람들과 달라야 합니다. 세상 사람들은 목구멍을 위해서 근심하고 염려합니다. 다시 말하면 땅의 문제로 고민합니다. 그러나 우리는 하늘의 문제, 영의 문제로 근심하고 염려해야 할 줄로 믿습니다. 이것이 하나님께서 기뻐하시고 원하시는 근심과 염려입니다. 사랑하는 성도님은 지금 무엇 때문에 근심하고 고민하십니까? 모든 것을 하나님께 맡기고 지금부터 하늘을 위해서, 영혼을 위해서 근심하시기 바랍니다. 그래서 하나님의 형통케 하시는 은혜와 축복을 누리시기 바랍니다.

📖 믿음이 연약한 성도

- 제목 : 성령님의 도우심을 구하세요
- 성경 본문 : 로마서 8장 26-27절

"이와 같이 성령도 우리의 연약함을 도우시나니 우리는 마땅히 기도할 바를 알지 못하나 오직 성령이 말할 수 없는 탄식으로 우리를 위하여 친히 간구 하시느니라 마음을 살피시는 이가 성령의 생각을 아시나니 이는 성령이 하나님의 뜻대로 성도를 위하여 간구하심이니라."

예수 그리스도를 믿음으로 구원받은 성도는 말씀을 듣고 순종하는 삶을 살면 믿음이 건강하게 자라납니다. 그런데 아무리 구원받은 성도여도 인간의 죄 된 본성이 남아 있어서 자꾸 옛 시절로 돌아가려는 회귀 본능을 보입니다. 예수님을 향한 뜨거운 사랑이 식고 굳건했던 믿음이 흔들리는 것입니다. 한편으로는 이런 자신의 연약한 모습을 보면서 실망도 하고 구원받은 하나님의 성도로 이렇게 살아도 되는지 고민에 빠지기도 합니다. 그러나 이런 모습은 모든 성도가 다 경험하고 있는 어려움입니다.

물론 믿음이 연약한 모습을 정당화 할 수는 없습니다. 우리는 건강한 믿음을 가지고 세상 속에서 하나님의 영광을 나타내며 살아야 할 책임과 의무가 있기 때문입니다. 그래서 내 믿음이 흔들리고 연약해졌을 때 즉각 성령님께 도움을 요청해야 합니다.

본문 말씀 26절을 보면 성령이 우리의 연약함을 도우신다고 했습니다. 우리가 연약해져서 무엇을 기도해야 할지 모르고, 기도할

기력조차 없을 때 성령께서 우리를 위해 친히 간구해 주신다고 했습니다. 이때 우리가 성령께 나아가 그분의 능력과 도우심을 의지해야 합니다. 그러면 성령께서 우리의 약한 믿음을 굳건히 해주실 것입니다. 또한 세상 속에서 연약하고 낙망한 자가 아닌 세상을 다스리고 정복하는 믿음의 사람으로 살아갈 수 있도록 이끄실 것입니다. 사랑하는 성도님도 지금 성령님께 도우심을 요청하시기 바랍니다. 성령의 도우심을 통해 다시 힘 있는 삶을 살아가시기 바랍니다.

새로 믿기 시작한 성도

- 제목 : 우리는 한 가족이 되었습니다.
- 성경 본문 : 에베소서 2장 19-22절

"그러므로 이제부터 너희는 외인도 아니요 나그네도 아니요 오직 성도들과 동일한 시민이요 하나님의 권속이라 너희는 사도들과 선지자들의 터 위에 세우심을 입은 자라 그리스도 예수께서 친히 모퉁잇돌이 되셨느니라 그의 안에서 건물마다 서로 연결하여 주 안에서 성전이 되어 가고 너희도 성령 안에서 하나님이 거하실 처소가 되기 위하여 그리스도 예수 안에서 함께 지어져 가느니라."

예수 그리스도를 인생의 주인으로 삶의 구원자로 믿으시고 영원한 생명을 함께 누릴 수 있게 됨을 축하드립니다. 오늘 함께 나눈 말씀을 보면 교회는 모퉁잇돌 되신 예수 그리스도를 중심으로

지어진 건물과도 같다고 했습니다. 또 다른 본문에서는 예수 그리스도께서 교회의 머리 되시고 교회는 그의 몸이 되셔서 성도는 각 지체를 이루고 있다(엡 1:22-23)고 말씀합니다. 그래서 교회 안에 들어온 지체는 더 이상 외부인도 나그네도 아니며, 성도와 동일한 시민, 하나님의 권속이라고 말합니다. 여기서 하나님의 권속이라는 것은 한 가족을 의미합니다. 따라서 귀한 성도님은 지금부터 하나님 안에서 교회의 성도와 한 가족이 된 것입니다. 부모도, 고향도, 자라온 환경도 서로 다르지만 예수 그리스도를 통해 구원받고 새로운 생명으로 다시 태어난 한 형제요 자매가 되었습니다.

앞으로 교회 안의 모든 성도를 가족이라고 생각하시기 바랍니다. 가족은 슬픔과 기쁨을 나누고, 어려운 짐을 함께 지며, 서로 위로하고 격려하며, 같은 곳을 향해 함께 걸어가는 것입니다. 또한 조건 없는 사랑을 주며 서로 희생하고 세워주는 것이 가족입니다. 사랑하는 성도님, 영적으로 한 가족이 된 행복과 기쁨을 누리시기 바랍니다. 더불어 교회의 가족들에게 이런 행복과 기쁨을 주시면서 감사하는 삶을 살기 바랍니다.

세상을 사랑하는 성도

- 제목 : 하나님의 사랑에서 떠난 사람
- 성경 본문 : 요한일서 2장 15-17절

"이 세상이나 세상에 있는 것들을 사랑하지 말라 누구든지 세상을 사랑하면 아버지의 사랑이 그 안에 있지 아니하니 이는 세상에 있는 모든 것이 육신의 정욕과 안목의 정욕과 이생의 자랑이니 다 아버지께로부터 온 것이 아니요 세상으로부터 온 것이라 이 세상도, 그 정욕도 지나가되 오직 하나님의 뜻을 행하는 자는 영원히 거하느니라."

하나님께서 이 세상을 사랑하지 말라고 하셨습니다. 그 이유는 무엇일까요? 도대체 세상이 무엇이기에 사랑하지 말라고 하셨을까요? 바로 육신의 정욕과 안목의 정욕, 이생의 자랑 때문입니다.

육신의 정욕은 무엇입니까? 육신은 영혼과 반대되는 개념입니다. 단순히 우리의 몸을 말하는 것이 아니라 영적인 것의 반대 개념을 뜻합니다. 즉, 영적이지 못한 정욕이 바로 육신의 정욕이 됩니다. 세상에서 주는 만족감과 향락들은 정욕에 속합니다. 육신의 정욕은 타락한 인간의 본성에서 나오는 욕망으로 하나님을 대적하고 자기만족을 구하게 됩니다.

그렇다면 안목의 정욕은 무엇일까요? 그것은 내 눈이 원하는 대로 구하는 것입니다. 다시 말하면 나에게 있는 모든 것을 내가 하고 싶은 대로 사용하는 것을 말합니다. 하나님은 우리가 시간과 건강, 물질, 그리고 관심과 마음을 하나님 자신을 위해 사용하기를 원하십니다. 그런데 우리는 안목의 정욕에 빠져 시간과 건강과 물질을 나를 위해 사용하고 맙니다.

이생의 자랑은 하나님과 관련된 것이나 하나님이 기뻐하시는 것보다 세상의 것들을 더 자랑하는 것입니다. 내가 이루어 놓은 업적과 성과들을 자랑하는 것입니다. 우리는 교회를 자랑하고 내가 구원받은 것을 자랑해야 합니다. 또한 하나님의 은혜로 어려움 중에도 누리는 평안을 자랑해야 합니다.

세상에 있는 육신의 정욕, 안목의 정욕, 이생의 자랑은 하나님께로 온 것이 아니라 세상을 따라 온 것입니다. 즉 죄악 가운데서 온 것입니다. 그래서 사도 요한은 세상을 사랑하지 말고 하나님을 사랑하라고 했습니다. 우리는 사랑할 만 한 가치가 있는 것을 사랑해야 합니다.

17절 말씀을 보면 이 세상도 정욕도 지나간다고 했습니다. 결국 이 세상은 끝이 있습니다. 이 세상의 것은 다 사라집니다. 하지만 하나님의 뜻을 행하는 이는 영원히 거합니다. 즉, 세상은 사라지고 없어지지만 하나님은 영원하다는 것입니다. 그러기에 그분은 사랑할 가치가 있는 것입니다.

무엇보다 하나님께서는 우리를 사랑하시고 우리를 위해 아낌없이 주십니다. 하지만 세상은 우리에게 좋은 것을 준다고 미혹하면서 오히려 우리의 것을 빼앗아 갑니다. 우리에게 가장 소중한 생명을 빼앗으려는 것이 바로 세상인 것입니다.

그러므로 우리는 세상을 사랑하지 않고 하나님을 사랑해야 합니다. 영원한 가치를 지닌 하나님을 선택해야 합니다. 사랑하는 성도님, 우리는 사랑할 것을 사랑해야 할 줄로 믿습니다. 하나님을 사랑하고 세상을 사랑하지 않기를 바랍니다. 영원한 것을 사랑하고 사라질 것을 사랑하지 않기를 바랍니다.

시험당하는 성도

- 제목 : 피할 길을 주시는 주님
- 성경 본문 : 고린도전서 10장 12-13절

"그런즉 선 줄로 생각하는 자는 넘어질까 조심하라 사람이 감당할 시험밖에는 너희가 당한 것이 없나니 오직 하나님은 미쁘사 너희가 감당하지 못할 시험 당함을 허락하지 아니하시고 시험 당할 즈음에 또한 피할 길을 내사 너희로 능히 감당하게 하시느니라."

예수 그리스도를 믿고 구원받아 모든 일이 형통하면 얼마나 좋겠습니까. 물론 많은 일들과 영역에서 하나님이 형통함을 주셔서 감사와 찬양을 드릴 수 있게 해주십니다. 그런데 늘 형통하지 않는다는 게 문제입니다. 성도에게는 늘 시험이 찾아옵니다. 그럼에도 불구하고 감사한 것은 우리가 시험을 두려워할 필요가 없기 때문입니다. "사람이 감당할 시험밖에는 너희가 당한 것이 없나니"(13절)라는 말씀은 인간적인 시험, 불신자들도 당하는 시험을 말합니다. 신자든 불신자든 사람들에게 흔히 있는 시험인 것입니다. 그런 시험은 인간의 결심과 정신으로도 견딜 수 있습니다. 때문에 신자 된 우리도 충분히 감당할 수 있습니다. 간혹 우리가 감당하기 힘든 시험이 다가올 경우에는 하나님께서 그 시험에 맞게 우리의 능력을 높여 주십니다. "우리가 감당치 못할 시험 당함을 허락지 아니하시고"라는 말씀은 하나님께서 우리가 무엇을 감당할 수 있는가를 아신다는 것입니다. 하나님께서는 우리의 시험을 조정하시거나 우리의 능력을 조정하셔서 문제를 해결해 주십니다.

우리는 하나님을 의지하고 성실히 임해야 합니다. 그러면 하나님께서 우리가 시험에 넘어지지 않도록 돌보아주실 것입니다. 하나님께서 우리가 감당할 시험만 허락하신다는 것을 안다면 인생길에서 고난을 만나도 당황하지 않게 될 것입니다.

말씀을 보면 "시험당할 즈음에 또한 피할 길을 내사"라고 했습니다. 이것은 시험을 조정하고 능력을 주실 뿐 아니라 시험 자체나 시험이 주는 재난을 면케 하신다는 의미입니다. 그래서 시험 때문에 성도가 피해를 받지 않도록 하신다는 것입니다. 이 얼마나 감사한 일입니까.

사랑하는 성도님, 지금 시험 때문에 많이 힘드실 줄 압니다. 그러나 감사하시기 바랍니다. 그리고 기대하시기 바랍니다. 시험을 통해 하나님께서 주시는 은혜를 생각하시기 바랍니다. 힘을 내셔서 이 모든 시험을 이겨 내시기 바랍니다.

병문안

- 제목 : 우리의 아픔을 대신 지시는 주님
- 성경 본문 : 마태복음 8장 16-17절

"저물매 사람들이 귀신 들린 자를 많이 데리고 예수께 오거늘 예수께서 말씀으로 귀신들을 쫓아내시고 병든 자들을 다 고치시니 이는 선지자 이사야를 통하여 하신 말씀에 우리의 연약한 것을 친히 담당하시고 병을 짊어 지셨도다 함을 이루려 하심이더라."

육신의 질병과 아픔으로 심신이 많이 힘드실 성도님을 위해 위로와 격려의 말씀을 나누고자 합니다. 이 세상 어느 누구도 질병과 아픔을 원하지 않습니다. 하지만 이 세상 그 누구도 육신의 질병과 아픔을 막거나 피할 수 없습니다. 그럼에도 불구하고 우리는 우리의 아픔을 아시고 그 아픔을 짊어지시는 예수 그리스도가 있기에 감사할 수 있습니다.

예수님이 백부장의 하인과 열병에 걸린 베드로의 장모를 고치자 예수님에 대한 소문이 방방곡곡에 퍼졌습니다. 그래서 육체적, 정신적으로 아픈 무리가 예수님께로 몰려왔습니다. 예수님은 수많은 환자들을 귀찮다 하지 않으시고 모두 치료해 주셨습니다. 이는 이사야 선지자가 이미 말한 바 있습니다. 그는 예수님이 우리의 연약함을 친히 담당하시고 우리의 병을 짊어지실 것이라 말했습니다. 예수님은 질병과 아픔을 안고 찾아온 무리를 보면서 긍휼의 마음을 가지셨을 것입니다.

지금 주님은 귀한 성도님에게도 동일한 마음을 가지고 계십니다. 성도님의 문제를 가지고 주님 앞에 나아가시기 바랍니다. 아프고 힘든 고통들을 주님 앞에 내려놓으시기 바랍니다. 그럴 때 우리의 모든 아픔을 아시는 주님이 성도님을 치료해 주시고 회복시켜 주실 것입니다. 주님은 이 세상을 만드신 분이시며, 인간을 조성하고 생사화복을 주관하시는 하나님이십니다. 그러므로 우리가 그분을 신뢰하고 나아가 아뢸 때 주님께서 회복의 손길로 어루만져 주실 것입니다. 이를 통해 연약한 육신이 회복되고 모든 질병은 깨끗이 나음을 얻을 것입니다.

사랑하는 성도님, 육신의 질병으로 인해 주님께 더욱 가까이 나아가는 소중한 순간이 되기를 원합니다. 이 질병을 치유 받음으로 주님의 사랑을 더욱 크게 느끼시기를 바랍니다. 주님께서 은혜와 축복을 주셔서 깨끗이 낫게 해주실 줄 믿습니다.

임종

ㄱ. 불신자의 경우
- 제목 : 주를 믿어 구원을 얻으라
- 성경 본문 : 로마서 10장 9-13절

"네가 만일 네 입으로 예수를 주로 시인하며 또 하나님께서 그를 죽은 자 가운데서 살리신 것을 네 마음에 믿으면 구원을 받으리라 사람이 마음으로 믿어 의에 이르고 입으로 시인하여 구원에 이르느니라 성경에 이르되 누구든지 그를 믿는 자는 부끄러움을 당하지 아니하리라 하니 유대인이나 헬라인이나 차별이 없음이라 한 분이신 주께서 모든 사람의 주가 되사 그를 부르는 모든 사람에게 부요 하시도다 누구든지 주의 이름을 부르는 자는 구원을 받으리라."

모든 인생들은 이 땅에 태어나 삶을 살다가 하나님 앞으로 가는 존재입니다. 그런데 모든 인간은 죄인으로 태어납니다. 그리고 그 죄의 문제는 인간의 선행과 노력만으로는 해결할 수 없습니다.

하지만 하나님께서는 우리에게 구원받을 유일한 이름을 주셨습니다. 그분이 바로 예수님이십니다. 예수님은 이 땅에 오셔서 우리의 죄를 대신하여 모진 고통을 당하시고 십자가에서 돌아가셨습니다. 그리고 우리에게 영원한 생명을 주시기 위해 사흘 만에 부활하셨습니다.

사랑하는 형제님(자매님), 이 사실을 마음으로 믿고 입으로 시인하면 그리스도께서 구원해 주시고 하늘의 심판대에서 부끄러움을 당하지 않게 해주신다고 했습니다. 우리 인생은 죽음이 끝이 아닙니다. 죽음 이후에 영원의 삶이 기다리고 있습니다. 영원의 삶에서 부끄러움을 당하지 않기 위해 이 순간 예수님이 나의 모든 죄를 속량해 주시고 구원해 주셨음을 믿고 입술로 고백해야 합니다.

예수님을 믿고 모든 죄를 사함 받는 데 어떤 대가도 어떤 수고도 필요 없습니다. 오직 마음으로 믿고 입으로 시인하면 됩니다.

사랑하는 형제님(자매님), 예수 그리스도께서 나의 모든 죄를 대신해서 십자가에 돌아가셨음을 믿습니까? 나에게 영원한 생명을 주시기 위해 부활하셨음을 믿습니까? 예수님이 나를 죄에서 구원해 주신 주님이심을 믿습니까? 사랑하는 형제님(자매님), 예수님은 우리를 구원해 주시고 우리에게 영원한 생명을 주시는 분입니다. 그분을 구주로 모시고, 소중한 구원과 영원한 생명을 받아 누리기 바랍니다.

ㄴ. 신자의 경우
- 제목 : 선한 싸움을 마쳤노라
- 성경 본문 : 디모데후서 4장 7-8절

"나는 선한 싸움을 싸우고 나의 달려갈 길을 마치고 믿음을 지켰으니 이제 후로는 나를 위하여 의의 면류관이 예비 되었으므로 주 곧 의로우신 재판장이 그 날에 내게 주실 것이며 내게만 아니라 주의 나타나심을 사모하는 모든 자에게도니라."

마라톤 선수들은 심장이 터질 듯한 고통 속에서도 결승선을 향해 멈추지 않고 달립니다. 그럴 수 있는 이유는 결승선에서 누릴 영광과 기쁨 때문입니다.

오늘 이 자리에 결승선을 눈앞에 둔, 하나님께서 사랑하시는 성도님이 있습니다. 귀한 성도님은 바울 사도의 고백처럼 평생의 삶을 통해 선한 싸움을 싸우고, 주님을 향한 믿음을 지켰습니다. 그리고 이제 영광스러운 결승점만을 남겨 놓으셨습니다. 이제 이 결승선을 넘으면 의로우신 재판장 되신 주님의 따뜻한 품에서 예비된 의의 면류관을 받으시고 영광과 기쁨의 순간을 맞이하게 될 것입니다.

귀한 성도님의 임종의 자리에서 우리가 기억해야 할 것이 있습니다. 그것은 우리도 이 세상의 마라톤 선수로서 시원하게 내리막길도 달리고, 고통스럽게 오르막길도 오르다가, 간혹 심장이 터질 듯한 고통을 겪지만 결승전까지 달려야 한다는 것입니다.

하나님께서 사랑하시는 귀한 성도님, 힘들고 어려운 경주, 그러나 주님이 함께하신 행복한 경주를 이제 마무리하고 계십니다. 귀한 성도님이 이 경주를 잘 마무리할 수 있도록 이곳에 모인 분들께 기도를 부탁드립니다. 그리고 주님이 계신 결승점을 늘 기억하며 경주에 최선을 다하기 바랍니다.

장례

ㄱ. 불신자의 경우
- 제목 : 이 땅에 신령한 것을 심어야 합니다
- 성경 본문 : 고린도전서 15장 37-44절

"또 네가 뿌리는 것은 장래의 형체를 뿌리는 것이 아니요 다만 밀이나 다른 것의 알맹이뿐이로되 하나님이 그 뜻대로 그에게 형체를 주시되 각 종자에게 그 형체를 주시느니라 육체는 다 같은 육체가 아니니 하나는 사람의 육체요 하나는 짐승의 육체요 하나는 새의 육체요 하나는 물고기의 육체라 하늘에 속한 형체도 있고 땅에 속한 형체도 있으나 하늘에 속한 것의 영광이 따로 있고 땅에 속한 것의 영광이 따로 있으니 해의 영광이 다르고 달의 영광이 다르며 별의 영광도 다른데 별과 별의 영광이 다르도다 죽은 자의 부활도 그와 같으니 썩을 것으로 심고 썩지 아니할 것으로 다시 살아나며 욕된 것으로 심고 영광스러운 것으로 다시 살아나며 약한 것으로 심고 강한 것으로 다시 살아나며 육의 몸으로 심고 신령한 몸으로 다시 살아나나니 육의 몸이 있은 즉 또 영의 몸도 있느니라."

사랑하는 이를 먼저 떠나보낸 유족들에게 주님이 주시는 위로가 있기를 바랍니다. 이 세상의 모든 인생들은 태어나면 반드시 죽음의 순간을 맞이합니다. 그러나 우리는 이 세상을 살면서 죽음을 생각하지 못하고 살아가는 날들이 허다합니다.

오늘 이 순간을 시작으로 삶뿐만 아니라 죽음도 기억하시며 살아가기를 바랍니다. 그리고 삶 가운데 죽음의 순간을 준비하시기 바랍니다.

그렇다면 우리는 죽음의 순간을 어떻게 준비해야 할까요? 오늘 말씀을 보면 이 땅에서 우리의 삶은 죽음 이후의 삶을 심는 씨앗과도 같다고 했습니다. 즉, 이 땅에서 우리가 어떤 삶을 심느냐에 따라 죽음 이후의 삶이 결정된다는 것입니다. 바울 사도는 이 땅에서 우리가 신령한 것을 심으면 썩지 않을 부활로 영원한 생명을 거두지만, 육체를 심으면 영원한 것을 거둘 수 없다고 말합니다. 이 땅에서 예수 그리스도를 믿고 주인으로 인정하며 말씀에 순종하면 죽음 이후에 영원한 생명을 소유하고 영광스러운 부활을 맞이합니다. 하지만 예수 그리스도를 믿지 않고 자신이 삶의 주인으로 산다면 영원한 생명을 거둘 수 없습니다.

사랑하는 여러분은 지금 이 땅에서 무엇을 심고 있습니까? 혹시 죽음을 생각하지 못해서 무엇을 심고 있는지조차 모르고 있는 것은 아닙니까? 우리의 삶이 얼마나 남았는지는 오직 하나님만이 아십니다. 그러니 지금 살아 숨 쉬는 동안 이 땅에 신령한 것을 심기 바랍니다. 그래서 우리에게 죽음의 순간이 찾아왔을 때 영원한 생명을 거두시기 바랍니다.

ㄴ. 신자의 경우
- 제목 : 주 안에서의 복된 쉼
- 성경 본문 : 요한계시록 14장 12-13절

"성도의 인내가 여기 있나니 그들은 하나님의 계명과 예수에 대한 믿음을 지키는 자니라 또 내가 들으니 하늘에서 음성이 나서 이르되 기록하라 지금 이후로 주 안에서 죽는 자들은 복이 있도다 하시매 성령이 이르시되 그러하다 그들이 수고를 그치고 쉬리니 이는 그들의 행한 일이 따름이라 하시더라."

사랑하는 가족을 먼저 보낸 유족들에게 주님의 위로와 평안이 함께하기를 바랍니다. 사랑하는 사람을 볼 수 없다는 것, 그의 따뜻한 체온을 느끼며 사랑스러운 눈빛으로 대화할 수 없다는 것은 너무나 가슴 아픈 일입니다. 그러나 고인은 주님의 넓은 품에 안겨서 가장 행복하고 편안한 순간을 맞이하셨을 것입니다. 이를 통해 위로 받으시기 바랍니다.

오늘 말씀을 보면 하나님께서 우리에게 더 큰 위로를 전하고 계십니다. 주님께서 사도 요한에게 말씀하시기를 이후부터 주 안에서 죽은 자들은 복이 있다고 기록하라고 하셨습니다.

사실 사람에게 죽음은 복이 될 수 없습니다. 죽음은 모든 것으로부터의 단절을 의미합니다. 이 세상에서의 삶과 가족들로부터 완전히 단절되는 것입니다. 그런데도 주님은 사도 요한에게 죽음이 복되다고 기록하라 하셨습니다. 복된 죽음에는 한 가지 조건이 있습니다. 바로 주님 안에서의 죽음입니다. 고인의 죽음은 주 안에서의 죽음이기에 복된 줄로 믿습니다.

그러면 주 안에서의 죽음이 복된 이유는 무엇일까요? 오늘 말씀을 보면 이제 이 땅에서의 수고가 끝나고 영원한 행복과 쉼이 있기 때문이라고 말합니다. 사랑하는 여러분, 이 땅에서의 삶이 행복합니까? 이 땅에서의 삶에 평안한 쉼이 있습니까? 수고와 인내와 고통과 눈물과 한숨이 있는 삶이 이 땅에서의 삶입니다. 그런데 주 안에서 죽은 성도는 이 땅의 인내와 수고를 다 내려놓고 진정한 안식과 쉼을 주님 품에서 얻을 수 있습니다. 이것이 진정 복이 아니고 무엇이겠습니까? 그토록 사랑하던 주님 품에서 그 누구도 줄 수 없는 영원한 안식과 쉼을 얻는다는 것, 그것이 복이 아니고 무엇이겠습니까?

사랑하는 여러분, 고인은 이제 더 이상 우리와 함께할 수 없습니다. 함께 기쁨과 슬픔을 나눌 수 없습니다. 함께 웃을 수도 울 수도 없습니다. 그러나 그분은 주님 품에서 온전한 평안과 쉼을 누리고 있을 것입니다. 그분과 함께할 수 없음에 마음이 아프고 서운하지만, 고인이 누리고 있을 복을 생각하며 위로받으시기 바랍니다.

직장을 잃거나 사업에 실패한 성도

- 제목 : 하나님의 연단이 끝나면
- 성경 본문 : 욥기 23장 10절

"그러나 내가 가는 길을 그가 아시나니 그가 나를 단련하신 후에는 내가 순금 같이 되어 나오리라."

먼저 어려운 일 당함을 위로해 드립니다. 그러나 인간의 위로가 얼마나 큰 격려가 되겠습니까? 오늘 하나님의 말씀을 통해 진정한 위로를 받으시기 바랍니다. 인생사 새옹지마라는 말이 있습니다. 인생의 길흉화복은 변화가 많아서 예측하기 어렵다는 말입니다. 그런데 인생사 새옹지마라는 격언의 예로 가장 적당한 성경인물을 찾으라면 당연히 욥을 뽑을 것입니다. 동방의 의인이요 거부였던 욥은 한순간에 가족과 모든 재산을 잃고 몸에 중병까지 걸렸습니다. 그런데 욥의 반응은 어땠습니까? 하나님의 주권을 인정하며 어떤 원망과 불평도 하지 않았습니다. 그리고 이렇게 고백했습니다. "내가 가는 길을 그가 아시나니 그가 나를 단련하신 후에는 내가 순금 같이 되어 나오리라."

사랑하는 성도님, 욥은 자신에게 닥친 엄청난 실패와 시련 앞에서 당당히 고백했습니다. "이 길은 주님이 나에게 주신 길이다. 나에게 닥친 실패와 시련은 나를 쓰러뜨리기 위한 것이 아니다. 하나님은 내 인생의 모든 행로를 아신다. 이 실패와 시련은 하나님이 나를 성숙시키고 단련시키기 위한 과정이다. 이 과정이 끝나면 하나님은 나를 더욱 크게 사용하실 것이다"라고 말입니다. 그리고 그 믿음의 고백은 이루어졌습니다. 예전에 욥이 가지고 있던 것보다 갑절로 많은 것을 받았습니다.

사랑하는 성도님, 지금 이 순간 괴롭고 힘드실 줄 압니다. 그러나 이 과정이 내가 주님 앞에서 순결해지는 연단의 과정임을 믿으시기 바랍니다. 하나님께 모든 것을 의지하시고 잘 견디기 바랍니다. 이 연단의 과정이 끝났을 때 성도님도 욥처럼 하나님께 순금같이 쓰임 받게 될 것입니다.

취직

- 제목 : 성실한 축복을 나누라
- 성경 본문 : 잠언 22장 29절

"네가 자기의 일에 능숙한 사람을 보았느냐 이러한 사람은 왕 앞에 설 것이요 천한 자 앞에 서지 아니하리라."

하나님의 은혜로 자신의 역량을 발휘하고 하나님을 위해서 사회에 공헌할 수 있는 직장에 취직함을 감사드립니다. 오늘 말씀을 통해 직장 속에서 어떻게 하면 하나님의 영광을 나타낼 수 있을지 함께 나누고자 합니다.

성경은 "네가 자기의 일에 능숙한 사람을 보았느냐 이러한 사람은 왕 앞에 설 것이요"라고 말합니다. 여기서 일에 능숙한 사람이라는 의미는 일을 사랑하고 활동적이며, 무슨 일이든 꾸준히 하고 결단성 있는 사람을 말합니다. 또한 능수능란하고 기민하며, 신속히 많은 업무를 간결하게 처리할 수 있는 사람을 뜻합니다. 직장에서 자기 일에 능숙한 사람이 되면 당연히 성공과 칭찬의 자리에 앉게 됩니다. 그런데 우리가 직장생활에서 꼭 기억해야 할 것이 있습니다. 직장을 하나님께서 주신 선교지라 생각하고 잘 섬겨야 한다는 것입니다. 내가 게으르고 아둔하며 책임을 전가하고 업무를 효율적으로 처리하지 못한다면 나는 하나님의 영광을 가리는 사람이 될 것입니다. 직장 안에서 자기 일에 능숙한 사람이 되도록 최선을 다하고, 성실해야 합니다. 이를 통해 하나님께 영광 돌리고, 주변의 여러 사람을 축복할 수 있기를 바랍니다.

사랑하는 성도님의 취업을 다시 한 번 진심으로 축하드리며, 이제부터 나는 직장에 파송된 선교사라는 마음으로 자기 일에 능숙하여 존귀한 자의 자리에 서기를 기대합니다.

| 서 평 |

최홍준 목사의 「장로, 걸림돌인가, 디딤돌인가?」

김성봉 목사(신반포중앙교회)

먼저, 도발적인 제목이 인상적이다. 「장로, 걸림돌인가, 디딤돌인가?」 이런 식의 표현은 혹 마음에 한번은 생각하겠지만 쉽게 입 밖으로 내기 어려운 표현이다. 장로직과 관련하여 현재의 한국 교회가 안고 있는 문제의 핵심을 한마디로 짚은 것이다.

제자훈련이 밑거름이 된 목양장로 사역

책은 1, 2부로 나뉘어져 있는데, 1부에서는 '목양장로' 사역을 주창하게 되기까지 저자 자신의 지나간 목회 여정을 소개하고 있다. 기르심과 부르심, 연단하심과 사용하심, 명지비전시대의 개막과 제자훈련 정점으로서의 목양장로 사역이 서술되어 있다. 저자가 오늘에 이르기까지의 여정이 간략하고 특징 있게 잘 기록되어 있다.

그 가운데서 특히 저자가 목회의 스승인 옥한흠 목사를 만나 한국 최초의 원로 부목사를 꿈꾸었다는 대목은 대단히 인상적이다. 말하자면 귀한 분을 만났으니 일생 그분을 모시며 부목사로 지내겠다는 뜻이다. 이런 대목에서 그의 인품이 드러난다고 여겨진다. 본서의 추천사를 쓴 옥한흠 목사는 저자에 대해 이렇게 말하고 있다. "그가 지닌 특별한 은사 중 하나는 사람을 사랑하고 그들을 가슴에 품고 편안하게 소통할 줄 아는 능력이라고 할 수 있다. 그를 만나는 사람은 누구나 마음의 평안을 느낀다. 그리고 힘을 얻는다. 복잡한 문제도 쉽게 풀린다. 이것은 내가 참 부러워하는 은사다. 오늘 호산나교회가 대형 교회임에도 불구하고 교회 문화가 전반적으로 행복하고 밝고 웃음이 넘치는 건강한 분위기를 자랑할 수 있는 것은 아마 담임목사의 이런 개성 있는 리더십에서 풍기는 이미지 때문이 아닌가 생각한다."

또한 호산나교회 당시는 새중앙교회 부임 초기부터 장로들과 함께 했던 제자훈련은 오늘의 목양장로 사역을 만들어낸 밑거름이 되었다고 한다. 과거의 상처 때문에 교인들로부터 신뢰를 잃고 있었던 당시의 당회원들을 권면하고 독려하여 교인들로부터 존경과 사랑받는 분들로 세워 한 교구씩 맡기고 목양에 동역하는 일꾼으로 세운 것은 이미 오래 전 일이긴 하지만 목양장로 사역의 기초를 닦은 일이라 여겨진다. 호산나교회는 기성교회로서 제자훈련이 성공적으로 정착된 교회로 지금까지 알려져 있다.

그런데 명지비전시대 이후로 하나님께서 저자에게 새로운 세계를 열어주신 듯하다. 기성교회로서 제자훈련 사역이 성공적으로 정착한 것만 해도 보통 일이 아닌데, 그 단계에 머물지 않고 한 단계 더 전진하도록 하신 것이다. 뭔가 아쉬울 수 있는 대목에서 아쉬움을 떨쳐 버릴 계기를 주신 것이다. 제자훈련을 하는 주체로서도, 제자훈련을 받는 객체로서도 뭔가 아쉬웠던 부분이 시원스런 돌파구를 찾은 셈이 된 것이다.

장로의 본질은 목양이다

1부의 6장에서 언급한 목양장로 사역에 대해 2부에서 이를 충실히 소개하고 있다. 저자는 자신 있는 어조로 "장로의 본질은 목양이다"라고 선언한다. 저자는 성경, 신학, 교회헌법 등의 다양한 권위를 인용하면서 그 사실을 우리에게 확증한다. 특히 영국 장로교의 아버지라 불리는 토마스 카트라이트를 인용하거나 구 프린스턴의 사무엘 밀러를 인용한 것은 본서에 있어서 백미白眉에 해당하며 독자에게 권위와 설득력을 더해 주는 대목이다. "장로들은 그 교회의 모든 개별적인 가정과 사람들을 알 뿐 아니라 형편까지 살펴서 목사에게 알리며, 병자나 가난한 자를 집사에게 알려서 보살피도록 하는데"라고 카트라이트는 기록해 놓고 있기 때문이다.

목양장로 사역에 있어서 넘기 어려운 고비는 담임목사와 장로의 인식을 바꾸는 것이라고 저자는 말한다. 그리고 목양장로 사역에 있어서 전제조건은 제자훈련이라고 말한다. 제자훈련이 되지 않은 교회에서는 쉽게 적용하기 어려운 제도이기도 하다는 말이다. 다른 표현으로는 제자훈련 정착에 만족하지 않고 제자훈련에 있어서 무언가 부족한 점을 부지런히 살펴본 사람이 아니면 볼 수 없는 세계라는 의미이기도 하다. 저자는 목양장로 사역의 지침으로 호산나교회에서의 경우에 다음과 같은 자격요건을 요구하고 있다. 사역자 훈련을 마칠 것, 순장 경험이 있을 것, 자녀들이 신앙생활을 잘할 것, 그리고 물질의 헌신과 인격적으로 좋은 평판이 있을 것 등이다.

목양장로 제도 적용 전에 던질 세 가지 질문

저자는 개교회에 목양장로 제도를 적용하기 전에 반드시 다음과 같은 세 가지 질문을 먼저 던져야 한다고 제안한다. 첫째로, 제자훈련이 정착되어 있는가? 둘째로, 성도를 돌보기에 충분한 수의 장로는 어느 정도인가? 셋째로, 담당교역자가 있는가? 이런 질문에 대한 적절한 답이 현실적으로 있기 전에는 선뜻 적용하기가 쉽지 않을 것이다.

저자에 의하면 제자훈련은 교회가 건강하게 세워지도록 교회의 근본을 든든히 만들어 주는데, 그 때문에 제자훈련을 통해서 사람이 구축되어야 한다고 한다. 이런 점에서 저자는 제자훈련이 밑받침되지 않으면 목양장로 사역이 성공적으로 이루어질 수 없다고 단언한다. 저자에 의하면 한 명의 장로가 60-100명을 돌보는 것이 적당하다고 한다. 저자에 의하면 목양장로 사역담당자는 교역자가 하는 것이 가장 좋다고 하며, 담당교역자는 목양장로 사역에 있어서 교구교역자와 담임목사 사이에서 역할을 잘 수행해야 한다고 한다.

행복을 누리는 교회를 향해

저자는 본서를 마치면서 목양장로 제도를 통하여 행복한 교회를 꿈꾼다고 한다. 목양장로 제도는 성도도, 담임목사도, 장로도,

부교역자도 행복하게 되는 제도라고 말한다.

저자는 14장에서 목양장로 사역의 현장에서 들을 수 있었던 다양한 목소리들을 소개해 주고 있는데, 하나같이 행복해 하는 내용들이다. 저자는 자신이 목회하고 있는 호산나교회에서 누리는 이런 행복을 이 땅의 많은 교회들에서 함께 누리게 되기를 진심으로 바라는 마음에서 이 글을 쓰고 있다.

많은 경우에 저자 정도의 나이에 이르게 되면 자신이 이룬 성취에 만족하여 더 이상 전진하기가 쉽지 않은데, 은퇴를 앞둔 목사로서 제자훈련 다음의 차원을 열게 된 것은 저자에게 베푸신 하나님의 은혜이며, 저자를 통하여 한국 교회와 세계 교회에 베푸실 은혜라고 생각한다. 이런 은혜를 받은 데에는 현재의 수준에 스스로 만족하지 아니하고, 부족하다고 여겨지는 부분에 대하여 끊임없이 그 개선책을 찾으려고 노력하고 애쓴 결과가 아닌가 생각한다.

이 책은 저자 자신의 기쁨일 뿐 아니라 온 한국 교회와 세계 교회의 기쁨일 것을 기대한다. 은퇴를 앞둔 동역자를 존경하는 마음으로 지켜보는 본인으로서는 저자가 은퇴 이후에도 열정을 가지고 한국 교회와 세계 교회를 향하여 외칠 메시지가 있다는 사실에 기쁨이 크다. 과연 저자의 표현대로 이 책을 통하여 이 땅의 교회들에서 담임목사, 장로, 성도 모두가 행복을 누리게 되기를 진심으로 기원한다. 이번 수정증보판은 도서출판 국제목양사역원에서 출판하게 됐다. 이번에도 많은 성도가 찾을 베스트셀러가 되리라 확신한다.